W0088852

Gustav Seibt

MIT EINER
ART VON WUT

Zeitgenosse der Revolution: Goethe 1791.
Kreidezeichnung von Johann Heinrich Lips.

Gustav Seibt

MIT EINER
ART VON WUT

Goethe in der Revolution

C.H.Beck

Für Carl und die Fellows 2012/13

Mit 44 Abbildungen

© Verlag C.H.Beck oHG, München 2014
Satz: Janß GmbH, Pfungstadt
Druck und Bindung: CPI – Ebner & Spiegel, Ulm
Umschlagentwurf: Konstanze Berner, München
Umschlagabbildung: Freiheitsbaum mit Jakobinermütze,
Bleistiftzeichnung von J. W. von Goethe, © akg-images, Berlin
Gedruckt auf säurefreiem, alterungsbeständigem Papier
(hergestellt aus chlorfrei gebleichtem Zellstoff)
Printed in Germany
ISBN 978 3 406 67055 8

www.beck.de

Es ist wahr, ich konnte kein Freund
der Französischen Revolution sein,
denn ihre Greuel standen mir zu nahe.

Gespräche mit Eckermann, 4. Januar 1824

INHALT

KAPITEL I

JAGDSZENEN AM
MITTELRHEIN

Als preußische Truppen Ende März 1793 über den Rhein gingen und die linksrheinischen Gebiete wiedereroberten, die ein halbes Jahr zuvor von den Armeen des revolutionären Frankreich besetzt worden waren, da kam es an vielen Orten zu Ausschreitungen der örtlichen Bevölkerungen, denen die preußischen Soldaten nicht immer Einhalt geboten – im Gegenteil, oft ließen sie sich von der Volkswut anstecken oder stachelten diese sogar an. Die Wut richtete sich gegen Personen, die mit den verjagten Besatzern zusammengearbeitet und an der von Frankreich betriebenen Revolutionierung der Städte und Dörfer Rheinhessens und der Pfalz mitgewirkt hatten oder auch nur im Verdacht standen, dies getan zu haben.

Friedrich Christian Laukhard, der Magister und Pfarrer, der 1792 bis 1795 als preußischer Soldat am ersten Koalitionskrieg teilgenommen hatte und unmittelbar danach umfangreiche Erinnerungen mit seinen Erfahrungen zu Papier brachte, hat solche Szenen geschildert. Im Flecken Wöllstein wurden vier sogenannte «Clubbisten»[1] (also Anhänger jakobinischer Vereinigungen oder auch nur Amtsträger in französischen Diensten) mit Stockschlägen ermordet. In Flönheim wurde ein Gastwirt verprügelt und beraubt, seine Frau «auf die schändlichste Weise mißbraucht». Die Fürsten von Leiningen, der Bischof von Speyer, Beamte des Mainzer Kurfürsten, die Rheingrafen von Grehweiler und Grumbach ließen Jagd auf die Clubbisten machen, «verfolgten und bedrängten sie bis aufs Blut». Das Haus des Pfarrers von Ildesheim wurde geplündert, «seine Frau, ein junges hübsches Weib, aufs ärgste mißhandelt». In Wendelsheim wurde der Wirt vom «Löwen», der wegen seines Reichtums und Ansehens zum «Maire», also zum Bürger-

Worms im Frühjahr 1793:
Preußische Truppen lassen einen Freiheitsbaum ausgraben.

meister oder Ortsvorsteher im neuen republikanischen Regime gemacht
worden war, von den Bauern ausgeplündert, und als er sich im Nachbar-
ort bei der preußischen Besatzung rechtfertigen wollte (er hatte versucht, auch unter französischer Besatzung im Sinne der alten Obrigkeit
zu agieren und sich als Vermittler betätigt), wurde er auch da erst einmal mit Stöcken halb tot geschlagen. Laukhard notiert, dass viele der
Betroffenen Pfarrer, Amtleute und Wirte waren, also Gebildete und

Wohlhabende, die an der Spitze der örtlichen Gesellschaft standen; sie hatten sich in den neuen Verhältnissen zur Verfügung gestellt und galten daher als «Clubbisten», ganz unabhängig von der Frage, ob sie wirklich Jakobiner waren.[2]

Laukhards Berichte lassen sich aus anderen zeitgenössischen Quellen bestätigen. In Dürkheim sprang ein Glaser aus Angst vor den Morddrohungen seiner Mitbürger aus dem Fenster, wurde aber am nächsten Tag von preußischen Soldaten doch verhaftet und beim Verhör schwer misshandelt. Danach, so berichtete er, «wurden wir Patrioten [ein anderer zeitgenössischer Ausdruck für Anhänger der Revolution] alle geschlagen und in einem Zug zur Schau und Wohlgefallen unserer Feinde und Verfolger in die Prison geführt. Die fürstlichen Beamten und Diener stunden da, und freuten sich mit Hohngelächter und Händeklatschen. Ich wurde in doppelte Ketten und Banden gelegt, und an einen Stein geschlossen. Zwei Monate musste ich in diesem Elend schmachten.» Viele der Gejagten und Verhöhnten waren sogar froh, wenn sie verhaftet wurden, weil sie das vor mörderischer Volkswut schützte. Ein moderner Historiker, der diese und viele andere Beispiele in den Archiven erforscht hat, spricht von einer «Pogromstimmung» gegen alle Neuerer und Unruhestifter: «Nicht etwa die Kollaboration mit den Franzosen, sondern die ‹französische Anhänglichkeit› oder besser: die demokratische Gesinnung erschien als das eigentliche Vergehen.»[3] So wurde in Bingen genau unterschieden zwischen den normalen Bedürfnissen einer fremden Armee und ihrer Soldaten, wie sie im Krieg immer erfüllt werden müssen, und den «heillosen französischen Grundsätzen, die manchen von ihnen selbst zum Abscheu waren»; Personen, die in diesem Sinne hervorgetreten waren, wurden namhaft gemacht. In Speyer mussten die Clubbisten wie an vielen anderen Orten den unter französischer Ägide errichteten Freiheitsbaum niederreißen, ihre Schriften und Verordnungen öffentlich verbrennen und zwei Wochen Schanzarbeit leisten. Auch Dürkheimer Patrioten wurden von ihrer Leiningisch-Hardenburgschen Obrigkeit zu Schanzarbeit verurteilt, teilweise «in Ketten und Banden». Christoph Girtanner, der unermüdliche, eigentlich gegenrevolutionär eingestellte Zeithistoriker, berichtet im zwölften Band seiner «Historischen Nachrichten zur französischen Revolution» mit Unbehagen von Ausschreitungen und Bestrafungen der Clubbisten in Worms. Die meist angesehenen und gebildeten Bürger – darunter viele Ärzte und Geistliche – wurden gezwungen, den über Monate angehäuften Unrat, den Dreck und die Fäkalien aus dem Schloss, das die Franzosen zur Kaserne gemacht hatten, zu kehren, bestenfalls mit einem Besen, oft auch mit den bloßen Händen. «Dabei wurde das Preußische Exerzitium mit der Haselnußstaude nicht vergessen.» Wenn ein Clubbist nicht greifbar war, musste seine Frau die ekelerregende Arbeit tun, «und dieses Loos traf ein paar hochschwangere Bürgersfrauen, wovon Eine vor Schrecken, oder vor Gestank und Ungemach, in Ohnmacht fiel, aber wieder zu sich gebracht und zur Arbeit angestellt wurde. Nach verrichteter Arbeit wurde der ganze, ziemlich zahlreiche Trupp, unter dem Gespötte der zuchtlosen Jugend, an den Platz geführt, wo der Freiheitsbaum gestanden hatte. Hier mussten sie den zurück gelassenen Block ausgraben, denselben in Stücken zerhauen, jeder einen Splitter davon nehmen, und, unter dem Geleite der Gassenjungen, an ich weiß nicht welchen Ort tragen.»[4]

Zur körperlichen Misshandlung kam also oft auch noch die öffentliche Demütigung. Spektakulär und in vielen zeitgenössischen Quellen erwähnt sind Vorgänge in Frankfurt am Main vom April 1793. Bei Oppenheim am Rhein war es den Preußen am 30. März gelungen, einige Mainzer Clubbisten, die sich vor der Belagerung der Stadt ins Elsaß hatten flüchten wollen, zu verhaften, darunter die Konventsabgeordneten Blau, Scheuer und einen Kaplan namens Arensberger. Als die etwa fünfzig Gefangenen auf die Festung Königstein geführt wurden, kam der Zug durch Frankfurt, wo sich am Roßmarkt hässliche Szenen abspielten, wie Girtanner referiert: «Auf dem Balkon standen Damen und Herren. Das Häuflein Klubisten war kaum von der unabsehlichen Menge Volks zu unterscheiden, welches mit tobendem Ungestüme dasselbe von allen Seiten umgab. Rache, Schadenfreude und Neugierde, waren beinahe auf allen Gesichtern gleich stark ausgedrückt.» Die an der Spitze stehenden und zusammengefesselten Honoratioren, der Professor Blau, der Kaplan Arensberger und ein Mediziner mussten sich nicht nur beschimpfen und anpöbeln, sondern auch mit faulen Eiern und Äpfeln bewerfen, ja in die Rippen stoßen und anspucken lassen.[5] Die Erbitterung des Publikums gegen die «Clubbisten» sei grenzenlos, schrieb der Anatom Samuel Thomas Soemmerring, der in Frankfurt Augenzeuge dieser Vorgänge war, an den Philologen Christian Gottlob Heyne: «Gerechter Himmel! was mußte ich in diesen Tagen für grausame Wünsche anhören, von Leuten, von denen ich's nie erwartet hätte, daß sie ihren Mund mit solchen Worten besudeln könnten.»[6]

Eine regelrechte Jagd auf die Clubbisten fand in diesen Frühjahrswochen statt, und auch wenn die preußischen Soldaten hier zuweilen mitmachten oder zu wenig dagegen unternahmen und bei den Verhaftungen oft schikanös verfuhren, so kam die Wut in der Mehrzahl der Fälle doch aus der einfachen Bevölkerung. Darin stimmen alle Berichte überein. Und auch das steht fest, dass sich hier der Hass einer Mehrheit gegen eine verschwindend kleine Minderheit von meist überdurchschnittlich gebildeten, zuweilen wohlhabenden politischen Aktivisten richtete. «Die einzige Massenbewegung im Rheinland während der Revolutionszeit war die konterrevolutionäre Bewegung», stellt T. C. W. Blanning, einer der besten Kenner der Franzosenzeit an Rhein und Main, mit Blick auf die Jahre bis 1800 fest.[7] Während man das winzige Häuflein Jakobiner in den Quellen kaum auffinden könne, sehe sich der Historiker einem «embarras de richesse» gegenüber, wenn er Berichte über konterrevolutionäre Vorfälle suche: «Freiheitsbäume wurden umgehauen, französische Soldaten wurden angegriffen, verwundete Franzosen verhöhnt, französische Denkmäler geschändet, französische Niederlagen und österreichische Siege gefeiert.» Der exzessive, über normales Kriegsgeschehen hinausreichende Charakter dieser Ausschreitungen ist auch den Zeitgenossen immer wieder aufgefallen. «O wie unedel handeln die Deutschen, die sich nun dem fränkischen [französischen] Gesindel gleich setzen und ähnliche Barbareien und Grausamkeiten ausüben», so beantwortete Heyne aus Göttingen Soemmerrings Bericht gleich nach drei Tagen, am 11. April 1793, zu einem Zeitpunkt also, an dem die Nachrichten von den Pariser Septembermorden von 1792 und von der Hinrichtung Ludwigs XVI. das deutsche Publikum schon längst erschreckt hatten. «Wie viele Schande machen ihnen [den Deutschen] die Prügeleien an den Unglücklichen (...). Ich habe es immer gesagt: alle Greuel der Sansculotten werden von den Siegern und Aristokraten noch übertroffen werden.»[8] Und der Magister Laukhard sprach von «Kannibalischen Gräuelscenen», die er nur als «Adels-, Pfaffen- und Soldaten-Robespierismus» begreifen konnte, als Ausdruck einer die politischen Lager übergreifenden Enthemmung.[9]

Der Erz-Clubbist wird aus dem Wagen gezerrt.
Aus einem zeitgenössischen Stich von Johann Martin Will.

Den bis heute berühmtesten dieser Berichte von gegenrevolutionärer und antijakobinischer Gewalt enthält Goethes Spätwerk «Belagerung von Maynz», der Anhang seiner erst später so genannten «Campagne in Frankreich 1792», die 1822 zunächst unter der Überschrift «Aus meinem Leben. Zweyter Abtheilung Fünfter Theil» und somit als Fortsetzung von «Dichtung und Wahrheit» erschienen war. Die dort geschilderten Szenen sind die krassesten Darstellungen körperlicher Gewalt, die Goethes Werk überhaupt enthält. An keiner zweiten Stelle wurde er so explizit: «Der Wagen ward angehalten, fand man Franzosen oder Französinnen, so ließ man sie entkommen, wohlbekannte Clubbisten keineswegs. Ein sehr schöner dreyspänniger Reisewagen rollt daher, eine freundliche junge Dame versäumt nicht sich am Schlage sehen zu lassen und hüben und drüben zu grüßen; aber dem Postillion fällt man in die Zügel, der Schlag wird eröffnet, ein Erz-Clubbist an ihrer Seite sogleich erkannt. Zu verkennen war er freylich nicht, kurz gebaut, dicklich, breiten Angesichts, blatternarbig. Schon ist er bei den Füßen herausgerissen; man schließt den Schlag und wünscht der Schönheit glückliche Reise. Ihn aber schleppt man auf den nächsten Acker, zerstößt und zerprügelt ihn fürchterlich; alle Glieder seines Leibes sind zerschlagen, sein Gesicht unkenntlich. Eine Wache nimmt sich endlich seiner an, man bringt ihn in ein Bauernhaus, wo er auf Stroh liegend zwar vor Thätlichkeiten seiner Stadtfeinde, aber nicht vor Schimpf, Schadenfreude und Schmähen geschützt war. Doch auch damit ging es am Ende so weit, daß der Offizier niemand mehr hineinließ; auch mich, dem er es als einem Bekannten nicht abgeschlagen hätte, dringend bat: ich möchte diesem traurigsten und ekelhaftesten aller Schauspiele entsagen.»[10]

Eine ungeheure Szene in einem ungeheuren Zusammenhang, die allein geeignet ist, alle Behauptungen über Goethes Neigung zum stilistischen Euphemismus, zum Herabdämpfen historischer Wirklichkeit, zu relativieren. Es gibt solch verhüllendes Andeuten natürlich bei Goethe. Aber dass er zu anderem im Stande war, zeigt diese Szene. Dass sie aus seinem übrigen Werk heraussticht und sich in ihrer Gewaltsamkeit nur noch mit der Darstellung des Endes von Philemon und Baucis im zweiten Teil des «Faust» vergleichen lässt, sichert ihr eine besondere Stellung in Goethes Werk.[11] Zumal sie hinleitet zur berüchtigtsten und umstrittensten aller politischen Äußerungen, die Goethe getan hat, zu der Stelle, wo er sagt, es liege nun einmal in seiner Natur, er wolle lieber eine Ungerechtigkeit begehen als Unordnung ertragen.

Lieber eine Ungerechtigkeit
als Unordnung

Am 27. Juli 1793, vier Tage nach der Kapitulation der französischen Besatzung von Mainz und dem damit verbundenen Ende der Mainzer Jakobiner-Republik, schrieb Goethe an seinen Freund Friedrich Heinrich Jacobi: «Es widersteht mir etwas aufzuschreiben von dem was ich sehe und höre, sonst hätte ich ein schönes Tagebuch führen können. Die Letzten Tage, der Capitulation, der Übergabe, des Auszugs der Franzosen gehören unter die interessantesten meines Lebens, ich wünsche dir einmal davon zu erzählen.»[1]

Und Goethe hat davon erzählt, wenn auch erst ein Vierteljahrhundert später. Er, der fast sechzig Jahre im Umkreis kleiner und großer Politik gelebt hat, der 1778 das Herzogtum, dem er diente, durch die Kriegsgefahr zwischen zwei benachbarten verfeindeten Großmächten zu steuern hatte, der zu diesem Zweck sogar nach Berlin und Potsdam reiste und das Arbeitszimmer Friedrichs des Großen betrat und bei dessen Bruder dinierte, der später auf Feldzügen vor Monarchen und Ministern aufwartete, der noch im hohen Alter lange politische Gespräche mit Wilhelm von Humboldt und dem Fürsten Metternich führte, der jahrzehntelang eine Korrespondenz mit dem Grafen Reinhard, der rechten Hand Talleyrands, unterhielt und der seine Unterredungen mit Napoleon im Oktober 1808 für einen Höhepunkt seines Lebens hielt – dieser welterfahrene, bis in die Details von Verwaltung und Gesetzgebung kundige dichtende Staatsmann hat über keinen einzelnen politischen Vorgang seiner eigenen Erfahrung ausführlicher erzählt als über die Kapitulation von Mainz im Juli 1793.[2]

Es ist keine glänzende Geschichte auf den Höhen der Gesellschaft, wo Fürsten, Feldherren und Diplomaten um die Geschicke ihrer Länder ringen, sondern ein hässlicher Vorgang von Hass und Wut, von Gewaltakten, von Menschen, die aus ihren Kutschen und von ihren Pferden gerissen werden, um dann so grausam verprügelt zu werden, dass ihre Gesichter unkenntlich werden. Eine Szene entfesselter Gewalt, die bis zum Mord zu eskalieren droht: Das ist das ausführlichste Bild zeitgenössischer Geschichte, das in Goethes Werken enthalten ist.

Die 1822 erschienene Darstellung, die Goethe fast am Ende seiner miteinander verbundenen Kriegschriften «Campagne in Frankreich 1792» und «Belagerung von Maynz» gibt, umfasst in einer modernen Ausgabe ziemlich genau sieben Druckseiten.[3] Die Skizze zur Unterredung mit Napoleon ist in Worten nicht einmal halb so lang. Nimmt man hinzu, dass schon der Brief an Jacobi von 1793 eine ganze Seite dichter Informationen dazu enthielt und dass der große Krach in der Rahmenhandlung der «Unterhaltungen deutscher Ausgewanderten» von 1795 sich an Fragen entzündet, die mit dieser Kapitulation verbunden sind, dann darf man feststellen: Es war nicht einfach so dahingesagt, wenn Goethe von den interessantesten Tagen seines Lebens sprach. Zumal sich selbst in dem bürgerlichen, nur im Vordergrund idyllischen, vor dem Horizont des Revolutionszeitalters spielenden Epos «Herrmann und Dorothea» von 1797 Spuren von dieser politischen Erfahrung nachweisen lassen.

Sie hat Goethe also beschäftigt wie kaum eine andere. Daher ist es nicht einmal verwunderlich, dass einer der bekanntesten, am häufigsten bemühten Sätze Goethes zur Politik aus diesem Zusammenhang stammt. Selbst wer wenig von Goethe als Staatsmann und von seinem komplizierten Verhältnis zu den Umbrüchen seiner Zeit weiß, pflegt ihn mehr oder weniger genau zu kennen: «Es liegt nun einmal in meiner Natur, ich will lieber eine Ungerechtigkeit begehen als Unordnung ertragen.» Er steht am Ende des späten Berichts von der Mainzer Kapitulation und dient dort der Rechtfertigung für ein riskantes Einschreiten des Weimarer Geheimrats gegen eine wütende Menge, die sich anschickt, einen abziehenden «Clubbisten» – vielleicht ein Nutznießer oder Akteur der soeben ruhmlos zu Ende gegangenen Mainzer Republik – anzugreifen und möglicherweise sogar totzuschlagen. Es geht also ums Einschreiten in einer jener jakobinerfeindlichen Jagdszenen, wie sie sich schon im Frühjahr 1793 an vielen Orten in den zurückeroberten Rheinlanden ereignet

Gerechtigkeit und Ordnung:
Heinrich und Thomas Mann im Jahre 1905.

und das Entsetzen einer aufgeklärten Öffentlichkeit in Deutschland erregt hatten.

Goethe entwickelt die Szenerie und die Umstände mit handgreif-
licher Deutlichkeit, und doch hat sich sein ominöser Satz im 20. Jahrhundert eine Zeit lang aus seinem Kontext gelöst und verselbständigt.
Seine herausgehobene Position am Ende des autobiographischen Ge-
samtwerks «Dichtung und Wahrheit» mag dazu beigetragen haben.
War hier nicht in einer Maxime das Vermächtnis des revolutions-

skeptischen Dichters insgesamt zusammengefasst, den die einen als Fürstenknecht schmähten, während die anderen ihn als unpolitischen Sachwalter bürgerlich-monarchischer Ordnung lobten?

Als Thomas Mann in bitterer Fehde mit seinem Bruder Heinrich 1918 in den «Betrachtungen eines Unpolitischen» die Figur des demokratisch gesinnten Zivilisationsliteraten zu einer feindseligen Karikatur stilisierte, berief er sich auf Goethe: «Der Zivilisationsliterat steht im ganzen nicht gut mit Goethe, dem Anti-Revolutionär, dem Quietisten, dem Fürstenknecht. Hundertmal hat er Voltaire gegen ihn ausgespielt, den Mann der Calas-Affaire gegen den, der zu sagen wagte, daß er lieber eine Ungerechtigkeit als eine Unordnung dulden wolle.»[4] Nun, das war nicht nur ungenau zitiert, es war auch leicht übertrieben: Genau ein Mal, 1910, hatte Heinrich Mann in einem Essay Goethe und Voltaire miteinander konfrontiert, allerdings mit scharfen Worten: «Goethe hat zur Menschheit die hohe, ferne Liebe eines Gottes zu seiner Schöpfung. Voltaire kämpft für sie im Staub (...). Sein [Goethes] Werk, der Gedanke an ihn, sein Name haben in Deutschland nichts verändert, keine Unmenschlichkeit ausgemerzt, keinen Zoll Weges Bahn gebrochen in eine bessere Zeit. Hinter seinem Sarge ging die Familie keines Calas. Er hat den Menschen, die schuldig werden müssen, Gerechtigkeit, Gleichheit, Freiheit nur in jenen Gefilden verheißen, mit denen Dichtung uns tröstet.»[5] Darauf antwortete nun Thomas Mann: Goethe habe nicht im Ernst an Freiheit «und» Gleichheit geglaubt. «Seine Sache ist die der sozialen Freiheit. Er ist der Feind der Demokratie, sofern diese sich als doktrinärer Selbstzweck und nicht als Mittel gebärdet.»

Goethe, der Feind der Demokratie und sogar der Gerechtigkeit, das ist es, was zunächst hängenblieb. Romain Rolland, der Deutschland verbundene französische Schriftsteller, griff den Zwist im Hause Mann 1927 noch einmal auf, als die Brüder sich schon wieder ausgesöhnt hatten. Im dritten Band seines Romans «Verzauberte Seele» lässt er einen jungen Menschen auftreten, der sich enttäuscht von Goethe abwendet. Er nennt ihn den «großen Egoisten, dem die Weltordnung lieber war als das Wohl des Nächsten und dem die Ruhe der Anschauung lieber ist als gefährliches Bekämpfen gegenwärtigen Übels». Und dann schloss dieser moderne Jüngling von 1927: «Was einem Goethe erlaubt ist, gilt nicht für uns. Die ewige Ordnung genügt uns nicht. Wir atmen in irdischer Ordnung. Und wenn die von Ungerechtigkeit verpestet ist, muss man den Glaskasten zertrümmern, damit man atmen kann.»[6] Also auch der Egoist Goethe, dessen kaltes Bildnis längst durch viel frühere Kritiker wie Ludwig Börne etabliert war, wurde mit dieser Sentenz verbunden. In seinem Stück «In Goethes Hand» ließ Martin Walser noch 1982 Ferdinand Freiligrath, den Freiheitsdichter des «Jungen Deutschland», die Sentenz von Ungerechtigkeit und Unordnung zitieren, um dann fortzufahren: «Das ist die Reaktion. Goethe hat immer nur der Selbstsucht, der Lieblosigkeit geschmeichelt; darum lieben ihn die Lieblosen. Er hat die gebildeten Leute gelehrt, wie man gebildet sein kann und doch ein Selbstling! Der große Dichter ist kein Vorbild für das richtige Leben und Handeln.»[7] Sicher, das ist Figurenrede, und doch spiegelt es ein geläufiges Goethe-Bild, dessen kritische Akzente immer wieder abrufbar bleiben.

Wie ungenau Goethes Diktum dabei nicht nur zitiert, sondern auch verstanden wird, hatte allerdings schon 1931 ein Essay von Paul Amann, dem deutschen Übersetzer von Rolland und Korrespondenzpartner von Thomas Mann, im «Jahrbuch der Sammlung Kippenberg» herausgearbeitet, der zwar in deutscher Sprache verfasst ist, aber als Verbeugung vor Romain Rolland einen französischen Titel trägt: «Plutôt une injustice qu'un désordre». Der Verfasser, der sich auf die gründlich-solide Erforschung der Mainzer Geschichte und Kriegsgeschichte von 1792/93 stützte, die im positivistischen 19. Jahrhundert von deutschen und französischen Autoren geleistet worden war, wollte mit einer Erinnerung an den historischen Kontext von Goethes auch in Frankreich sprichwörtlich gewordenem Satz der deutsch-französischen Annäherung einen Stein aus dem Weg räumen. Goethe, der Unordnung allgemein nicht leiden konnte, hatte einen Lynchmord verhindert – was war daran ungerecht? Auf welcher Seite lag hier überhaupt «Ordnung» und «Gerechtigkeit»? Wenn man genau hinsah, löste sich hier sogar der Gegensatz Voltaire-Goethe auf. Amanns dichter, allerdings ohne Einzelbelege daherkommender Aufsatz lieferte den Kommentaren in den modernen Goethe-Ausgaben, überhaupt der Germanistik noch bis übers neue Einsetzen der Jakobiner-Forschung in den achtziger Jahren des 20. Jahrhunderts hinaus das Faktenmaterial.[8] Seither ist es nicht mehr möglich, Goethes berühmten Satz aus dem konkreten Zusammenhang zu lösen, in den sein Urheber ihn selbst gestellt hatte.

Allerdings macht ihn das nicht unbedingt leichter verständlich, wie drei Beispiele zeigen mögen. Hans Mayer, der marxistische Literaturwissenschaftler, der auch Jurisprudenz studiert hatte, begriff ihn und die Episode, die Goethe auf ihn zulaufen lässt, als zugespitztes Beispiel für positivistisches bürgerliches Rechtsdenken. Wo Gerechtigkeit mit dem positiven Recht zusammenfällt, verschwindet auch der Gegensatz von Ordnung und Gerechtigkeit; gesetzliche Ordnung ist die Gestalt bürgerlicher Gerechtigkeit, die sich gegen die absolutistische Legitimität, also eine traditionale Form der Ordnung, durchsetzt: «Allein hier in Mainz», schrieb Mayer in seinem Goethe-Buch von 1973, «drohte nicht bloß, sondern vollzog sich gegenrevolutionäre Ungesetzlichkeit. Darum der persönliche, durchaus nicht gefahrlose Einspruch und Einsatz: es ging um bürgerliches Ordnungsdenken, nicht um absolutistische Legitimität.» Mayer rühmt die «literarische Sachlichkeit» von Goethes Erzählstil und zitiert verwandte Sätze aus den «Maximen und Reflexionen»: «Es ist besser, daß Ungerechtigkeiten geschehen, als daß sie auf ungerechte Weise behoben werden.» Und: «Es ist besser, es geschehe dir ein Unrecht, als die Welt sei ohne Gesetz. Deshalb füge sich jeder dem Gesetze.»[9] Und so kann Mayer zusammenfassen: «In einem schroffen juristischen Positivismus, der im Grunde bereits alle Thesen der Reinen Rechtslehre von Hans Kelsen vorwegnimmt, setzt Goethe die Gerechtigkeit gleich der Rechtspositivität.»[10]

So wurde aus dem vermeintlichen Fürstenknecht, der lieber eine Ungerechtigkeit begehen als Unordnung ertragen wollte, unversehens ein gemäßigter, wenn auch kompromissloser Rechtsreformer. Der «Code Civil» lässt grüßen in dieser gewissermaßen napoleonischen Lesart, die gesellschaftliche Fortschrittlichkeit in durchaus autoritären Formen aufscheinen lässt.[11] Das fand der klassisch liberale Germanist Hans-Jürgen Schings 2009 nicht völlig falsch, aber «gewunden». Schings versteht Goethes Satz, der einen Lynchmord an Revolutionsanhängern untersagen soll, durchaus als Einspruch gegen die Revolution, nämlich als Umkehrung des Mottos «fiat justitia, et pereat mundus». Denn er richte sich gegen die «‹absolute› Gerechtigkeit der Volksjustiz und die todbringende ‹Unordnung›, die damit einherzugehen pflegt, vor Mainz wie in Paris».[12] Man könnte auch sagen: Mob bleibt Mob, gleichgültig, ob er Jakobiner zerfleischen will oder die Prinzessin von Lamballe. Und gegen die volkszornige «Gerechtigkeit» solchen Mobs helfen nur «Tabuzonen von Recht und Zivilisation», also eine «Ordnung», die auch mit Affektbeherrschung einhergeht.

Damit spitzte Schings die breiter angelegte Interpretation zu, die sein Schüler Michael Jaeger in einer großen Darstellung von «Goethes Phänomenologie der Moderne» gegeben hatte, die 2004 unter dem Titel «Faust Kolonie» erschien. Jaeger versteht die beiden späten Kriegsschriften Goethes als zeitdiagnostische Traktate über einen drohenden allgemeinen Bürgerkrieg zwischen Anhängern und Gegnern der Revolution. Gegen solches Eskalieren der «Parteiwut» im Zeichen intoleranter Gerechtigkeitsideen und ihrer ebenso intoleranten Feinde stelle Goethes Einschreiten und sein großer Satz «die Autorität des historisch bedingten positiven Rechts», jenes *rule of law*, das eine liberale Gesellschaftsphilosophie als Grundvoraussetzung der Freiheit begreife.[13]

Damit schließt sich der Kreis und führt wieder zurück zu jener «sozialen Freiheit», die Thomas Mann mit Berufung auf Goethe schon 1918 gegen die Demokratie als doktrinären Selbstzweck und zugleich gegen den Bruder Heinrich in Stellung brachte. Michael Jaegers Verständnis weiterdenkend, könnte man auch so argumentieren: Vor Mainz, im Juli 1793, verteidigte Goethe durch beherztes Eingreifen gegen eine rasende Menge das obrigkeitliche Gewaltmonopol («die Ordnung»), vielleicht autoritär (mit einer «Ungerechtigkeit» im Einzelnen), aber doch als Voraussetzung jener liberalen Ordnung, in der über Gerechtigkeit überhaupt erst sinnvoll gestritten werden kann.[14]

Alle diese sehr weitreichenden, ins Grundsätzliche gehenden Auslegungen von Goethes viel zitiertem Satz können aber nicht darüber hinwegtäuschen, dass er in einer unübersehbaren Spannung zur dargestellten Situation steht. Ob hier wirklich ein Widerspruch zwischen Ordnung und Gerechtigkeit bestand, und ob die Verhinderung einer wilden Lynchjustiz nicht ebensoviel mit alteuropäischer Legitimität zu tun hat wie mit bürgerlichem Rechtspositivismus – beides kann mit Blick auf die rechtliche Begrifflichkeit, mit der Goethe selbst seine Erzählung durchwirkt hat, durchaus bezweifelt werden. Wir kommen darauf zurück.

Vor dem Hintergrund solcher Fragen und Zweifel irritiert auch die ganz andere Tonlage, die Goethe ein Vierteljahrhundert früher, unter dem unmittelbaren Eindruck der Ereignisse, angeschlagen hatte. In dem Brief an Jacobi vom 27. Juli 1793, in dem er von den interessantesten Tagen seines Lebens spricht, deutet er kurz auf die Szenen hin, die er später so ausführlich darstellen sollte: «Am Chausseehauße [wo Goethe untergebracht war] schrie das Volk sein *kreuzige*», und dazu erwähnt Goethe einen Clubbisten, der ohne die Contenance französischer und preußischer Offiziere vom Pferd gerissen worden wäre. Andere werden tatsächlich erwischt, beraubt und verprügelt; in Mainz selbst wurde geplündert und weiter geprügelt. Dann Goethes Resümee: «Der *Modus* daß man die Sache gleichsam dem Zufall überließ und die Gefangennehmung von unten herauf bewirckte, deucht mich gut. Das Unheil das diese Menschen angestiftet haben ist groß. Daß sie nun von den Franzosen verlassen worden, ist recht der Welt Lauf und mag unruhigem Volck zur Lehre dienen.» Wie immer man die näheren Umstände rekonstruiert, auf die Goethe hier anspielt, unüberhörbar ist eine fast behagliche Zustimmung zu der irregulären Vorgehensweise («Zufall») einer Bestrafung durchs Volk («Gefangennehmung von unten herauf»). Volk also bestraft Volk – ist man da nicht ganz nah an jenem «bürgerlichen Krieg», vor dem Goethes späterer Bericht so eindringlich warnte? Erstaunlicherweise hat erst Karl Otto Conrady in seiner Goethe-Biographie von 1982 mit Entschiedenheit auf diese Inkongruenz hingewiesen: Goethes Brief vom 27. Juli 1793 widerspreche «wortwörtlich der später in den Memoiren behaupteten Version, er habe sich den Übergriffen widersetzt und sie verabscheut».

Denn nicht nur Goethes Urteil über die dargestellten allgemeinen Vorgänge scheint in dieser früheren Version vollkommen anders, er erwähnt auch mit keinem Wort ein besonderes eigenes Einschreiten zugunsten der bedrohten Jakobiner. Bei einem so spektakulären, in der späteren Version über mehrere Seiten ausgedehnten, in glanzvoll dramatisierter Form dargestellten Vorgang, darf man das verwunderlich nennen. Das Fehlen des kleinsten Hinweises darauf in dem unmittelbar danach geschriebenen Brief nährt den Verdacht, die große Szene könnte überhaupt eine spätere Erfindung sein.[15]

Der Vergleich zwischen Goethes frühem, aus unmittelbarer Augenzeugenschaft verfasstem brieflichen Bericht von der Kapitulation von Mainz im Juli 1793 und der viel breiteren, szenisch ausgestalteten, sentenziös abgeschlossenen Darstellung, die er ein Vierteljahrhundert später davon gab, führt unweigerlich zu einer doppelten Irritation: Erstens scheint unklar, was Goethes eigene Rolle bei diesem Vorgang war, zweitens – und wichtiger – erscheinen auch die moralisch-rechtlichen Beurteilungen, die er über wilde gegenrevolutionäre Volksjustiz zu den zwei verschiedenen Zeitpunkten abgab, diametral entgegengesetzt zu sein, und das bei einem Ereignis, das in Goethes mutmaßlich berühmteste, am häufigsten zitierte und am widersprüchlichsten interpretierte politische Maxime mündete.

Was ist 1793 wirklich passiert? Gab es überhaupt eine positiv formulierbare Rechtslage? Was war Goethes Rolle bei diesen Ereignissen, und wie haben sie in seiner späteren Reflexion über die Politik seiner Zeit nachgewirkt? Diese Fragen sollen in den folgenden Kapiteln beantwortet werden. Goethe, Deutschlands größter Dichter, war dabei, als der erste deutsche Demokratie-Versuch, die Jakobiner-Republik von Mainz, in wilden Prügeleien, in grausamen Szenen von Menschenhatz, zu Ende ging, und gerade dieser Vorgang hat ihn literarisch so intensiv beschäftigt wie kein anderer seiner Zeit. Also dürfen diese Fragen auch unser Interesse beanspruchen. Beantworten lassen sie sich allerdings nur, wenn man rückblickende Verallgemeinerungen und Nutzanwendungen[16] vergisst und versucht, die Ereignisse aus den Quellen und in der Sprache ihrer Zeit zu begreifen. Denn auf diese Sprache reagieren auch die Texte, die Goethe dem ersten, grausam gescheiterten Versuch gewidmet hat, die Revolution von Frankreich nach Deutschland zu verpflanzen.

KAPITEL 3

FREIHEITSBAUM
UND GALGEN

Als im Herbst 1792, «in jenen unglücklichen Tagen, welche für Deutsch-land, für Europa, ja für die übrige Welt die traurigsten Folgen hatten» – um Goethes Formulierungen aus dem Ende 1794 niedergeschriebenen Beginn der «Unterhaltungen deutscher Ausgewanderten» aufzuneh-men –, «das Heer der Franken durch eine übelverwahrte Lücke in unser Vaterland einbrach»[1], da wollten die Soldaten der französischen Repu-blik nicht als Eroberer kommen, sondern als Befreier. Die französische Nationalversammlung hatte, lange bevor der Krieg zwischen dem revo-lutionären Staat und dem Alten Europa begonnen hatte, am 22. Mai 1790 feierlich auf Eroberungskriege verzichtet und künftige Gebiets-erweiterungen Frankreichs von der Zustimmung der Betroffenen ab-hängig gemacht.[2]

Diese Berufung auf das Selbstbestimmungsrecht der Völker enthüllte allerdings in dem Augenblick seine Vieldeutigkeit, als es tatsächlich zur Anwendung kommen sollte. Im Oktober 1792 besetzten französische Truppen Worms, Speyer, Mainz und Frankfurt am Main. In einem raschen Siegeslauf hatte der französische General Adam-Philippe de Custine nach dem Tag der Wende des Kriegsglücks bei Valmy am 20. September, an dem die Armeen der Preußen und Österreicher, die auf Paris marschierten, in einer langen Kanonade zum Stehen gebracht worden waren, viele linksrheinische Gebiete des Reiches erobert. Sie waren in der Tat «übelverwahrt», weil niemand in Deutschland mit mi-litärischen Erfolgen des neuen revolutionären Regimes gerechnet hatte. In dieser Lage erklärte der Konvent in Paris am 19. November 1792 «im Namen der französischen Nation, dass er allen Völkern, die ihre Frei-heit wiedererlangen wollen, Brüderlichkeit und Hilfe gewährt; er beauf-

Haudegen mit Schnurrbart:
Bürger General Custine auf einem deutschen Stich von 1793.

tragt die ausführende Gewalt, den Generalen die notwendigen Befehle zu geben, um diesen Völkern Hilfe zu leisten und die Bürger, die drangsaliert werden sollten oder um der Freiheit willen werden könnten, zu verteidigen».[3] Mit dem Irrealis – «qui auraient été vexés ou qui pourraient l'être pour la cause de la liberté» – war bereits eine auch präventive, also kaum eingrenzbare Lizenz zum Eingreifen postuliert worden. Und standen damit nicht auch schon die Verfassungsverhältnisse der besetzten Gebiete zur Disposition?

Einen Tag nach der Übergabe von Mainz, der symbolträchtigen, wohlhabenden Residenz des Erzbischofs und Kurfürsten, der als Erzkanzler und höchster Reichsstand den Vorsitz im Kollegium für die Wahl des deutschen Kaisers führte, erklärte General Custine am

22. Oktober 1792 in einer Ansprache, in der er seine Soldaten zu rücksichtsvollem Auftreten in der besetzten Stadt ermahnte, dass es sich nicht mehr um einen reinen Verteidigungskrieg handle: «Zugleich aber wollen wir die Freiheit und die Glückseligkeit, deren wir uns erfreuen, auch andern Völkern bringen. Betragt euch daher würdig unserer Gesetze und unserer Nation.»[4] Das überwiegend gute Auftreten der so ermahnten Soldaten ist übrigens in allen Quellen übereinstimmend bezeugt. Einen Tag später erläuterte Custine dies in einer Proklamation, die nicht nur an die Stadt Mainz gerichtet war, sondern als «Aufruf an das gedrückte Volk deutscher Nation» firmierte – unter diesem Titel war sie in deutscher Sprache sogleich in der «Mainzer Zeitung» zu lesen. Sie war also von Anfang an nicht als Maßgabe für eine örtliche Besatzung, sondern als Befreiungsprogramm für ein ganzes Volk, die deutsche Nation insgesamt, entworfen: angesichts der raschen ersten Kriegserfolge der Franzosen kein leeres Versprechen.

In diesem Manifest unterschied der General zwischen den «Despoten», gegen deren Aggression die Franzosen sich verteidigen mussten, und den von ihnen unterdrückten Völkern, denen sie Freiheit und Verbrüderung anbieten, vor allem aber politische Selbstbestimmung. Die folgenden Sätze wurden im Lichte der Zwangsmaßnahmen, die später kamen, immer wieder zitiert: «Euer eigener ungezwungener Wille soll Euer Schicksal entscheiden. Selbst dann, wenn Ihr die Sklaverei den Wohlthaten vorziehen würdet, mit welchen die Freiheit Euch winkt, bleibt es Euch überlassen, zu bestimmen, welcher Despot Euch Eure Fesseln zurückgeben soll.» Doch ließ bereits der Abschluss dieser ersten Proklamation unmissverständlich die Grenzen der Selbstbestimmung erkennen, denn Custine kündigte an, die Festung Mainz «in den fürchterlichsten Verteidigungszustand zu setzen» und sie selbst dann noch zu behaupten, «wenn das ganze Heer unserer Feinde sich gegen dieselbe verbinden sollte». Der eroberten Reichsfestung wurde eine neue Aufgabe zugewiesen: «Möge sie zur Brustwehr der Freiheit (le boulevard de la liberté) aller Völker des deutschen Reiches gedeihen! Mögen aus ihrem Busen diese Grundsätze ewiger Wahrheiten hervorgehen! Möge die Klarheit dieser Grundsätze alle Menschen ergreifen, deren Nacken noch unter dem Joch der Knechtschaft gebeugt ist.»[5]

Damit war von Anfang an – und noch vor den Konventsbeschlüssen vom 19. November und vom 15. Dezember – unmissverständlich aus-

gesprochen, dass es sich bei der französischen Okkupation der linksrheinischen Städte nicht um ein Besatzungsregime nach alteuropäi-
schem Kriegsgebrauch handelte. Ein solches hatte Goethe als Kind
erlebt, als französische Truppen Frankfurt im Siebenjährigen Krieg besetzten und damals auch sein Elternhaus mit Einquartierung belegten.[6]
Selbstverständlich bedeutete auch eine einfache kriegerische Besatzung
eine Suspension der hergebrachten obrigkeitlichen Verhältnisse. Besatzer mussten in solchen Situationen Unterkunft finden, sich ernähren,
sich im Notfall gegen eine feindselige Umwelt sichern und verteidigen.
Dafür arbeiteten sie mit den örtlichen Regierungen zusammen, und
dabei schreckten sie naturgemäß auch vor Zwangsmaßnahmen nicht
zurück. Doch hob das Kriegsrecht im Prinzip nicht die hergebrachte
Verfassung und die autochthone Legitimität eines besetzten Territori-
ums auf. Auch eine gewöhnliche kriegerische Besatzung bedeutete unvermeidlich die begrenzte Aufhebung des Normalzustands, sie konnte
ohne Zwang nicht bestehen, doch dieser Zwang wurde in der Regel
pragmatisch eingesetzt – nur im Einzelfall mit Brutalität –, und grundsätzliche Verfassungsfragen stellten sich dabei erst einmal nicht. Das
wird natürlich anders, wenn einer okkupierten Festung nahegelegt
wird, dass aus ihrem Busen Grundsätze ewiger Wahrheiten hervorgehen mögen.

Wie grundsätzlich sich diese Fragen vom ersten Moment an stellten,
zeigt das Beispiel von Goethes Geburtsstadt Frankfurt, die einen Tag
nach Mainz, am 22. Oktober 1792, von den französischen Revolutions-
einheiten besetzt, allerdings bereits am 2. Dezember von preußischen
und hessischen Truppen zurückerobert wurde. Dabei genügten die
wenigen Wochen der Besatzung nicht nur zur Eintreibung enormer
Kontributionen, sondern auch zu einer fordernden Revolutionspropa-
ganda, die den Frankfurter Bürgern im Kampf mit einer angeblich
unterdrückerischen Obrigkeit einen ähnlichen Verfassungswechsel nahe-
legte, wie er gleichzeitig in Mainz ins Werk gesetzt wurde. Berühmt
und oft zitiert ist die Antwort, die die Frankfurter Zünfte am 30. November dem «fränkischen Bürger und General Herrn Custine» auf
solche Aufforderungen, die auch Anstiftungen zum sozialen Kampf
zwischen oben und unten waren, gaben. Die Zunftmitglieder, deren
Unterschriften allein einen ganzen Band füllten, erklärten in dem Send-
schreiben ihre hohe Befriedigung mit der Obrigkeit, «die alle Lasten

gemeinsam mit ihnen trägt», mit den Reichen in der Stadt, «die mit allen Kräften bemüht sind, das Elend der Armen zu lindern»; sogar mit den geringen Abgaben erklärten sie sich einverstanden und beteuerten, dass sie alle glücklich, alle zufrieden seien, und schlossen mit dem Wunsch, «dass die fränkische Nation mit ihrer neuen Verfassung so glücklich sein möge, als wir mit der unsrigen waren». Also erwarten wir von Ihnen, dass Sie uns bei dem für uns schätzbarsten Gut unserer bisherigen Verfassung und unserem davon abhängenden Wohlstand unverkürzt lassen.»[7]

Frankfurt war anders als Mainz nicht zugleich Residenzstadt, sondern nur eine Stadtrepublik mit bürgerlich-ständischer Selbstverwaltung, einer komplex austarierten Machtbalance zwischen Handwerkern, Kaufleuten, Patriziern, die wirtschaftliche und politische Verhältnisse gleichermaßen regelte. Diese traditionelle Stadtbürgerlichkeit hatte eigene, überkommene Freiheitsbegriffe, die sich von den abstrakten, universalistischen «Grundsätzen ewiger Wahrheiten» (*principes d' éternelles vérités*), zu deren Brustwehr Custine die Festung Mainz hatte erklären wollen, so fundamental unterschieden wie Edmund Burkes revolutionskritisches Freiheitsverständnis von der Erklärung der Menschenrechte. Es bleibt bemerkenswert, dass sich dieser dann eine ganze Generation in Atem haltende Grundsatzkonflikt zwischen «Liberté» und «Libertät» schon beim allerersten Zusammenstoß der neuen und der alten Mächte auf deutschem Boden, in der Heimat Goethes an Rhein und Main, so klar artikulierte. «Wir sind bereits seit Jahrhunderten ein Freistaat», hieß es in einem «Schreiben eines Bürgers aus Frankfurt an Herrn Custine».[8]

Es ist für die Zwecke unserer Untersuchung nicht nötig, die überaus gründlich erforschte und oft erzählte Geschichte der Mainzer Republik samt ihrem Vorlauf in allen Einzelheiten zu wiederholen.[9] Dass die von dem Theologen Georg Wilhelm Böhmer im Auftrag von Custine begründete «Gesellschaft der Freunde der Freiheit und Gleichheit» – der Mainzer Jakobinerclub, zu dessen führenden Mitgliedern bald auch Georg Forster aufstieg – mit seinen 492 anfänglichen Mitgliedern einen durchaus beachtlichen Zulauf gewann und darüber hinaus viel Neugier erweckte, kann anerkannt werden, auch wenn man nüchtern festhält, dass weder in Mainz noch in den benachbarten Städten und Dörfern der Pfalz und Rheinhessens beim Eindringen der französischen Armee eine auch nur ansatzweise revolutio-

Parteiversammlung statt Hofball:
Mainzer Clubbistensitzung im kurfürstlichen Schloss.

näre Situation herrschte. Bei schätzungsweise in der Stadt verbliebenen 20 000 Einwohnern, darunter etwa 7000 volljährigen Männern, bedeuten annähernd 500 Clubmitglieder (oder auch nur Club-Interessenten) eine Mobilisierung von etwa 6 Prozent der berechtigten Bevölkerung, was, wie moderne Parteienforscher wissen, mehr ist als der heutige prozentuale Mitgliederanteil an sämtlichen politischen Parteien. Dass diese Mitglieder sich überproportional aus Beamten und Intellektuellen, also dem Bildungsbürgertum, rekrutierten, und weniger aus Bauern, Unterschichten oder gar jenen Handwerkern, die in den alten Zünften ihr Auskommen gefunden hatten, kann nur von einem verbohrten rousseauistischen Standpunkt aus als Schönheitsfehler angesehen werden. Doch fand diese Mobilisierung eben unter der Anwesenheit von etwa 18 000 Besatzungssoldaten statt, einem Militärregime, das den allgemeinen Geschäftsgang der Verwaltung und die regulären Abgaben zunächst zwar weiterlaufen ließ, das aber

Georg Forster im Jahre 1785.

gegenüber den Behörden, die nun modern zu einer «Munizipalität» umetikettiert wurden, immer das weisungsgebende letzte Wort behielt.[10] Die Freiheit der Presse wurde eingeführt, und eine lebhafte revolutionäre Publizistik entstand, die noch bewundernswerter wäre, wenn Schriften «gegen das Volkswohl» nicht von vornherein von der neuen Freiheit ausgenommen worden wären.[11] Dass der Zulauf zu den neuen Ideen von Anfang an nicht zufriedenstellend war, zeigt eine Aktion des Clubs, an die später von der gegenrevolutionären Propaganda immer wieder mit beißendem Hohn erinnert wurde und für die sich hinterher sogar Georg Forster schämte. Am 8. November wurden in Mainz auf Initiative des Clubs zwei Bücher öffentlich ausgelegt, eines in rotes Saffian gebunden, das andere in schwarzes Papier. Das rote trug den Titel «Buch des Lebens», das schwarze war mit Ketten umwunden und auf ihm stand «Sklaverey». Die Bürger von Mainz wurden aufgefordert, sich in eines der beiden Bücher einzutragen. Im roten Buch sollten sie

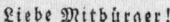

Pressefreiheit gab es nur für Bürgerfreunde.

dabei einen Text unterzeichnen, dessen Kernsätze lauteten: «Wir Unterzeichnete huldigen dem Gesetz, welches die höchste Gewalt in die Hände des Volkes legt und dem Volke seine Rechte wieder gibt, diese Gewalt durch Personen ausüben zu lassen, die es sich selbst von Zeit zu Zeit wählt. Wir erkennen Freyheit und Gleichheit als die Hauptgrundsätze, worauf eine gute Staatsverfassung gebaut werden muß.»[12] Das Bekenntnis schloss mit dem Versprechen, die vorbildliche französische Verfassung zu übernehmen, vorbehaltlich einiger Anpassungen an die örtlichen zünftischen Verhältnisse.

Mainz hatte unter dem Regime der französischen Verfassung also eine Freiheitsgesellschaft, eine revolutionäre Presse, aber keine echte Opposition. Dafür hatten die Bürger die Freiheit, öffentlich zu wählen zwischen dem «Leben» und der «Sklaverey». Diese Inszenierung kommentierte Georg Forster schon ein Dreivierteljahr später, nach dem Fall der Festung Mainz, in seiner Fragment gebliebenen, im fernen Arras verfassten «Darstellung der Revolution in Mainz» mit der Bemerkung, sie scheine eher «für die allegorisierende Einbildungskraft orientalischer Völker als für den kalten deutschen Sinn gemacht zu sein» und fragte: «Bleibt dort noch eine Wahl, wo Schande und Mißhandlung desjenigen wartet, der nicht zum rothen Buche geht?» Ja, der revolutionäre Forster geht noch weiter und erklärt, wer sich jenen Drohungen zum Trotz ins schwarze Buch eingeschrieben hätte, der hätte durch ein redendes Beispiel gezeigt, «was Freiheit und Unabhängigkeit des Willens sei». Man hätte also Freiheitssinn durch einen Eintrag im Buch der Sklaverei beweisen sollen, so weit hatte es die Mainzer Revolution bereits nach zwei Wochen gebracht. Forster schloss: «Zur Schande der deutschen Aristokratie fand sich kein Einziger, der diese kleine Kühnheit gezeigt hätte.»[13] Eine schale Kritik, da der Club hatte verlauten lassen, wer sich in keines der beiden Bücher eintrage, werde automatisch der schwarzen Partei zugerechnet, und im selben Moment andeutete, dass dieser Personenkreis bevorzugt für die Lasten der militärischen Besatzung herangezogen werde.[14] Neutralität sollte es in der neuen Freiheit nicht mehr geben dürfen.*

* In einer kulturhistorischen Untersuchung hat Monika Neugebauer-Wölk nachgewiesen, dass die beiden «Bücher» in Mainz und anliegenden Ortschaften 1792 auf zwei unterschiedliche Traditionen rekurrieren: «Rote Bücher» waren seit dem Spätmittelalter eine Kodifizierungsform der kommunalen Verfassungsgeschichte, also Sammlungen von lokalen Freiheitsrechten und weithin im Alten Reich verbreitet. «Schwarze Bücher» stammen aus den Logen der Illuminaten und verzeichnen die Ausgeschlossenen, die sich nicht an das maurerische Gesetz hielten. Sie zitierten damit den gnostischen Dualismus von Licht und Finsternis. Die beiden «Bücher» verbanden also altständische mit aufgeklärten Traditionen zu einer Symbiose von Demokratie und Geheimbund, in der es freilich über die *Grundlage* der Verfassung – die Volkssouveränität – keine Wahlfreiheit geben konnte. Darin erkennt Neugebauer-Wölk den im Kern alternativlosen Zwang eines «Despotismus der Freiheit», der sie fragen lässt, «ob es die von Dumont postulierte *liberale Anfangsphase* der Mainzer Republik wirklich gegeben hat» (Neugebauer-Wölk, Das Rote und das Schwarze Buch, hier S. 63). So sehr die Aktion der beiden «Bücher» durch

35

Immerhin 1500 Unterschriften fanden sich am Ende im «Roten Buch».[15] Doch die Wahl zwischen den beiden Büchern, was immer ihr rechtlicher Status war, konnte niemand im Ernst als Angebot zu freier Entscheidung verstehen; das Bekenntnis zu einer freien Verfassung wurde in einen Loyalitätsbeweis mit Zwangscharakter verwandelt. Das geschah noch vor dem berüchtigten Dekret des Pariser Konvents vom 15. Dezember 1792, das mit allen Vorstellungen von Wahlfreiheit und ungezwungenem Willen aufräumte. Französische Armeen waren im Winter 1792 an allen Fronten, in Belgien, am Rhein und in Savoyen über die alten Grenzen der Monarchie vorgestoßen.[16] Und nun wollte die Regierung in Paris, vor allem ihr Finanzminister, zwei Dinge miteinander verbinden: die Revolutionierung der unmittelbaren Nachbarländer bis zu den «natürlichen Grenzen» Frankreichs zur Sicherung der jungen Republik[17] und die Finanzierung dieser enormen kriegerischen Anstrengung. Beiden Zwecken diente das Dezemberdekret, das auch für die Mainzer Besatzung verbindlich wurde.

Es stellte zu Beginn fest, dass die Grundsätze der Volkssouveränität es nicht erlauben, «eine einzige mit derselben streitende Einrichtung anzuerkennen», und bestimmte daher für die Generale der republikanischen Armeen in den besetzten Ländern folgende Regeln: Dort sollten alle überkommenen Gewalten aufgehoben und Steuern, Abgaben, die Lehnsverfassung, herrschaftliche Rechte abgeschafft werden. Danach sollten Ur- und Gemeindeversammlungen neue provisorische Verwaltungen wählen.[18] Unverzüglich sollten die Generale sich in den Besitz aller beweglichen und unbeweglichen Güter der alten Herrschaften setzen und sie «in den Schutz der Franken-Republik nehmen». Die provisorische Volksadministration würde diese Güter dann unter ihre Aufsicht und Verwaltung nehmen. Dann kam der entscheidende Punkt: «Sie [die Volksadministration] soll gehalten sein, die besonderen und zur Vertheidigung nöthigen Ausgaben, welche die gemeinschaftliche Sicher-

diese Ableitungen an Befremdlichkeit einbüßt, so klar tritt zugleich der von den Zeitgenossen, einschließlich Forsters, empfundene totalitäre Charakter des Entscheidungszwangs ans Licht. Eine knappere, konkretere Zusammenfassung des grundlegenden Dilemmas des Mainzer Republikversuchs als die Analyse von Neugebauer-Wölk ist schwerlich zu finden. Daher sei auf diese Untersuchung mit allem Nachdruck verwiesen.

heit erfordert, anzuordnen und einzutreiben. Sie darf Steuern erheben, jedoch allezeit mit der Vorsicht, daß nicht die dürftige und arbeitsame Volksklasse dieselbe trage.» Um all dies durchzusetzen, versprach der Konvent, Kommissare zu entsenden, deren Hauptaufgabe aber darin bestand, den Armeen die nötigen Kleidungsstücke und Lebensmittel zu verschaffen «und die Kosten des bisherigen und künftigen Aufenthaltes derselben in diesem Lande zu bestreiten». Erst danach sollten die Provisorien in definitive «freie Volksregierungen» verwandelt werden.

Freie Volksregierung gegen Finanzierung der Befreier, so konnte man das Dekret mit gutem Willen allenfalls lesen. Die entscheidende Bestimmung kam allerdings am Schluss. Auch sie zitieren wir hier in der Übersetzung des Jakobiners Böhmer, in der er sie den Mainzer Bürgern bekannt gemacht wurde: «Die fränkische Nation erklärt, daß sie dasjenige Volk als ihren Feind behandeln wird, welches die ihm angebotene Freiheit und Gleichheit nicht annehmen oder beiden entsagen, und seine Fürsten und privilegierten Kasten behalten, zurückrufen oder mit ihnen in Unterhandlungen treten würde.»[19] Volkssouveränität und Kriegsfinanzierung oder Feindschaft und Kriegsrecht – das war am Ende die Alternative, vor die der Pariser Konvent die Bevölkerungen der besetzten Gebiete stellte: Nicht einmal in Unterhandlungen mit ihren früheren Herrschaften sollten sie treten dürfen.

Dazu kam, für alle Sicherheit, noch eine weitere Bestimmung, die schon bald zur Hauptquelle des Unfriedens in der neuen Verfassung in Mainz werden sollte. Der dritte Paragraph des Dekrets vom 15. Dezember legte fest, dass «bürgerliche und Militärbeamte der alten Regierung» sowie alle Adeligen und die Mitglieder ehemals privilegierter Körperschaften – hier war vor allem an die Geistlichkeit zu denken – bei den ersten Ur- und Gemeindeversammlungen keinen Sitz und keine Stimme erhalten sollten und auch keine Funktionen in den provisorischen Verwaltungen übernehmen durften. Nicht nur ein Verfassungs- und Legitimitätswechsel, sondern auch ein Wechsel in den Herrschaftseliten sollte also ins Werk gesetzt werden. Mit einem radikaleren Programm ist vor dem 20. Jahrhundert in Europa kein Besatzungsregime mehr angetreten.

Allerdings wurde dieser dritte Paragraph bereits eine Woche später, am 22. Dezember, noch einmal verändert: Nun sollte ein Eid die Voraussetzung für die Wahlfähigkeit und für die Zulassung zu Verwal-

Theologe und totalitärer Politiker:
Georg Wilhelm Böhmer.

tungs- und Justizstellen darstellen; dieser Eid sollte auf Freiheit und
Gleichheit abgelegt werden und den schriftlichen Verzicht auf alle bisher genossenen Privilegien und Vorrechte enthalten. Denn da der vollständige Austausch der alten Kader sogleich als unmöglich erkannt
wurde, griff man behelfsweise zu der Maßnahme des Gewissenszwangs,
mit einer Sprengkraft, die schon bald ans Licht kam.

Revolution, neue Loyalität oder Feindschaft, das war also die Alternative, die das Pariser Parlament im Namen der Volkssouveränität auf-
stellte. Fast versteckt, aber für die Zukunft wichtig, war schließlich noch
eine weitere Bestimmung des Dekrets, genauer gesagt, ein Versprechen.
Die französische Nation, die jeden als ihren Feind behandeln wollte, der
nicht die neuen Grundsätze von Freiheit und Gleichheit annahm, ge-

lobte im selben Paragraphen des Dekrets – es ist der elfte –, «nicht eher einen Friedensschluß zu unterzeichnen oder die Waffen niederzulegen, als bis die Souveränität und Unabhängigkeit des Volkes gesichert ist, auf dessen Gebiete sich die Truppen der Republik befinden, als bis es die Grundsätze der Gleichheit angenommen und eine freie Volksregierung errichtet hat». Das konnte endlose Besatzung meinen, aber es war auch eine Garantie: Wer sich den neuen Verhältnissen zur Verfügung stellte, sollte die Gewissheit haben, nicht im Stich gelassen zu werden.

Die Bestimmungen des 15. und des 22. Dezembers stellten das Drehbuch dar, nach dem im neuen Jahr die eigentliche Mainzer Republik errichtet wurde. Bis dahin hatte es Proklamationen, Debatten in der Freiheitsgesellschaft (dem «Club»), eine umfangreiche revolutionäre Publizistik in Zeitungen und Flugschriften, Freiheitsbäume und den Eintritt einer Elite von Professoren und Beamten in «Munizipalität» und «Administration» gegeben, die seither als «deutsche Jakobiner» gelten[20], von den Zeitgenossen aber ganz überwiegend «Clubbisten» oder «Patrioten» genannt wurden, schon bald meist in abschätzigem Sinn. Neben dem brillanten und damals durch seine Weltreise schon berühmten Georg Forster (er war 1788 Bibliothekar der Mainzer Universität geworden) figurieren hier der schon genannte Georg Wilhelm Böhmer, ein Theologe, ehemalige Staatsdiener wie Kaspar Hartmann und Karl Adam Boost, Theologen wie der Kant-Anhänger Anton Joseph Dorsch (Forsters Kollege in der «Allgemeinen Administration») oder der Kirchenkritiker Felix Anton Blau, die Hochschullehrer Mathias Metternich, ein Mathematiker, und Georg Wedekind, ein bedeutender Mediziner.[21] Dass der geschätzte Polizeikommissar Franz Konrad Macke (gelegentlich vornehm französisch als «Macké» apostrophiert) sich als Gemeindeprokurator und später gewählter «Maire» zum Stadtoberhaupt neben der alles bestimmenden Militärregierung machen ließ, verschaffte dem Club (der nun auch «Konstitutionsgesellschaft» genannt wurde) und dem Regime sogar einen gewissen Zuspruch bei den Zünften. Doch traten sie ebenso wie im benachbarten Frankfurt bald mit zähem Widerspruch gegen das Wegfegen ihrer alten ständischen Verhältnisse auf. Mainzer Großkaufleute erklärten: «Wir lebten sonst nicht als Sklaven, sondern in einer gewöhnten, zufriedenen Ordnung, unsere Abgaben waren gering, der Nahrungsstand blühend, und wir durften, wo es unsere Sache betraf, mit Freimütigkeit reden.»[22] In ihren Verfas-

sungsvorschlägen artikulierte sich unter der Führung des wohlhabenden Kaufmanns Daniel Dumont ein früher bürgerlicher Liberalismus
gegen die totalitär-rousseauistischen Vorstellungen der Jakobiner. Auch
hier kämpften im kleinen deutschen Laboratorium die verschiedenen
Phasen der Französischen Revolution, die man heute mit den Namen
Montesquieu und Rousseau in Verbindung bringt, ihr Epochendrama
aus: bürgerliche Gewaltenteilung, ständische Freiheiten gegen unmittelbare Durchsetzung eines vermeintlich feststehenden Volkswillens.
Diese Auseinandersetzungen haben Würde und vielfach geistigen Rang,
und sie verdienen durchaus jenes ehrende Gedenken, das die deutsche
Demokratie ihrem fernen Vorläufer bis heute schenkt.[23]

General Custine verlieh dem Dezemberdekret des Konvents bei
seiner Verkündung in Mainz noch einen zusätzlichen sozialrevolutio-
nären Akzent durch eine begleitende Proklamation (vermutlich aus
der Feder Böhmers), die den besetzten Deutschen «die Aufhebung der
Knechtschaft in euren Ländern» ankündigte: «Wie stolz waren nicht
diese Menschen, die sich einbilden konnten, daß ihre Brüder, ihre
Mitmenschen, an ein Stückchen Erde gebunden und nur darum da
wären, um ihnen zum Eigenthum zu dienen, gleich den Heerden,
welche ihre Felder düngten, oder den Lastthieren, welche sie pflügten.
Alle Rechte, welche ihren Ursprung in jener unreinen, die Menschheit
entehrenden Quelle haben, sind ebenfalls und bleiben ohne Widerruf
abgeschafft.»[24] Dass der Krieg den Palästen und der Friede den Hüt-
ten gelte, das hatten französische Proklamationen schon in den Monaten zuvor an allen Grenzen Frankreichs verkündet.[25] Die sozialrevolu-
tionäre Rhetorik zeitigte ihre Wirkung vom ersten Moment an, denn
schon vor der Besetzung begann ein Exodus vor allem des Adels, aber
auch großer Teile des wohlhabenden Bürgertums aus den eroberten
Gebieten – die Situation der «Ausgewanderten», die Goethe zwei
Jahre später in einem Erzählzyklus zeichnete, ist mit für jeden Zeitgenossen unverkennbarer Anschaulichkeit getroffen. Dieser Exodus
verstärkte sich nach der Rückeroberung von Frankfurt, das einen
nahen Zufluchtsort darstellte, in dem man abwarten konnte, wie sich
die politischen Verhältnisse in Mainz entwickeln würden, auch um so
den Notlagen des Gewissens oder späterer Bestrafung bei einer Rückeroberung durch die Deutschen zu entgehen. Zu den nach Frankfurt
Fliehenden gehörte auch der Mainzer Anatomieprofessor Samuel

Thomas Soemmerring, ein Freund und Korrespondenzpartner Goethes, der schon am 22. November noch aus Mainz geschrieben hatte: «Nirgend mehr sieht man reinlich gekleidete Leute noch weniger frohe Menschen, was nur könnte ist geflohen. (…) Ich habe noch keinen gemeinen Mann, noch keinen Bürger gefunden (und ich machte mir ein Geschäft recht viele zu befragen), der zufrieden gewesen wäre, die sich mir entdeckten würdens für die größte Wohlthat halten, wenn die vorige Verfassung selbst mit einigen Misbräuchen wiederkehrte.»[26] Auch moderne Historiker, die die vielen unterschiedlichen Zeugnisse umfassend ausgewertet haben, rechnen für die Breite der Gesellschaft mit einem Misserfolg der mit so vielen Mitteln der Überredung und des Zwangs versuchten Revolutionierung in Mainz und seiner Umgebung.[27]

Die Probleme von Auswanderung und Furcht, von offenem und verdecktem Widerstand, verschärften sich dramatisch, als im neuen Jahr die Pariser Konventskommissare Antoine Christophe Merlin aus Thionville, Jean-François Reubell und Nicolas Haussmann, im Februar dann als Kommissare der Regierung Jean-Frédéric Simon und Gabriel Grégoire in Mainz eintrafen, um nach den Vorgaben des Dezember-Dekrets die «Volkswahlen» durchzuführen und einen «Konvent» nach Pariser Vorbild für die linksrheinischen Gebiete zu installieren. Die Wahlordnung hatte Forster entworfen. Sie sah das allgemeine Stimmrecht aller selbständigen Männer über 21 Jahren vor (Dienstboten waren ausgenommen), die zuvor den Eid auf die Volkssouveränität sowie auf «Freiheit und Gleichheit» geschworen hatten. Mit diesem Wahlvorgang sollte aus dem bisherigen Besatzungsregime endgültig eine neu legitimierte Regierung entstehen, das alte Regime definitiv verabschiedet werden.

Doch die Wahlen wurden kein Erfolg. Nur 372 Mainzer von 4626 Wahlberechtigten kamen am 24./25. Februar 1793 in die ungewohnt leeren sechs Kirchen der erzbischöflichen Domstadt – wer nicht wählen gehen wollte, hatte sich mit allem Nötigen versehen, um nicht vor die Tür gehen zu müssen, sodass die Stadt wie ausgestorben wirkte –, wo sie nach dem Gottesdienst den geforderten Eid, «treu zu sein dem Volke und den Grundsätzen der Freiheit und Gleichheit»[28], ablegten und dann ihre Stimmen abgaben: für den «Maire», den «Gemeindeprokurator», die Mitglieder der «Munizipalität» und die Abgeordneten des «Rheinisch-Deutschen Nationalkonvents», der Vertretung der cisrhenanischen, von den Franzosen besetzten Gebiete (unter minutiöser Aussparung der neutralen Kurpfalz und Zweibrückens).[29]

Die enttäuschende Wahlbeteiligung, die auch eine massenhafte Verweigerung des Loyalitätseides bedeutete – die Anzahl der abgegebenen Stimmen war niedriger als die der Club-Mitglieder vor Weihnachten –, führte dazu, dass die von den Kommissaren geleitete französische Besatzungsmacht den «Despotismus der Freiheit» zum ersten Mal ganz unverhüllt in Kraft treten ließ. Vergeblich beriefen sich die Eidverweigerer, darunter viele Priester, die sich in schwere Gewissensnöte gestürzt sahen, auf ihre eigene Gewissensfreiheit[30], vor allem aber auf das anfängliche Versprechen Custines, nur der «eigne, ungezwungene Wille» solle gelten. Verzweifelt klingt die Erklärung einiger Mainzer Kleriker: «Tyrannei, Despotismus, der drückendste, unerträglichste Despotismus ist es, sich als Befreier einem Volke anzukündigen, (...) mit überwiegender Gewalt in den Händen trotz aller gegebenen Versprechungen diesem Volke eine Eidesformel in der Zeit von drei Tagen, wozu wenigstens eine Zeit von drei ruhigen Monaten gehörte, unter einer der furchtbarsten Drohungen (...) aufzwingen zu wollen.»[31] Schon vor Weihnachten hatte Custine auf vier großen Plätzen der Stadt Galgen errichten lassen[32], im Januar kamen drei Galgen neben dem Freiheitsbaum hinzu, die, wie ein zeitgenössischer Tagebuchschreiber festhielt, für ehrliche Leute bestimmt waren, «die von der Möglichkeit sprechen würden, daß Mainz an die Preußen gehen könnte».[33]

Schon vor den Wahlen waren Oppositionelle wie der Kaufmann Daniel Dumont ins Rechtsrheinische abgeschoben worden. Die unter seiner Führung gegen den Eidzwang und die Errichtung neuer Obrigkeiten aufbegehrenden Zünfte hatte man am 25. Februar für aufgehoben erklärt.[34] Ende Februar, nach den Wahlen, begann eine große Auswanderungs- und Deportationswelle: Alle «ungeschworenen» Geistlichen wurden ausgewiesen, und am 1. März stellte ein Ultimatum der Konventskommissare die Mainzer Bürger, die den Eid noch nicht geleistet hatten, vor die Wahl, dies entweder binnen fünf Tagen nachzuholen oder ausgewiesen und enteignet zu werden. Diese Politik setzte der Konvent nach den Wahlen unverändert fort: Das Ultimatum wurde mit der Frist von drei Tagen wiederholt. Das Dekret, das diese Maßnahmen verkündete, führte den Begriff des «inneren Feindes» in den politischen Sprachgebrauch der Deutschen ein.[35] Etliche Hunderte beugten sich dem Druck, mindestens ebensoviele, sagen die Historiker, verließen aber ihre Stadt. Viele von ihnen wurden mit verbundenen Augen, unter militärischer Bedeckung und häufigen Schimpfreden vor die Tore der Stadt verbracht und zu den Vorposten der schon vielfach nahe herangerückten preußischen Truppen gewiesen. Auffallend grausam war die Prozedur für die mit besonderem Misstrauen betrachteten ehemaligen Bediensteten des Kurfürsten und der anderen großen Herrschaften: Kammerdiener, Kutscher, Pedelle und sonstige Lakaien wurden eigens zum Eid verpflichtet, diejenigen aber, die ihren früheren Herren die Treue nicht brechen wollten, trieb man ohne Trompetensignal über die Rheinbrücke den Preußen entgegen – diese hätten an einen Ausfall der Franzosen glauben und auf die wehrlosen Verjagten schießen können; das unterblieb nur, weil an der Spitze des jämmerlichen Haufens Frauen liefen.[36] Immerhin waren die Frauen mitgekommen – ein weiteres Konvents-Dekret eröffnete den Ehefrauen Ungeschworener nämlich die Möglichkeit, sich scheiden zu lassen und ihren Anteil am ehelichen Vermögen zu retten, naturgemäß bei gleichzeitiger Eidesleistung.[37] Andere Eidverweigerer, vorzugsweise angesehene Bürger, wurden zur Zwangsarbeit an den Festungsschanzen, unter anderem zum Holzfällen, verpflichtet.

Georg Forster beschrieb in einem Artikel vom 8. März solche Zwangsmaßnahmen als ärztliche Eingriffe, als eine Kur, die «allerdings Schmerzen» mache. Politische Feinde erklärte er zu Krankheitsträgern, die unbarmherzig auszumerzen waren: «Und dann endlich gar die Vomitive und Amputationen, womit die Kommissarien der Vollziehungsgewalt die Pfaffen und Beamten (weil sie auf ihre unrechtmäßigen, nicht vom Volke herrührenden, Vorrechte keinen Verzicht leisten wollen, und durch Konspirationen und Aufwiegelungen der gute Sache schaden) als eine sehr böse Materie aus dem Körper treiben, oder als faules Fleisch absondern (…). Dies alles sind Umstände, die man muthvoll ansehen muß, wenn man anders will, daß der sieche Staatskörper endlich einmal kurirt werde (…).» Der politische Feind als faules Fleisch am Volkskörper: Die Sprache des Terrors hat auch in Deutschland ihre unverwechselbaren Blüten getrieben, die von der gegenrevolutionären Zeitgeschichtsschreibung schon kurz danach auch außerhalb der Mainzer Republik bekannt gemacht wurden.[38]

In der Sprache der Quellen der Zeit wurden die Ausgewiesenen «Exportierte» genannt. Die Ausweisungen nannte man «Exportationen». Im 20. Jahrhundert hätte man von «Deportationen» gesprochen. Die sonderbare, auch passivisch verstehbare Substantivbildung von Goethes «Ausgewanderten» übersetzt diesen Ausdruck vom Fremdwort ins Deutsche: «Unterhaltungen deutscher Exportierter» wäre eine denkbare Version seines Titels. In dem Abschlussbericht, den der Kommissar Simon nach dem Fall der Festung Mainz über seine Tätigkeit dem Pariser Konvent am 13. August 1793 vorlegte, fasste er die Vorgänge unverblümt zusammen: «Ich ließ mehrere Proklamationen erscheinen, ich lud gute einheimische Schriftsteller zur Mitarbeit ein (...). Alle diese Mittel haben – an manchen Orten mit der Hilfe von Bajonetten – die gewünschte Wirkung gehabt: Das Volk hat am 24. Februar den Eid der Freiheit und Gleichheit geschworen, es hat Vorsteher gewählt und sogar Abgeordnete mit der Vollmacht, eine Verfassung zu beschließen. Die Aristokraten wurden entweder deportiert oder gezwungen, sich dem Gesetz zu fügen. Schließlich hat am 17. März der Rheinisch-Deutsche Nationalkonvent seine Sitzungen eröffnet.»[39]

Am 17. März trat im Mainzer Deutschhaus das angeblich erste frei gewählte deutsche Parlament, der «Rheinisch-Deutsche Nationalkonvent», zusammen. An den ersten Tagen war das für die Arbeitsfähigkeit festgelegte Quorum von 50 Deputierten nur knapp überschritten worden: Es kamen vorerst nur 59 Abgeordnete zusammen, deren Zahl sich erst in den folgenden Tagen auf bis zu 127 erhöhte. Mainz selbst entsandte nur sechs Deputierte aus seinen sechs Pfarrämtern, die übrigen mussten aus Speyer, Worms und zahlreichen Dörfern und Städtchen des Umlandes anreisen.[40] Der Historikerstreit, der in den siebziger und achtziger Jahren des 20. Jahrhunderts über den Charakter dieses frühen Versuches in Demokratie und Parlamentarismus vor allem zwischen Forschern der Bundesrepublik und der DDR geführt wurde, muss heute nicht mehr interessieren.[41] Eine Wahlenthaltung von neun Zehnteln der Stimmberechtigten, die Galgen neben dem Freiheitsbaum und die Bajonette der Kommissare, die Geflohenen und Deportierten, Forsters enthemmte Hass-Artikel sprechen deutlicher als alle Begriffsbildungen und als die hochtönende Rhetorik der Reden im Konvent. Am 18. März, dem ominösen Datum der deutschen Demokratiegeschichte mit seinen Nachfolgern in den Jahren 1848 und 1990, verkündete der Konvent in einem von Georg Forster stilisierten Dekret die Abschaffung «aller bisherigen willkührlichen Gewalten» in der neuen Republik: «Der ganze

Strich Landes von Landau bis Bingen, welcher Deputirte zu diesem Konvente schickt, soll von jezt an einen freyen, unabhängigen, unzertrennlichen Staat ausmachen, der gemeinschaftlichen, auf Freiheit und Gleichheit gegründeten Gesetzen gehorcht.» Und in einer langen Liste wurden die bisherigen Landesherren vom Kurfürsten bis zu den Reichsrittern ihrer mit der Volkssouveränität nicht vereinbaren Rechte für verlustig erklärt. Auf «ewig erloschen» seien alle ihre durch Usurpation angemaßten Souveränitätsrechte.[42] Damit war die alte Legitimität endgültig durch eine neue ersetzt, traditionale Obrigkeit durch formal festgestellte Volkssouveränität. Wer an den alten Herrschaftsrechten festhalten wollte, wurde mit der Todesstrafe bedroht.

Diese Republik-Gründung hatte schon die Trennung von den rechtlichen Bindungen im Heiligen Römischen Reich impliziert. Drei Tage später beschloss der Konvent der jungen Republik auf Antrag Forsters durch Akklamation, dem französischen Konvent die Bitte um Vereinigung, auf Französisch «Réunion», des «freien Teutschland mit der Frankenrepublik»[43] vorzulegen, also den Anschluss an die große Schwesterrepublik zu vollziehen. Dass das Wort «Réunion» einen Sprachgebrauch der Eroberungspolitik Ludwigs XIV. aufgriff, mag dabei nicht jedem bewusst gewesen sein. Forsters Rede ist ein weiteres erhitztes Dokument millenaristisch grundierten Hasses auf die alten Verhältnisse – jakobinischer, schreckensmännischer klang er nie als in diesen Tagen: «Millionen Menschen verfehlten ihre Bestimmung, weil sie das Joch der Knechtschaft tragen mußten. Rache! Rache! schreien seit zwölf Jahrhunderten alle deutschen Geschlechter; Rache über die Mörder unserer Seelen, Rache über die Todfeinde der menschlichen Vervollkommnung!»[44] Schon am 25. März reisten Georg Forster und der junge Adam Lux nach Paris, wo die Bitte der Deutschen am 30. März wieder durch einhellige Akklamation angenommen wurde.[45] Die erste deutsche Republik schaffte sich also bereits nach zwei Wochen wieder ab, um in einem Staatskörper von 25 Millionen Einwohnern aufzugehen, der ihr die Sicherheit eines großen Reiches zu verbürgen schien.

Am 27. März hatte der rheinische Konvent das Dekret verabschiedet, das die Emigrierten vor die Alternative von Rückkehr oder Enteignung stellte; die Kommunikation mit den Ausgewanderten wurde ebenso mit der Todesstrafe belegt wie der bewaffnete Kampf gegen die junge Republik. Eidverweigerer und Emigrierte sollten enteignet werden. Damit war gleich bei Republikgründung das Vermögen von mindestens einem Drittel der Mainzer Bevölkerung von 1792 zur Disposition gestellt und der «innere Feind» mit denkbar starken Sanktionen belegt worden. Immerhin, über die Frage, was mit den Ansprüchen unmündiger, also unschuldiger Erben auf diese Güter geschehen solle, wurde noch diskutiert: So tauchte wie in Frankreich auch hier das Problem der Sippenhaft auf. Am 31. März war vom Nationalkonvent noch eine neue «Allgemeine Administration» eingesetzt worden, die unter der Leitung des radikalen Jakobiners Andreas Joseph Hofmann stand. Das Pariser Anschlussvotum nämlich erreichte die Stadt Mainz nicht mehr: Mitte März hatten deutsche Truppen Rheinhessen und die Pfalz wiedererobert, am 14. April war der Belagerungsring um Mainz geschlossen. Peinlicherweise begannen sich unter dem Eindruck der heranrückenden Armeen der Koalitionsmächte die Reihen der etwa 120 Abgeordneten schon wieder zu lichten; sogar prominente Deputierte wie Dorsch und Blau verließen die Stadt. Nun begann die «Belagerung von Mainz», deren zweite Hälfte und deren Abschluss Goethe als Augenzeuge miterlebte.

Was war geschehen? Aus dem Verteidigungskrieg der Französischen Revolution gegen die monarchische Invasion der alteuropäischen Mächte, die ihr mit Zerstörung und Wiedereinsetzung der alten Gewalten gedroht hatten und bei Valmy gescheitert waren, war ein ideologisch grundierter Gegenangriff geworden. In seinen «Betrachtungen über die gegenwärtige Lage des Vaterlandes», die im Januar 1793 im «Neuen Teutschen Merkur» erschienen, kommentierte Christoph Martin Wieland aus Weimarer Sicht die neue Situation: Nicht einfach feindliche Soldaten waren auf «teutschen Grund und Boden» einmarschiert – das hatte es früher, und keineswegs selten, auch schon gegeben –, sondern «funfzig oder sechzig Tausend bewaffnete Freyheits- und Gleichheits-Prediger». «Mich däucht es könne nichts auffallender seyn, als daß es eine Art von neuer politischer Religion ist, was uns von den Cüstine, Dümourier, Anselme u. s. w. an der Spitze ihrer Heere gepredigt wird. Die Stifter und Vorfechter dieser neuen Religion erkennen keine andere Gottheiten als Freyheit und Gleichheit; und wiewohl sie ihren Glauben nicht eben, wie Mohamed und Omar, mit Feuer und Schwerdt ausbreiten, sondern im Gegentheil die Völker mit gar süßen und freundlichen Worten zum Reich der Freyheit einladen: so haben sie doch die große Maxime, keinen andern Glauben neben sich zu dulden mit Mohamed und den Theodosiern gemein. Wer nicht mit ihnen ist, ist wider sie.»[46]

Dieser Text bildet noch den Stand vor dem 15. Dezember 1792 ab, bevor Feuer und Schwert auch explizit hinzukamen. Ein knappes Jahrzehnt später nannte Friedrich Gentz das in seiner Analyse «Über den Ursprung und Charakter des Krieges gegen die französische Revoluzion» (1801), den «Kreuzzug der allgemeinen Freiheit». Mit ihm habe Frankreich seinen Nachbarn nicht mehr einen Krieg der alten Art erklärt, sondern auch zum inneren Bürgerkrieg aufgerufen. Gentz zitierte dafür eine Rede des Abgeordneten Louvet, der noch vor der Zeit des Terrors verlangte, «daß jeder Bürger-Soldat in diesem geheiligten Kriege eine Patronentasche voll Kugeln für die Herren und einen Sack voll kleiner Freiheitsschriften für ihre Unterthanen bei sich führen möge».[47]

Was war Recht und Unrecht in einem solchen politisch-ideologischen Krieg? Diese Frage begann die deutsche bürgerliche Öffentlichkeit ebenso wie die deutschen Obrigkeiten schon im Winter 1792/93 zu beschäftigen, und der Widerhall dieser Debatten erreicht uns aus Goethes Werken dieser Jahre bis heute. Darum sollen sie als Nächstes vorgestellt werden.

KAPITEL 4

RECHTLICHES BEDENKEN

Warum zeigte die überwiegende Mehrheit der Deutschen, gerade auch der wohlhabenden und gebildeten Stadtbürger in Frankfurt und Mainz, in Speyer und Worms, so geringe Neigung, sich von den einrückenden Armeen des revolutionären Frankreich befreien zu lassen? Die Revolution war bei ihrem Beginn auch in weiten Teilen der aufgeklärten deutschen Öffentlichkeit mit Sympathie begrüßt worden. Nicht alle hatten den Feldzug Preußens und Österreichs vom Sommer 1792 gut geheißen, und dass Frankreich sich dagegen wehrte, war gewissermaßen natürlich. Die Stimmung gegenüber der Revolution kühlte allerdings schon merklich ab, als König Ludwig XVI. im August 1792 eingekerkert und als danach im September – einen Tag nach der Kanonade bei Valmy – die Republik ausgerufen wurde. Der Prozess und das Todesurteil gegen den Monarchen im Winter 1792/93 wurden dann im Heiligen Römischen Reich überwiegend mit Entsetzen verfolgt.

Doch da standen auch schon die französischen Armeen am Rhein. Dass die Freiheitsversprechen der Revolution nun nicht mehr in Presseberichten und Flugschriften, sondern durch einen Krieg nach Deutschland kamen, also mit Gewalt, aber vor allem mit wirtschaftlicher Ausbeutung, wie sie die Bedürfnisse von Zehntausenden von Soldaten, die sich ernähren, kleiden und unterbringen mussten, unvermeidlich mit sich bringen, das bleibt die entscheidende Hypothek an diesem Wendepunkt der deutschen Geschichte. Keine Armee kann sich so gut betragen, dass die Verdoppelung der Einwohnerzahl einer großen Stadt nicht als schwere Last empfunden würde. Aber auch das erklärt noch nicht alles. Die neuen Kriegsherren wollten ja etwas anderes sein als eine normale Besatzung nach altem Kriegsgebrauch. Sie muteten den Unterworfenen einen radikalen Loyalitätswechsel zu. Sie hatten ursprünglich

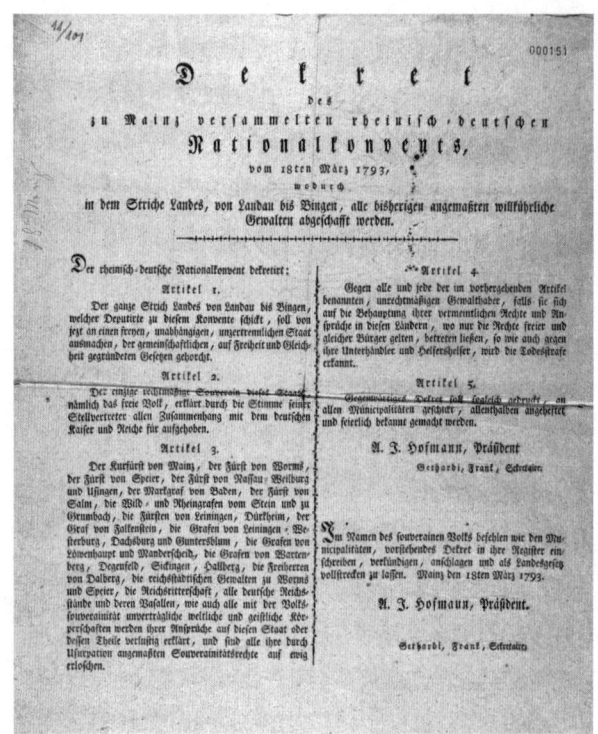

Geschichte mit Dekreten:
Abschaffung der alten Obrigkeiten am Rhein.

nur die Klassen gegeneinander ausspielen wollen, und im Dekret vom
15. Dezember den Amtsträgern und Bedienten der alten Regime bei den
ersten Wahlen das Stimmrecht verweigern wollen; doch zeigte sich unverzüglich, dass dies nicht praktikabel war. In einer Residenzstadt wie
Mainz, wo große Teile der Wirtschaft, das Bildungswesen, die kirchlichen Einrichtungen ohnehin, am Kurfürsten und dessen Hofhaltung
hingen, hätte man so nur noch geringe Teile der Bürgerschaft auch nur
formal mobilisieren können. Auch waren ja nicht die Unterschichten,
sondern die aufgeklärten, gut ausgebildeten, bürgerlichen, durchaus
auch die bürgerlich wohlhabenden Schichten die Adressaten der französischen Befreiungspolitik. Hier sollte nun der Eidzwang helfen. Der Eid
auf Freiheit und Gleichheit, der ausdrückliche Verzicht auf bisherige

Der alte Landesherr:
Carl Joseph von Erthal, letzter Kurfürst von Mainz.

Privilegien wurde zur Voraussetzung des Stimmrechts bei den Wahlen, die die neue Legitimität begründen sollten.

Mit dem neuen Krieg begann also unvermeidlich auch ein Kampf der Legitimitäten. Denn natürlich gedachten die alten Mächte auch auf diesem Gebiet das Feld nicht einfach zu räumen. Gemessen an seinen schwerfälligen Verhältnissen hat das Heilige Römische Reich sogar blitzartig auf die neue Lage reagiert. Schon am 19. Dezember 1792 erging eine feierliche Reichsachtserklärung durch den Kaiser gegen die militärischen und zivilen Amtsträger und Bedienten, die sich «wider uns und das Reich (...) in des Feindes Dienst gebrauchen» ließen. Gegen alle Kriegsleute zu Roß und Fuß, aber auch alle anderen Zivilbedienten wurde jene «Acht und Oberacht» verkündet, die zum «Verlust aller und jeder eurer habenden Privilegien, Gnaden, Freiheiten, Rechten und Ge-

Krönungsbild des letzten Römischen Kaisers Franz II.

rechtigkeiten, Habs und Güter, Lehen und Eigenes, aller Zunft- und Stadtgerechtigkeiten, auch ehrlichen Leumunds und Namens, und, da ihr betreten würdet, Leibs und Lebens» führen sollte. Und dieses uralte rechtliche Schwert wurde ebenso gegen die Diener der Kurfürsten, Fürsten und Stände des Reichs erhoben, die sich als «ehr- und treulose Leute, Aechter und Verräter des Vaterlands» erweisen würden.[1]

Dieses sogenannte «Mandatum Avocatorium» (zu deutsch «Abrufungsbefehl») des jungen, erst ein halbes Jahr zuvor, ostentativ am 14. Juli gekrönten Kaisers Franz II. erschien sogleich in allen deutschsprachigen Zeitungen und Blättern. Unter dem Eindruck der Vorgänge vor allem in Mainz drängten Kurbrandenburg und Kurböhmen, also der preußische König und der habsburgische Kaiser, im Februar 1793 auf eine zusätzliche Erläuterung dieser Reichsacht. Ihre Sanktionen sollten auch für alle Versuche gelten, «die deutschen Bürger zur anmaßlichen Absonderung von dem deutschen Reiche, zur sogenannten Verbrüderung mit der französischen Nation, überhaupt aber zur Empörung gegen ihre Obrigkeiten zu reizen, da sog. Freiheitsbäume, Klubs unter allerhand Namen, Freiheitspredigten in denselben, neue Munizipalitäten, Gewalten, Nationalgarden u. dgl. die vorhinnige gesetzliche Ordnung und Verfassung umkehrende Dinge gewöhnlich die gewählten Mittel zu diesem Zweck sind». Damit fanden die modernen Instrumente der revolutionären Mobilisierung Eingang in die Sprache des Reichsrechts. Als Kaiser Franz II. diese Zusätze am 12. Mai 1793 ratifizierte – zu einem Zeitpunkt, als das Ende der Mainzer Republik schon absehbar war –, warnte er ausdrücklich «vor der gefährlichen Klasse der jetztmaligen Volksverführer, die meistens nichts zu verlieren haben».[2]

Das aus dem Mittelalter ererbte Schwert der Reichsacht (samt Aber- oder Oberacht), das einst vollständige Recht- und Friedlosigkeit bedeutet hatte und vor allem der Absetzung widerspenstiger Reichsfürsten dienen sollte, war zwar ehrwürdig, aber rostig.[3] Entscheidend war die Umsetzung in den vielfach längst nach den Prinzipien des aufgeklärten Absolutismus regierten lokalen Herrschaften. Hier ist nun bemerkenswert, dass die Mainzer kurfürstliche Obrigkeit die Verhältnisse aus ihrer Nahsicht durchaus differenziert wahrnahm. Die Statthalterschaft von Würzburg erließ für Kurmainz am 29. Dezember 1792 einen Befehl an alle «kurfürstlichen Räte, Sekretäre und subalterne Diener», die in den Dienst des Generals Custine getreten waren, «z. B. bei der Finanzkammer, Hofgericht und der sog. Generaladministration», ihre Stellen sogleich niederzulegen, «widrigenfalls selbe als eidbrüchig und treulos angesehen und zu ferneren Diensten unfähig erkläret» würden. So weit, so absehbar. Interessant ist aber, dass derselbe Erlass auch anerkannte, dass die besagten Amsträger, die sich in den neuen Verhältnissen weiter zur Verfügung gestellt hatten, «die besten Absichten hierbei gehabt» haben könnten – trotzdem sollten diese auch bei «besthegenden Gesinnungen und vielleicht auch in dem Innern ihres Herzens fortdauernden Treue gegen ihren Landesherrn» dem Befehl zum Ausscheiden unverzüglich folgen, da sie durch ihre Mitarbeit unter den Bedingungen der Besatzung gegen das Interesse des Landesherrn «und folglich ihrem einmal geschworenen Diensteid zuwider handeln müssen». Damit formulierte dieser Erlass ein ewiges Dilemma unter Besatzungsregimen, wo die Funktionäre und Angestellten besetzter Länder immer vor der

Frage stehen, wie sie sich zu ihrem mehr oder weniger vorübergehenden Herren verhalten sollen – im eigenen Interesse und in dem ihrer legitimen Auftraggeber und Schutzbefohlenen. Zu wieviel Widerstand, zu wieviel Mitarbeit ist man in einer solchen Situation verpflichtet – und wer ist es? Soll man am Weiterfunktionieren des Alltags und seiner Ordnungen mitwirken oder auf den völligen Zusammenbruch der Ordnung setzen?

Diese Frage stellt sich in aller Schärfe erst dann, wenn der Feind nicht ein normaler Kriegsgegner ist, sondern der Vertreter einer neuartigen Legitimität, einer Revolutionsidee, der die rechtliche und soziale Ordnung insgesamt umwälzen will. Selbst ein einfacher Eroberer könnte mit den überkommenen Rechtsverhältnissen weiterregieren, wenn ein Übergang der Loyalitäten geregelt werden kann, spätestens in einem Friedensvertrag. Dies aber war in Mainz schon im Winter 1792 nicht mehr möglich. Spätestens die Verpflichtung auf den revolutionären Eid verlangte den Bewohnern der Stadt den unumkehrbaren, endgültigen Bruch mit ihren traditionellen Loyalitäten ab. Daher ist weiterhin bemerkenswert, dass der Würzburger Erlass vom 29. Dezember 1792 von seinem Befehl ausdrücklich «alle Lokalstellen der Stadt Mainz» ausnahm, «als das kurfürstliche Stadtgericht, der Stadtrat, die Rente, Zoll- und Kaufhaus, Armen- und Waisenhaus, Pfandhaus, die kurfürstliche Universität, das Gymnasium und dergleichen».[4] Das heißt, dass die vertriebene kurfürstliche Obrigkeit auf ein Weiterfunktionieren der elementaren Institutionen des Rechts, des Handels, der Armenfürsorge und der Erziehung setzte – gemessen an der revolutionären Rhetorik und Praxis in der Stadt, die den feindlichen Adel als «faules Fleisch» der Ausmerzung überantworten wollte und schon mit Zwangsemigrationen arbeitete, eine eher gemäßigte Haltung.

Die Zumutung des Loyalitätswechsels erging im Frühjahr 1793 an die Bewohner der linksrheinischen Gebiete in einer Situation militärischer Bedrohung, in der ganz ungewiss war, welche Macht am Ende die Oberhand behalten würde. Frankfurt war zurückerobert worden, und preußische Truppen standen am Rhein, um alsbald überzusetzen. Doch ebenso bedeutsam dürften Gewissensbedenken in einer von alten Rechtsverhältnissen und traditionellen Treuebeziehungen immer noch stark geprägten Gesellschaft gewesen sein. Materielle und mentale Abhängigkeiten lassen sich in solchen spätfeudalen Verhältnissen ohnehin nicht trennen. Wer in Mainz Beamter war, lebte nicht nur von kurfürstlichen Gehältern, er hatte dem Landesherrn in der Regel auch einen Treueid geleistet. Den hätte er nun brechen sollen. Das kaiserliche Avocatorium vom 19. Dezember formulierte in seiner altmodischen Sprache einen neuartigen Ausnahmezustand, indem es den Konflikt der Loyalitäten ausdrücklich definierte. Und es verfehlte seine Wirkung nicht. Am 10. Februar 1793 schrieben die Konventskommissare Simon und Grégoire alarmiert an den französischen Außenminister Lebrun, dass das in allen öffentlichen Blättern Deutschlands eingerückte Dekret des Kaisers furchtsame Seelen stark verschreckt habe. «Mehrere provisorische Amtsträger in unserem Bezirk haben ihren Rückzug erklärt.» Die Kommissare kündigen eine beruhigende Proklamation am Ort gegen diese Einschüchterung an, fordern aber auch einen Konventsbeschluss aus Paris, durch den der Konvent «im Namen der gesamten Nation den besondern Schutz für all jene zusichere, die in ihren Dienst eingetreten sind oder eintreten würden», einschließlich Erstattung möglicher Enteignungen in Folge der Reichsacht. «Es wäre unendlich vorteilhaft, wenn wir dieses Dekret im Moment der Wahlen ankündigen könnten, die am 24. dieses Monats beginnen sollen.»[5]

So fand im Winter 1792/93 seit dem Einmarsch der Franzosen auch ein Krieg der Proklamationen statt, den General Custine mit seinen hochherzigen, von dem Jakobiner Böhmer formulierten Bekanntmachungen eröffnet hatte, und in dem die Stellen von Reich und Landesherrschaft auf ihre Weise agierten. Nichts zeigt deutlicher, dass hier ein Revolutionskrieg im Gang war. Allerdings waren die Mächte des alten Europa von Anfang an auf diese auch ideologische Ebene gegangen, mit dem berüchtigten Manifest des Herzogs von Braunschweig vom 25. Juli 1792, das den Parisern vor dem Einmarsch nach Frankreich die Zerstörung ihrer Stadt angedroht hatte, wenn sie den König nicht in volle Freiheit setzten und ihm nicht die Achtung erwiesen, «auf welche nach dem Vernunft- und Völkerrechte die Fürsten gegenüber ihren Völkern Anspruch zu machen haben». Zwar behauptete die brutal drohend formulierte Proklamation der verbündeten Monarchen Österreichs und Preußens, «daß sie nicht die Absicht haben, sich in die innere Regierung Frankreichs zu mischen»; doch deren Legitimitätsgrundlage, nämlich die autonome und von revolutionären Einmischungen unabhängige Herrschaft des traditionellen Monarchen, gedachten sie durchaus festzulegen. Damit wurden schon ein halbes Jahr vor dem französischen Einmarsch nach Deutschland zum ersten Mal solche fürs Zeitalter der gehegten Kriege unerhörte Ziele und Bedingungen formuliert, deren Erfüllung der Stadt Paris unter der Strafe einer «militärischen Exekution und gänzlichen Ruins» auferlegt werden sollte – ein Vorgang, der in Frankreich seit der Revolutionszeit nie mehr vergessen wurde.[6]

Schon bald stand daher hinter dem Kampf der Worte für die Okkupierten in Deutschland auch die ganz materielle Sorge, wie es mit ihnen weiterginge, wenn sich das kriegerische Blatt doch wieder zugunsten der gegenrevolutionären Mächte wenden würde. Gewissensnot und Existenzangst mussten sich in einem Krieg überlagern, der einen neuartig fundamentalen, ja fast totalen Zug angenommen hatte, weil es sich um einen Krieg über Ideen und Verfassungen handelte. Die aus Paris angeforderten Erklärungen kamen nicht, dafür wurden die Nationalkommissare und General Custine mit eigenen Proklamationen an ihre neuen unterworfenen und angeblich befreiten deutschen Mitbürger tätig. Am 17. und 18. Februar erschienen mehrere wortreiche Erklärungen, die in den Drucken Dutzende Seiten einnehmen und die die materiellen Sorgen vor Bestrafung nach Reichsrecht, Gewissensbedenken religiöser Natur sowie das Misstrauen in die Standhaftigkeit Frankreichs ausräumen sollten.[7] Die erste Proklamation der Kommissare reagierte auf das kaiserliche Avocatorium direkt. Der französische Krieg in Deutschland wurde als reine Verteidigung gegen die barbarische Kriegsführung der alten Mächte in Frankreich im Jahr zuvor dargestellt: Die deutschen Sklavenhorden hätten «die Fackel an die Wohnungen unschuldiger Landleute gelegt und wimmernde Mütter zurückgehalten, die ihre brennenden Kinder aus den Flammen retten wollten»; «Ungeheuer» hätten «die Franken» – so wurden die revolutionären Franzosen nun auf Deutsch allgemein genannt – von ihrem Grund und Boden vertreiben müssen. Ihre eigene Kriegsführung sei dagegen human, weil Privatpersonen, die Kriegslasten zu tragen hätten, entschädigt würden – das war damals allerdings üblicher Kriegsgebrauch, der von allen Seiten mehr oder weniger korrekt beobachtet wurde. Wichtiger war, dass die Kommissare versprachen, die kaiserlichen Strafen, vor allem Enteignungen und Todesurteile, mit Entschädigungen (durch Reichsgüter im Elsaß und Lothringen) und durch Erhängen von kriegsgefangenen Offizieren zu beantworten und zwar im Verhältnis 1 zu 2: Für jeden «Deutschgeborenen, der in fränkische Dienste getreten» und gegen alles Kriegsrecht des Lebens beraubt wurde, sollten «zwei österreichische oder andere Offiziere, die unsere Kriegsgefangenen sind», hängen. Eine Drohung, die durch die schmachvolle Form der angedrohten Tötung – durch den Strang – eine besonders grausame Note erhielt.[8] Am Tag danach, dem 18. Februar, versprach Custine den militärischen Schutz der bevorstehenden Wahlen und befahl zugleich die Ausweisung der Ungeschworenen – Schutz und Drohung sollten zusammenwirken. Damit keine Missverständnisse über die Wirksamkeit von Eid- und Wahlverweigerung aufkämen, ließen die Kommissare am selben Tag verlauten: «Die Zahl der Wählenden mag noch so klein sein, so ist sie immer giltig, wenn sie in der vorgeschriebenen Form vorgenommen worden.»[9]

Wichtiger als diese fast schon selbstverständlichen Zwangsmaßnahmen waren zwei andere Punkte. Da der Bürgereid und die Absage an die alten Privilegien die früher geleisteten Eide für den Landes- und Dienstherren ersetzen sollten und diese Herren in Worms, Speyer und Mainz Bischöfe waren, mussten die Kommissare den Verdacht ausräumen, die Absage an die Fürsten des Landes unter Nennung dieser Bischöfe sei so zu verstehen, «als ob man zugleich der Religion entsagen müßte, wenn man seine Verhältnisse mit dem Bischofe brechen wollte, als welcher der geistliche Oberhirte ist». Das aber sei die Deutung von Übelgesinnten, denn «die fränkische Nation ist weit entfernt, die Religion irgend eines Bürgers antasten zu wollen»; nur «insofern diese Bischöfe zugleich weltliche Fürsten sind», gelte die Absage an die Treuverpflichtungen ihnen gegenüber im Bürgereid.[10] Ein Echo dieses Problems findet sich in der Aussage eines Mainzer Geistlichen, der den Eid geschworen hatte, im Juli 1793 verhaftet und am 17. Dezember verhört wurde: Er habe «den Eid der Freiheit und Gleichheit geschworen, da er aus den reinen Prinzipien eines wohldurchdachten Naturrechts, auch aus den heiligen Schriften (…) nicht als pflichtwidrig erwiesen werden kann».[11] Doch das dürfte nicht nur bei Geistlichen eine Minderheitsposition gewesen sein. Der Bürgereid war gewiss nicht direkt gegen die Religion gerichtet – davon war auch in den kaiserlichen Erlassen an keiner Stelle die Rede –, aber er verlangte doch den Bruch mit vorherigen Bindungen, die oft auch religiös befestigt worden waren, nämlich mit heiligen Eiden. Die Säkularisierung mit der Trennung von

Staat und Religion, die die französischen Funktionäre ihren deutschen Gefolgsleuten auf diese Weise nahelegten, hatte aber noch nicht stattgefunden. Das Gewissensproblem war mit solchen Unterscheidungen nicht auszuräumen.

Politisch am wichtigsten war ein letzter Punkt. Die Besatzungsmacht gab ein feierliches Schutz- und Treueversprechen für ihr neues republikanisch werdendes Brudervolk ab. Ebenfalls am 18. Februar, also eine Woche vor der Wahl, ließen die Kommissare mitteilen: «Die fränkische Nation verspricht und macht sich anheischig, keinen Vertrag zu unterschreiben und nicht eher die Waffen niederzulegen, bis die Souveränität und die Unabhängigkeit des Volkes, in deren Grund und Boden die fränkischen Truppen eingedrungen sind, auf festen Gründen ruht und bis sich die Innwohner eine freie Volksregierung gegeben haben.» «Ihr seht hierdurch, freigewordene deutsche Bürger, wie ungegründet die Furcht ist, die man euch einzuflößen sucht, daß früh oder spät die Franken von euch abziehen und euch dann hülflos den rachgierigen Händen der gegen euch überstehenden Sklavenhorden überlassen würden.» Die Deutschen sollten sich nur auf «entscheidende Art» erklären, dass sie als freie Deutsche Brüder der freien Franken sein wollten, dann könnten sie der fränkischen Nationalunterstützung versichert sein und glauben, «daß eher die fränkische Nation zu Grunde gehen würde, ehe sie zuließe, daß ihr wieder in die Klauen eurer Despoten geriethet». Und sogar der Kosmos wurde angerufen, um diese Zusage zu bekräftigen: «Wenn Fürstenversprechungen bisher nur blauer Dunst gewesen, so ist hingegen das Versprechen freier Völker gegen einander gerad, aufrichtig, felsenfest. Da würde eher die Sonne ihre Bahn verlassen, als daß freie Völker von ihren Versprechungen abwichen.» Also bestehe nicht der geringste Grund, sich durch die lächerliche Reichsachterklärung ängstigen zu lassen.[12] Es ist nicht überflüssig, diese bombastische Propagandaprosa mit ihren Sklavenhorden und Freiheitskämpfern, ihren Despoten und Bürgern erklingen zu lassen, nicht nur weil diese erhitzte Sprache, die so gleißend und schneidend vom windungsreichen Kanzleideutsch des Heiligen Römischen Reichs abstach, ein neues stilistisches Klima auch im deutschen Kulturraum etablierte. Wichtiger ist: Die deutschen Jakobiner, die links des Rheins eine Schwesterrepublik nach französischem Modell gründen wollten, und auch alle anderen, die an diesem Versuch mit mehr oder weniger deutlichem politischen

Bewusstsein mitwirkten, hatten denkbar feste Zusagen, dass sie in militärischen Wechselfällen nicht allein gelassen würden. Sie hatten alles Recht, auf ihre revolutionäre Schutzmacht zu vertrauen.

Parallel zu den Ereignissen am Rhein entwickelte sich im Frühjahr 1793 – also noch vor der Rückeroberung von Mainz durch die alliierten Truppen der Preußen und Österreicher – im Reich eine dann noch länger anhaltende juristische Diskussion über die Frage, was mit den deutschen Revolutionären, die sich den Eroberern für ihre Staatsumwälzungspläne zur Verfügung gestellt hatten, also mit den Clubbisten, Jakobinern, Patrioten, den Bürgermeistern oder «Maires» und Deputierten eigentlich geschehen solle. Hatten sie sich strafbar gemacht, und wenn ja, wie sollten die Sanktionen aussehen? Hier taucht eine historisch neue Frage auf, die nach dem politischen Kollaborateur.[13] Die Epochen seit der Französischen Revolution haben sich daran gewöhnt, dass Kriege oft mit Verfassungswechseln und Legitimitätsbrüchen verbunden waren. Am Ende des 18. Jahrhunderts aber war das eine neue Erfahrung, für die rechtliche Begriffe und Maßstäbe fehlten. Die kaiserlichen und landesherrlichen Verfügungen schärften altes Recht nach den Vorgaben personengebundener Treuebegriffe und Loyalitäten ein. Der Bruch von Dienst- und Amtseiden, von geltenden Gesetzen wurde mit dem außerordentlichen, aber überlieferten Instrument der Reichsacht belegt. Die gleichzeitig entstehende Debatte zeigt, dass dies den intellektuellen Ansprüchen der deutschen Öffentlichkeit selbst auf konservativer Seite nicht mehr genügte. Die Diskussion verdiente eine eigene Untersuchung durch die Rechtshistoriker. Hier soll nur kurz auf einige wenige der bekanntesten Beiträge hingewiesen werden.

Sie alle sind anonym, ohne Verfassernamen erschienen, und es bleibt einer näheren Forschung vorbehalten, sie einzelnen Autoren, mindestens bestimmten politischen und intellektuellen Milieus zuzuordnen. Hier geht es zunächst um die wichtigsten der dort vorgetragenen Argumente.

Auf den Mai 1793 ist eine mit den Erscheinungsorten Frankfurt und Leipzig gekennzeichnete Schrift datiert, die ihre Frage und ihre Tendenz umständlich schon im Titel ausformuliert: «Rechtliches Bedenken über die Art wie gegen jene Deutschen in den Oberen Rheingegenden zu verfahren seyn möge, welche während der Anwesenheit der Franzosen allda gegen ihr Vaterland sich feindselig betragen haben?» Der offensichtlich konservative Autor unterscheidet zwischen zwei Epochen, der Zeit vor dem Konventsdekret vom 15. Dezember 1792 und der Zeit danach. Vorher sei alles freiwillig geschehen, denn General Custine hatte in seiner ersten Proklamation ja vom «freien ungezwungenen Willen» gesprochen, der das Schicksal der Eroberten bestimmen solle. Erst das Konventsdekret vom Dezember hatte sie vor die Wahl zwischen Freiheit und Kriegsrecht gestellt. Der Straftatbestand, der so zu einer Frage des Zeitpunkts erklärt wurde, war Hochverrat, in der Sprache des Römischen Rechts *perduellio*. Dazu zählte der unbekannte Autor ausdrücklich alle vorbereitenden Maßnahmen wie Clubgründungen, Freiheitspredigten von Pfarrern, das Errichten von Freiheitsbäumen, die Mitarbeit an der lokalen Verwaltung, die Vorbereitung von Wahlen.

Das Dezemberdekret fiel nun zeitlich fast genau zusammen mit dem kaiserlichen Avocatorium, das die Strafbarkeit solcher Mitarbeit beim Feind ausdrücklich feststellte. Der französische Zwang trat also gleichzeitig mit der offiziösen Sanktionierung durch das Reich auf – eine vertrackte Lage, die den Autor aber nicht zur Milde stimmt. Weder gute Absichten, noch die Entschuldigungen von Verführten und Mitläufern will er gelten lassen. Auch die Ausweisungsdrohungen beim Eidzwang zählen nicht wirklich. Wer mitmachte, soll seine Stelle, seine bürgerlichen Ehrenrechte, möglicherweise sein Vermögen und sein Leben verlieren – alle Optionen sind denkbar. Denn, auf diese perfide Pointe läuft der nur 71 Seiten zählende Traktat hinaus, die Schuldigen sollen ihre immerhin denkbare Begnadigung ihren «mißhandelten Mitbürgern verdanken». Denn über sie solle der Fürst seine wiedergewonnenen Untertanen befragen, mit der Begründung, die zu Bestrafenden hätten doch selbst «alle Rechte der Souveränität dem Volke übertragen wissen» wollen. Custines Ausrufung der Freiwilligkeit sollte ebenso wie das danach aus Paris eingeführte Prinzip der Volkssouveränität gegen die Gefolgsleute der Revolution gewendet werden, in einer regelrechten Volksjustiz, die das Alte Regime für einmal nur zu moderieren hätte. Auch das eine Antwort auf den «Despotismus der Freiheit», die der reaktionäre Verfasser mit giftigen Bemerkungen über die Duldung würzte, die aufgeklärte Fürsten vor der Revolution der Meinung gewährt hätten, «die Bürger des Staates hätten das Recht, die Verfassung zu verändern». Mit solchem aufklärerischen Debattenspuk sollte also nun gleich ganz aufgeräumt werden. Man sieht an diesem fast unscheinbaren Beispiel, wie die Revolution ihre Feinde bereits infiziert hat: Aus Konservatismus wird Reaktion.

Das lief am Ende auch auf Gesinnungsjustiz hinaus, weil nicht nur tätige Mitwirkung, sondern schon die Mitgliedschaft in einem politischen Club oder einer «Freiheitsgesellschaft» zum Verbrechen erklärt wurde. Gegen solche Bestrafung von nur zu vermutenden, nie zu beweisenden Gesinnungen und Absichten wandte sich eine kurze Schrift, die der gemäßigt konservative Zeithistoriker Christoph Girtanner in den vierten Band seiner «Politischen Annalen» vom Oktober, November und Dezember 1793 (mit Erscheinungsort Berlin) einrückte: «Ueber die Klubbs und Klubbisten in Deutschland, und was dabei Rechtens ist.»[14] Girtanner annonciert einen Nachdruck, also mag der Text deutlich früher verfasst worden sein, möglicherweise in der ersten Phase der französischen Eroberung. Der wiederum anonyme Verfasser erklärt zunächst das in Deutschland neue Phänomen der «Klubbs» als ursprünglich englische und keineswegs an sich schon umstürzlerische Verbindung. Eine Clubmitgliedschaft bedeute nicht notwendig die Teilnahme an Empörung und Volksaufwiegelung. Clubs sind Vereinigungen mit Statuten, nicht mehr, nicht weniger. Und englische Clubs seien in der Regel «erhaltend», im Einklang mit der felsenfest gegründeten Verfassung dieses Landes. Erst die Franzosen hätten solche Vereinigungen in ihrem Land zu einem Instrument des Umsturzes gemacht. Deutsche Clubs aber seien Importe der Franzosen, mit denen künstlich «unter dem Geräusche der siegenden Waffen» Unzufriedenheit und Revolution eingeführt wurden. Der Verfasser hebt das Moment des äußeren, fremden Zwangs eigens hervor. Mitgliedschaft in einem solchen Club allein mag er aber nicht strafbar finden – an sich seien Clubs nichts Verbotenes, sondern mit der «Deutschen Freiheit» vereinbar, die einem deutschen Bürger erlaubt, «seine Meinung über Staatsangelegenheiten zu sagen».

Alles hängt hier ab von den erklärten Zwecken und den wirklichen Handlungen innerhalb solcher Vereinigungen. Gute Absichten dürfen dabei anerkannt werden, auch eine Art Verbotsirrtum: «Der Unwissende kann nicht sündigen.» Da aber kein «strenger Beweis der abgängigen Kenntnis und der guten Absicht gefordert werden könne», kann es hier nur Plausibilitätserwägungen aus dem übrigen Verhalten des Beschuldigten geben. Der Verfasser plädiert also für Milde gegen jene Clubmitglieder, die sich weiter nichts zuschulden kommen ließen, als in einer unübersichtlichen, dazu von Zwang geprägten Lage dabei zu sein. Wer will, kann hier schon die Gestalt des Mitläufers erkennen, den die spätere moderne Geschichte noch zu ganz anderer Größe wachsen ließ. Die Erschütterung traditionaler Gewissheiten generiert zusammen mit den Absolutheitsansprüchen widerstreitender politischer Systeme erstmals das Recht auf politischen Irrtum.

Auf ein wieder anderes Argumentationsfeld begab sich eine ebenfalls 1793 erschienene, nur zwei Bogen lange Schrift mit einer bewusst unbestimmt formulierten Themenstellung: «Etwas über Verbrechen und Strafen derjenigen welche während der Anwesenheit der Franzosen in den von ihnen eroberten Ländern Antheil an ihren Grundsätzen und Einrichtungen nahmen.» Ihre Tendenz deutet schon das Motto auf dem Titelblatt an: «Salus publica, suprema lex esto» – das öffentliche Wohl sei das höchste Gesetz. Damit war markiert, dass der Verfasser weder von Gesinnungen oder Ideologien noch von abstrakten und unklaren Rechtsverhältnissen zu handeln gedachte. Ihm geht es um das Kriegsrecht in einem besetzten Gebiet. Hier aber gelte unvermeidlich das Recht des Stärkeren, der die Möglichkeit hat, neues positives Recht zu setzen. Damit ist eigentlich auch alles schon gesagt. Denn zwischen Staaten herrscht der Naturzustand, daher hat ein siegreicher Eroberer die Macht, alle in dem von ihm besetzten Gebiet bisher geltenden positiven Rechte, Vertragsverhältnisse, Eide, Garantien aufzuheben. Die Besiegten aber sind zur Treue, im Zweifelsfall sogar zum Eid gegen den neuen Herren verpflichtet.

Das kaiserliche Avocatorium kann unter solchen Umständen keine Gültigkeit beanspruchen, denn es hat schlicht seinen Geltungsbereich verloren, schließlich waren die alten Obrigkeiten ja nicht in der Lage, ihre Untertanen vor der Eroberung zu beschützen. Es kommt nun allein auf Erleichterungen unter der neuen Obrigkeit an – *salus publica* – und darum ist Mitarbeit nötig. Gibt es also gar keinen Verrat, gar Hochverrat? Doch – aber dieser wird zu einer Frage des Zeitpunkts. Schuldig gemacht haben sich beispielsweise Militärs, die dem Feind seine Eroberungen ermöglichten, etwa als Verräter von Festungen; hier spielt die Abhandlung auf Gerüchte an, die auffallend mühelose Eroberung von Mainz durch die Franzosen verdanke sich einem Verrat der örtlichen Besatzung. Und auch wer schon vor der Eroberung auf die Veränderung der alten Einrichtungen hinarbeitete, also im Sinne der künftigen Er-

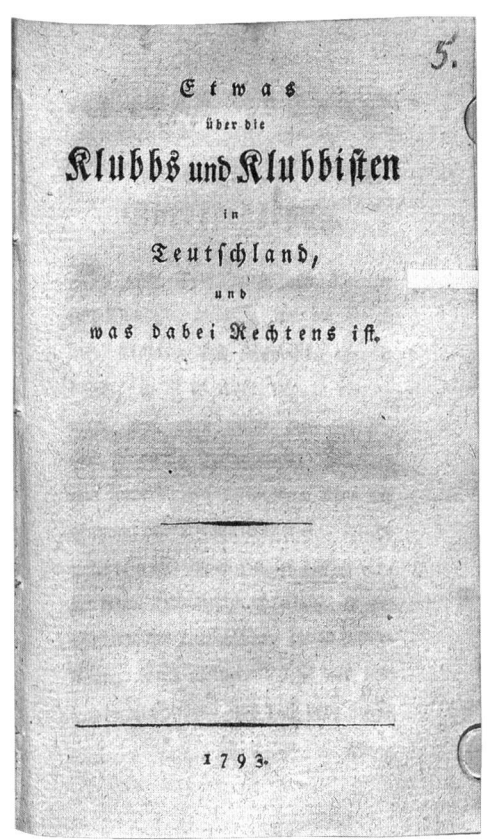

Etwas
über die
Klubbs und Klubbisten

in

Teutschland,

und

was dabei Rechtens ist.

1793.

Gibt es ein Recht auf politischen Irrtum?
Zeitfragen in Streitschriften.

oberer wirkte, kann als Verräter gelten; bloße Mitgliedschaft in Clubs aber reicht dazu nicht aus. Danach und im Übrigen gilt nicht nur das Gesetz des Siegers, es gelten auch seine Grundsätze. Das örtliche Staatsrecht wird so zu einer Funktion des Kriegsrechts, weder heilige Eide noch revolutionäre Gesinnungen sind von rechtlichem Belang. Ein kühler positivistischer Standpunkt, der mit seinem Plädoyer für Mitarbeit statt Widerstand zukunftsträchtig auf Problemlagen vorauswies, die spätestens mit den napoleonischen Eroberungen und Staatsumbauten zum deutschen Alltag werden sollten.

In eine ganz ähnliche Richtung gehen die drei Jahre später 1796 im «Zweiten Heft» der «Annalen der leidenden Menschheit» erschienenen Überlegungen eines Autors, der sich «Justus Sincerus Veridicus», also «Gerechter Aufrichtiger Wahrheitsprechender» nennt und seine «Rechtliche Meinung über einige die Benachtheiligte an den Verhältnissen während der Besizhaltung der Länder des linken Rhein-Ufers durch die Franzosen betreffende Rechtsfragen» als «Beitrag eines jungen Rechtsgelehrten zur Aufklärung in juristischen Sachen am Rheinstrome» kundgibt.[15] Der umständliche junge Mann, der einen Freund aus Mainz verteidigen will (aber möglicherweise von sich selbst spricht), erzählt erst einmal die nun bereits drei Jahre zurückliegenden Ereignisse nach der französischen Eroberung. Auch er legt den Akzent auf das Kriegsrecht, also das Recht des Stärkeren. Nach einer Eroberung bestehen Verbindlichkeiten nur noch zwischen Siegern und Besiegten, die alten Rechtsverhältnisse sind suspendiert: «Der Besiegte geht mit dem Sieger einen stillschweigenden Vertrag ein, daß jener ihm gegen die bereiteste Willfährigkeit, seine Vorschriften in allem zu beachten, sein Leben und seine bürgerliche Existenz lasse.» Das ist der Kern. Hochverrat und Majestätsbeleidigung gegen die alte Herrschaft kann es unter solchen Umständen nicht geben. Der «Justus Sincerus» ist weniger kalt und positivistisch als sein Vorläufer von 1793, denn er redet auch von Gesinnungen, von der Attraktivität der neuen Ideen, er beruft sich auf die aufgeklärte Toleranz der alten Regime in Deutschland, namentlich auf Joseph II. und Friedrich den Großen. Sehr hübsch ist folgender Passus, der auch die Strafbarkeit politischer «Puppenspiele» wie das Errichten von Freiheitsbäumen abtut: «Der weise Kurfürst Maximilian von Köln sagte bei seiner Abreise von Bonn im Jahre 1792 zu seinen Unterthanen, da er von den Maasregeln, die beim Einrücken der Franzosen zu befolgen seyn würden sprach: – Schwört ihnen, sezt Freiheitsbäume, tanzt die Carmagnole, und thut alles, was sie wollen; ich werde wieder zu euch kommen, und dann euch wieder Fürst und Vater seyn!»

Viel wichtiger ist ein weiteres Argument. Der Autor fragt nach der Strafbarkeit der Übernahme oder Weiterführung von Ämtern unter einem Besatzungsregime. Dabei unterscheidet er zwischen persönlichen Lakaien der Herrschaften, die in einer unmittelbaren Treueverpflichtung zu ihnen stehen, und den Beamten, die Staatsdiener sind. Diese aber seien jedenfalls in ihren unteren Rängen verpflichtet, auf dem Posten zu bleiben, um Anarchie und Unordnung zu verhindern. Heute würde man sagen: Auch unter einer fremden Besatzung muss die elementare Daseinsvorsorge aufrechterhalten werden, auch mit den Mitteln der Verwaltung, der Justiz und des Unterrichts. Nur leitende Staatsdiener müssen ihre Posten räumen und ihren Herren ins Exil folgen. So ähnlich hatte es ja auch der schon zitierte Erlass des Mainzer Kurfürsten aus Würzburg gesehen. Daraus aber folgt für den jungen Rechtskundigen, dass das kaiserliche Avocatorium vom 19. Dezember 1792 in den allermeisten Fällen nicht gelten kann: Im Kriege wechseln die Obrigkeiten, so ist das. Modern, spitzfindig und trostlos lesen sich daran anschließende Erörterungen über die Gültigkeit von Eigentumsübertragungen und anderen Rechtsakten während der Okkupation, etwa bei verkauftem Staatsbesitz. Gilt hier Vertrauensschutz? Auch hier sieht man, wie das Zeitalter der Revolution Fragen stellt, die die moderne Welt seither begleiten. In der Summe aber machen sich die «Annalen der leidenden Menschheit», ihrem lugubren Titel getreu, für Milde und Nachsicht stark. Wie schwierig das rechtlich auch bei bestem Willen geworden war, zeigt der schiere Umfang der über 180 Seiten zählenden, mit vielen lateinischen und französischen Zitaten und Fußnoten bewehrten Abhandlung.

So hatten sich im Winter 1792/93 parallel zu den kriegerischen und politischen Ereignissen im Rheinland eine juristische Auseinandersetzung und eine staatsrechtliche Grundsatzdebatte entwickelt. Das revolutionäre Frankreich und die Obrigkeiten des Heiligen Römischen Reiches vertraten dabei einander ausschließende Legitimitäten. Die neue Volkssouveränität, die sich nicht nur theoretisch, in Proklamationen, sondern sogleich auch praktisch, in Prozeduren, zu etablieren suchte, kämpfte gegen die in letzter Instanz im Gottesgnadentum verankerte, durch heilige Eide, überkommene Treueverhältnisse und generationenlang geübten Gebrauch, vor allem aber durch ein kodifiziertes Reichsrecht befestigte traditionale Herrschaft auf landesherrlicher und kaiserlicher Ebene. Beide Legitimitäten sprachen sich aus in öffentlichen Texten, die sich an die ganze deutschsprachige Öffentlichkeit richteten. Begleitet wurde dieser Krieg der Proklamationen von einer Diskussion in der bürgerlichen Öffentlichkeit, die sich vor allem des in der Aufklärung längst etablierten Genres der mit Vernunftgründen,

Rechtssätzen und historischen Beispielen argumentierenden Abhandlung bediente. Zusätzliche Dringlichkeit erhielten dieser Grundsatzstreit und diese Debatte durch die ganz handfeste politische Frage, die sich seit der Einschließung der Stadt Mainz durch die preußischen Truppen im Frühjahr 1793 stellte: Wie sollte im Falle der Wiedereroberung der kurfürstlichen Residenz mit den einheimischen, also deutschen politischen Gefolgsleuten und Helfern der französischen Besatzer verfahren werden? Würden sie jenen Vertrauensschutz genießen, den ihnen die französischen Kommissare in feierlicher Form zugesichert hatten? Oder würden sie der Reichsacht und den landesherrlichen Sanktionen unterliegen, die ihnen nicht weniger deutlich von deutscher Seite angedroht worden waren?

Die moderne Welt hat vor allem in den Kriegen und Gewaltherrschaften des 20. Jahrhunderts für diese Fragen eine geläufige Begrifflichkeit und eine reiche Kasuistik entwickelt, die sich mit Kollaboration und Widerstand, mit den Figuren des Mitläufers und des Partisanen und mit den oft quälenden Problemen und Gewissensnöten des größeren oder geringeren Übels beschäftigt. Damals waren diese Fragen neu. Die Figur des politisch-ideologischen Kollaborateurs einer fremden, revolutionären Macht taucht mit den deutschen Anhängern der französischen Besatzung, den «Clubbisten», den Jakobinern, die sich in Freiheitsgesellschaften und neuen Ämtern, als Deputierte, Ausschussmitglieder («Comitisten») und als «Maires», aber auch bei revolutionären Festen und Symbolhandlungen wie der Errichtung von Freiheitsbäumen, am neuen Regime beteiligten, zum ersten Mal in der deutschen Geschichte auf. Und dabei ging es ja nicht einfach um eine vorübergehende Illoyalität, sondern um die grundsätzliche Absage an die alten Gewalten.

Wie sehr diese Probleme die nahen und fernen Beobachter umtrieben, zeigt ein Text, den Goethe im November 1794, nur sechzehn Monate nach dem Fall von Mainz, verfasste: die Rahmenhandlung seines Novellenzyklus «Unterhaltungen deutscher Ausgewanderten».[16] Hier treffen die beiden Positionen, die wir einander gegenübergestellt haben, das französische Schutzversprechen und die deutschen Strafandrohungen, mit äußerster Schärfe aufeinander. Goethe hat es sich angelegen sein lassen, Ort und Zeit so genau zu bestimmen, dass die Situation mit unüberbietbarer Dramatik exponiert werden konnte. Ort der Handlung

III

Unterhaltungen deutscher Ausgewanderten.

In jenen unglücklichen Tagen, welche für Deutschland, für Europa, ja für die übrige Welt die traurigsten Folgen hatten, als das Heer der Franken durch eine übelverwahrte Lücke in unser Vaterland einbrach, verließ eine edle Familie ihre Besitzungen in jenen Gegenden und entfloh über den Rhein, um den Bedrängnissen zu entgehen, womit alle ausgezeichnete Personen bedrohet waren, denen man zum Verbrechen machte, daß sie sich ihrer Väter mit Freuden und Ehren erinnerten, und mancher Vortheile genossen, die ein wohldenkender Vater seinen Kindern und Nachkommen so gern zu verschaffen wünschte.

Die Baronesse von C., eine Wittwe in mittlern Jahren, erwieß sich auch jetzt auf dieser Flucht, wie sonst zu Hause, zum Troste ihrer Kinder, Verwandten und Freunde, entschlossen und thätig. In einer weiten Sphäre erzogen und durch mancherley Schicksale ausgebildet, war sie als eine treffliche Hausmutter bekannt, und jede Art von Geschäft erschien ihrem durchdringenden Geiste willkommen. Sie wünschte Vielen zu dienen und ihre ausgebreitete Bekanntschaft setzte sie in den Stand es zu thun. Nun mußte sie sich unerwartet als Führerin einer kleinen Caravane darstellen und mußte auch diese zu leiten, für sie zu sorgen und den guten Humor, wie er sich zeigte, in ihrem Kreise, auch mitten unter Bangigkeit und Noth zu unterhalten. Und wirklich stellte sich

Erstdruck in Schillers «Horen»:
Goethes Gespräche zur Zeit.

ist ein Gut direkt am rechten Ufer des Rheins, man sieht den schönen Strom unter den Fenstern vorbeifließen. Der Zeitpunkt der Handlung ist der Moment, in dem die Franzosen wieder über den Rhein hinüber gedrängt waren, «Frankfurt befreit und Maynz eingeschlossen» war, also Ende März oder Anfang April 1793. Die kriegerischen Ereignisse lassen ein Chronotop entstehen, in dem sich örtliche und zeitliche Angaben verbinden: «Leider war der schöne Genuß dieser reizenden Gegend oft durch den Donner der Kanonen gestört, den man, je nachdem der Wind sich drehte, aus der Ferne deutlicher oder undeutlicher vernahm.» Es sind die Kanonen, die vor allem die Belagerer gegen die von den Franzosen noch gehaltene Festung abfeuern. Rechts des Rheins, mit Sicht auf den Fluss, gegenüber der linksrheinischen, direkt an der Mündung des Mains gelegenen Residenz- und Festungsstadt, in Hörweite von Kanonen: Näher konnte man an jüngst vergangene Zeitgeschichte nicht heranrücken als mit diesen Angaben.[17]

«Eben so wenig konnte bei den vielen zuströmenden Neuigkeiten des Tages», fährt der Erzähler fort, «der politische Diskurs vermieden werden, der gewöhnlich die augenblickliche Zufriedenheit der Gesellschaft störte, indem die verschiedenen Denkungsarten und Meinungen von beiden Seiten sehr lebhaft geäußert wurden.» Es geht also, wie im echten Krieg, nur um zwei Seiten, nicht um einen ganzen Fächer von Ansichten. Die Gesellschaft, die sich da in Hör- und fast Sichtweite der Belagerung von Mainz auf dem Lande versammelt hat, ist gespalten. Alle sind «Ausgewanderte», sie kommen von der anderen Seite des Rheins und haben sich auf das ruhigere Ufer geflüchtet.[18] Und hier kommt es zu dem Eklat, der dann die Folge von kleineren und größeren Geschichten des Erzählzyklus auslöst, denn der Eklat ist politisch, er droht die kleine Gesellschaft so zu zersprengen wie die große, sodass nur heiteres Erzählen, die Ausübung «geselliger Bildung»[19], sie halbwegs wieder versöhnen kann – übrigens nicht vollständig, denn einer der beiden Protagonisten ist so erbittert, dass er aufpacken lässt und abreist.

Diese Protagonisten hat Goethe ebenfalls mit einer zeithistorischen Genauigkeit konturiert, die der seiner Zeit- und Ortsangaben nicht nachsteht. Da ist der junge, gut aussehende und leidenschaftliche Baron mit Namen Karl. Er hat keine Geliebte zurückgelassen, «er hatte sich vielmehr von der blendenden Schönheit verführen lassen, die unter dem Namen Freiheit sich erst heimlich, dann öffentlich so viele Anbeter zu verschaffen wußte, und, so übel sie auch die einen behandelte, von den andern mit großer Lebhaftigkeit verehrt wurde». Dieser Karl «überließ sich mit Heftigkeit seiner Neigung und verhehlte sie nicht in Gesprächen. Er glaubte um so freier sich diesen Gesinnungen ergeben zu können, als er selbst ein Edelmann war, und, obgleich der zweite Sohn, dennoch ein ansehnliches Vermögen zu erwarten hatte.» Ein Idealist, den nicht einmal die Beschädigung seiner Güter – «jetzt in Feindes Händen, der nicht zum besten darauf hauste» – einer Nation (der französischen) feind werden lässt, «die der Welt so viele Vorteile versprach, und deren Gesinnungen er nach öffentlichen Reden und Äußerungen einiger Mitglieder beurteilte».[20] Diese Reden und Äußerungen – es muss sich um die Proklamationen des Generals Custine und der Pariser Konventskommissare handeln – haben wir hier schon kennengelernt; jeder aufgeweckte Zeitgenosse, der Goethes Erzählungen vom Frühjahr 1795 an in Schillers «Horen» las, hatte sie noch im Ohr.

Der andere Protagonist des Zweikampfs ist ein «Geheimerat von S.», dessen Charakter, soziale Lage, politische Einstellungen und aktuelle Erfahrungen Goethe nicht minder genau umreißt: «Ein Mann dem die Geschäfte von Jugend auf zum Bedürfnis geworden waren, ein Mann der das Zutrauen seines Fürsten verdiente und besaß. Er hielt sich streng an Grundsätze und hatte über manche Dinge seine eigene Denkungsweise. Er war genau in Reden und Handeln und forderte das Gleiche von andern. Ein konsequentes Betragen schien ihm die höchste Tugend.» Kurzum, ein hoher Staatsdiener von altem Schrot und Korn, zu Hause im Kabinett eines kleinen Landesherren, sehr rechtlich, etwas engstirnig. «Sein Fürst, das Land, er selbst hatten viel durch den Einfall der Franzosen gelitten; er hatte die Willkür der Nation, die nur vom Gesetz sprach, kennen gelernt und den Unterdrückungsgeist derer die das Wort Freiheit immer im Munde führten.» Knapper und präziser kann man die Widersprüche, die wir hier kennengelernt haben, nicht umreißen und zugleich durch Perspektivierung auch wieder relativieren. Der linksrheinische Landesfürst, dem der Geheimerat dient, muss einer von jenen sein, die der Rheinisch-Deutsche Nationalkonvent wenige Tage vor Beginn der Erzählung für abgesetzt erklärt hatte; sein Ländchen und seine Güter hatte der Krieg gewiss so arg mitgenommen, wie es damals überall üblich war, mit Einquartierungen und Requisitionen. Auch das hatte jeder zeitgenössische Leser vor Augen und in frischer Erinnerung. Als Staatsmann neigt der Geheimerat nicht weniger zu grundsätzlichen Erwägungen als der Idealist Karl: «Er hatte gesehen, daß auch in diesem Falle der große Haufe sich treu blieb, und Wort für Tat, Schein für Besitz mit großer Heftigkeit aufnahm. Die Folgen eines unglücklichen Feldzugs, so wie die Folgen jener verbreiteten Gesinnungen und Meinungen blieben seinem Scharfsinn nicht verborgen, obgleich nicht zu leugnen war, daß er manches mit hypochondrischem Gemüte betrachtete und mit Leidenschaft beurteilte.»[21]

Zwei Passionen also prallen aufeinander, jugendlicher Idealismus und altständische Rechtlichkeit mit einem Zug Pedanterie. Goethe hat – so kurz nach den Ereignissen – mit fast peinlicher Akribie darauf geachtet, die Gewichte auszutarieren. Der Konflikt in der zu untätigem Zuschauen verurteilten Landgesellschaft scheint unvermeidlich, die widerstreitenden Haltungen steigern sich parallel zu den politisch-militärischen Ereignissen zu explosiver Leidenschaft – «Leidenschaft» ist das Leitwort dieser Seiten: «Im Anfange wurden diese Gespräche noch mit ziemlicher Mäßigung geführt (...); als aber die wichtige Epoke herannahete, daß die Blockade von Maynz in eine Belagerung übergehen sollte, und man nunmehr für diese schöne Stadt und ihre zurückgelassenen Bewohner lebhafter zu fürchten anfing, äußerte jedermann seine Meinungen mit ungebundner Leidenschaft.» Damit haben wir wieder ein Datum, es ist der 16. Juni 1793, an dem die eigentlichen Kriegshandlungen gegen die Festung begannen – Goethe arbeitet weiter als akribischer Zeithistoriker. Was aber ist nun der Gegenstand der durch das Öl der Aktualität befeuerten Streitgespräche? Es geht nun nicht mehr um die Revolution, ihre Ideale und die Franzosen, die sie nach Deutschland gebracht haben, im Allgemeinen, sondern viel konkreter um die drängendste politische Frage des kalendarisch genau bestimmten Augenblicks wenige Kilometer von Mainz entfernt: «Besonders waren die daselbst zurückgebliebenen Clubbisten ein Gegenstand des allgemeinen Gesprächs und jeder erwartete ihre Bestrafung oder Befreiung je nachdem er ihre Handlungen entweder schalt oder billigte.» Die «Unterhaltungen deutscher Ausgewanderten» greifen also die Rechtsfragen und Debatten auf, die hier kurz umrissen wurden. Nun dürfen wir das Wort ganz an Goethe übergeben; jeder Leser wird die Positionen und Argumente wiedererkennen.[22]

«Besonders waren die daselbst zurückgebliebenen Clubbisten ein Gegenstand des allgemeinen Gesprächs und jeder erwartete ihre Bestrafung oder Befreiung je nachdem er ihre Handlungen entweder schalt oder billigte.

Unter die ersten gehörte der Geheimerat, dessen Argumente Karl'n am verdrießlichsten auffielen, wenn er den Verstand dieser Leute angriff, und sie einer völligen Unkenntnis der Welt und ihrer selbst beschuldigte.

Wie verblendet müssen sie sein! rief er aus, als an einem Nachmittage das Gespräch sehr lebhaft zu werden anfing: wenn sie wähnen daß eine ungeheure Nation, die mit sich selbst in der größten Verwirrung kämpft und, auch in ruhigen Augenblicken, nichts als sich selbst zu schätzen weiß, auf sie mit einiger Teilnehmung herunterblicken werde. Man wird sie als Werkzeuge betrachten, sie eine Zeitlang gebrauchen und endlich wegwerfen oder wenigstens vernachlässigen. Wie sehr irren sie sich, wenn sie glauben, daß sie jemals in die Zahl der Franzosen aufgenommen werden könnten!

Jedem, der mächtig und groß ist erscheint nichts lächerlicher als ein kleiner und schwacher, der in der Dunkelheit des Wahns, in der Unkenntnis seiner selbst, seiner Kräfte und seines Verhältnisses sich jenem gleich zu stellen dünkt, und glaubt ihr denn, daß die große Nation nach dem Glücke, das sie bisher begünstigt, weniger stolz und übermütig sein werde als irgendein anderer königlicher Sieger?

Wie mancher, der jetzt als Municipalbeamter mit der Schärpe herumläuft, wird die Maskerade verwünschen, wenn er, nachdem er seine Landsleute in eine neue, widerliche Form zu zwingen geholfen hat, zuletzt, in dieser neuen Form von denen, auf die er sein ganzes Vertrauen setzte, niedrig behandelt wird. Ja es ist mir höchst wahrscheinlich, daß man bei der Übergabe der Stadt, die wohl nicht lange verzögert werden kann, solche Leute den unsrigen überliefert oder überläßt. Mögen sie doch alsdenn ihren Lohn dahinnehmen, mögen sie alsdenn die Züchtigung empfinden, die sie verdienen, ich mag sie so unparteiisch richten, als ich kann.

Unparteiisch! rief Karl mit Heftigkeit aus: wenn ich doch dies Wort nicht wieder sollte aussprechen hören! Wie kann man diese Menschen so geradezu verdammen? Freilich haben sie nicht ihre Jugend und ihr Leben zugebracht in der hergebrachten Form sich und andern begünstigten Menschen zu nützen. Freilich haben sie nicht die wenigen wohnbaren Zimmer des alten Gebäudes besessen und sich darinne gepflegt, vielmehr haben sie die Unbequemlichkeit der vernachlässigten Teile eures Staatspalastes mehr empfunden, weil sie selbst ihre Tage kümmerlich und gedrückt darin zubringen mußten; sie haben nicht, durch eine mechanisch erleichterte Geschäftigkeit bestochen, dasjenige für gut angesehen, was sie einmal zu tun gewohnt waren; freilich haben sie nur im stillen der Einseitigkeit, der Unordnung, der Lässigkeit, der Ungeschicklichkeit zusehen können, womit eure Staatsleute sich noch Ehrfurcht zu erwerben glauben; freilich haben sie nur heimlich wünschen können, daß Mühe und Genuß gleicher ausgeteilt sein möchten! Und wer wird leugnen, daß unter ihnen nicht wenigstens Einige wohldenkende und tüchtige Männer sich befinden, die, wenn sie auch in diesem Augenblicke das Beste zu bewirken nicht im Stande sind, doch durch ihre Vermittlung das Übel zu lindern und ein künftiges Gutes vorzubereiten das Glück haben, und da man solche darunter zählt, wer wird sie nicht bedauern, wenn der Augenblick naht, der sie ihrer Hoffnungen vielleicht auf immer berauben soll.

Der Geheimerat scherzte darauf, mit einiger Bitterkeit, über junge Leute die einen Gegenstand zu idealisieren geneigt seien; Karl schonte dagegen diejenigen nicht, welche nur nach alten Formen denken könnten und, was dahinein nicht passe, notwendig verwerfen müßten.

Durch mehreres Hin- und Wiederreden ward das Gespräch immer heftiger und es kam von beiden Seiten alles zur Sprache, was im Laufe dieser Jahre so manche gute Gesellschaft entzweit hatte. (…)

Karl, der sich im Zorn nicht mehr kannte, hielt mit dem Geständnis nicht zurück: daß er den französischen Waffen alles Glück wünsche und daß er jeden Deutschen auffordere, der alten Sklaverei ein Ende zu machen, daß er von der französischen Nation überzeugt sei, sie werde die edlen Deutschen, die sich für sie erklärt, zu schätzen wissen, als die ihrigen ansehn und behandeln und nicht etwa aufopfern oder ihrem Schicksale überlassen, sondern sie mit Ehren, Gütern und Zutrauen überhäufen.

Der Geheimerat behauptete dagegen, es sei lächerlich zu denken daß die Franzosen nur irgendeinen Augenblick bei einer Kapitulation oder sonst für sie sorgen würden; vielmehr würden diese Leute gewiß in die Hände der Alliierten fallen, und er hoffe sie alle gehangen zu sehen.»

Das war in der Tat die konkrete Frage des Moments: Was würde beim Fall von Mainz das Schicksal der deutschen Anhänger der Franzosen sein? Doch an diesem Punkt hat sich der Disput schon zum Grundsatzstreit über die Legitimität der Revolution überhaupt ausgewachsen. Der Streit eskaliert so, dass die beiden Protagonisten die Todesstrafe für die andere Seite wünschen. Denn auf den Wunsch, die «Clubbisten» mögen gehangen werden, antwortet Karl:

«Diese Drohung hielt Karl nicht aus und rief vielmehr: er hoffe, daß die Guillotine auch in Deutschland eine gesegnete Ernte finden und kein schuldiges Haupt verfehlen werde.»

Damit ist der allgemeine Bürgerkrieg in den kleinen Schauplatz des Landguts gelangt. Der Geheimerat, den der junge Baron dazu noch mit persönlich treffenden Vorwürfen beleidigt, reist ab: «Es tut mir leid, daß ich zum zweitenmal, und zwar durch einen Landsmann vertrieben werde; aber ich sehe wohl, daß von diesem weniger Schonung als von den Neufranken zu erwarten ist, daß es besser sei den Türken als den Renegaten in die Hände zu fallen.»

Eine starke Szene in einem prekären Moment. Die Zeitgenossen, die sie im Frühsommer 1795 lasen, wussten ebenso wie ihr Autor längst, wie die Geschichte ausgegangen war. Zum selben Zeitpunkt, an dem Goethe seinen Eklat spielen lässt, kurz vor der Wiedereroberung von Mainz, erschien eine kurze anonyme Flugschrift, die «An die Mainzer» gerichtet war und nach Angaben ihres Verfassers zu Beginn der preußischen Militäroperationen auf der linken Rheinseite, fünf Monate nach der Besetzung der Stadt durch die Franzosen und unmittelbar vor ihrer Einschließung durch die Armeen des Königs von Preußen und des Kaisers abgefasst worden war. Auch sie enthält den Gegenstand eines Gesprächs, denn ihre Erörterung verfährt abwägend und deliberierend. Ihr Gegenstand sind die Fragen der künftigen Bestrafung und die Gefahr einer wilden «Selbstrache» vor allem durch die Ausgewanderten gegen die Clubbisten, die in diesem Moment schon absehbar war. Der größte Teil der Ausgewanderten und Vertriebenen, der ihres Besitzes und ihrer Verwandtschaftsbande Beraubten, sagt dieser Essay, «schnaubt vor Rachgierde, dürstet nach dem Blute der Verbrecher, misgönnt dem Gesetze das Recht, zu strafen, will zugleich Richter – und Henker seyn». Daraus zieht der unbekannte Verfasser dann bedenkenswerte Schlüsse. Er überlegt, wie künftige Strafgerichte für die in Mainz vorgefallenen politischen Vergehen zusammenzusetzen seien, und dabei zeigt sich, dass die einfache Wiederherstellung der alten Legitimität gar nicht wünschenswert sein könnte. Frühzeitig Weggegangene und ihrer alten Obrigkeit Treugebliebene seien nämlich nicht berufen zu richten, weil ihnen die Vorstellung der Zwangslagen für die Zurückgebliebenen fehle und weil sie Partei sind; aber auch die in Mainz Gebliebenen seien nicht kompetent, denn sie würden Richter in eigener Sache; doch auch von vollständig fremden Richtern sei abzuraten, weil auch ihnen die

Vorstellung für das Vorgefallene abgehe – also fordert der Verfasser gemischte Tribunale, die zwischen den vielen naiven Träumern und den wenigen Bösewichtern des vorübergehenden Regimes unterscheiden sollten. Wie sich die Lage in der Zwischenzeit geändert hatte, zeigt die Adressierung der Schrift: Nicht nur der Kurfürst als legitime Obrigkeit, sondern auch das Volk von Mainz wird angesprochen.[23]

Die Möglichkeit, dass die Franzosen ihre Mainzer Parteigänger schützen könnten, zog der unbekannte Verfasser gar nicht in Betracht. Denn er schrieb in den Wochen, als schon überall im wiedereroberten Umland von Mainz Clubbisten und Jakobiner verfolgt, verprügelt und gedemütigt wurden.

KAPITEL 5

BÜRGERLICHER KRIEG

Der Verfassungsaufbau dieser ersten deutschen Republik in einem modernen, nicht mehr ständischen Sinn kam zu seinem Abschluss, als sich der Ring der preußischen und kaiserlichen Belagerer um die Festung Mainz zu schließen begann. Das führte zu einem beträchtlichen institutionellen Gedrängel im Inneren des jungen Freistaates. Der Nationalkonvent war zwar am 31. März auf unbestimmte Zeit vertagt worden, und auch der Jakobinerclub, der dessen Sitzungen vorbereitet hatte, trat seither kaum noch zusammen; er wurde am 8. Mai ganz offiziell geschlossen. Die funktionslos gewordenen Deputierten mussten gleichwohl in der belagerten Stadt bleiben und um ihr künftiges Schicksal bangen. Weder ein Parlament noch ein Parteienleben hatte diese Demokratie in ihrem kurzen Dasein. Auch eine revolutionäre Presse gab es fortan nicht mehr, nur zwei Blätter hielten die belagerte Stadt über die offiziöse Sicht der Lage auf dem Laufenden, der «Bürgerfreund» und die «Nationalzeitung». Immerhin spielte das Theater unentwegt.

Dafür stritten sich zwei Exekutiven um die verbleibenden inneren Aufgaben in der Stadt: Die «Allgemeine Administration» des rheinisch-deutschen Freistaates, also die Landesregierung – deren Verhältnis zur Pariser Mutterrepublik nicht mehr geklärt werden konnte – und die «Munizipalität», also das Mainzer Stadtregiment. Bisher war es von den Eroberern ernannt gewesen, nun war es wie die Administration formal nach dem Grundsatz der Volkssouveränität legitimiert, denn die Quelle dieser Instanzen waren Wahlen gewesen. Dies allein ist das bleibend Neue, in die Zukunft Weisende des Mainzer Verfassungsexperiments, das sonst sehr wenig mit einer modernen Demokratie zu tun hat.

Administration und Munizipalität unterschieden sich vor allem im Grad des Radikalismus, beziehungsweise der Bürgernähe, was, wie die

Historiker versichern, vor allem am unterschiedlichen Temperament der Führungsfiguren lag. Der Administration präsidierte der vierzig Jahre alte Naturrechtsprofessor Andreas Joseph Hofmann, der schon dem Nationalkonvent vorgesessen hatte und ein erbarmungsloser jakobinischer Hardliner war; sein autoritärer Ton stieß bald auf Kritik. Chef der Munizipalität, also «Maire», war Franz Konrad Macke oder Macké, der als ehemaliger Polizeikommissar und als Finanzbeamter (er wurde Prokurator) einen viel pragmatischeren Blick auf die städtischen Realitäten hatte; er war 37 Jahre alt. Die Streitigkeiten dieser von allerlei weiterem bürokratischen Personal umgebenen Doppelspitze samt Kassenverwaltung und Gericht sind gut dokumentiert, aber wenig wichtig; sie sind vor allem für die Alltagsgeschichte der belagerten Stadt aufschlussreich: Es ging um Fragen des Brandschutzes während der Bombardierung, der Mehlausteilung, um Pässe fürs Gartenfeld vor der Stadt, um allerlei Anschwärzungen.[1] Ausgerechnet am 14. Juli, dem Feiertag der französischen Republik, eskalierten die Spannungen so, dass Macké nur mühsam dazu bewogen werden konnte, am Konföderationsfest überhaupt teilzunehmen.

Das letzte Wort hatten ohnehin nicht diese Selbstverwaltungen, sondern das französische Militärregime. Schon am 26. Januar 1793 war der «État de siège», der Belagerungszustand, verhängt worden, und damit alle Exekutivgewalt an die Festungskommandanten übergegangen.[2] Dies war seit dem 19. März nicht mehr der großsprecherische General Custine, der mit mäßigem Erfolg auf westlichen und nördlichen Kriegsschauplätzen kämpfte und am 28. August 1793 als Verräter guillotiniert wurde. Sein Nachfolger wurde der 1739 geborene Brigadegeneral François Ignace d'Oyré, ein geschmeidiger und eleganter Berufsoffizier, der schon in Amerika gekämpft hatte, und der die Phase des Terrors überlebte, weil er nach der Kapitulation von Mainz die Zeit bis Ende 1794 als Geisel auf der Festung in Erfurt verbrachte. Ihn nennt Goethe ein Vierteljahrhundert später einen «großen wohlgebauten, schlankem Mann von mittlern Jahren, sehr natürlich in seiner Haltung und Betragen»[3]; im Sommer 1794 hatte er ihn in Erfurt besucht, «wo wir uns der Maynzer und Marienborner Geschichten erinnerten», wie Goethe damals sogleich seinem Mainzer Freund Soemmerring berichtete:[4] «Mit wem und wo werden wir nicht noch unerwartet zu reden haben!»

Carl August als preußischer Kürassiergeneral nach G. M. Kraus

Auch die zweite Führungsfigur des französischen Militärregimes, der aus Straßburg stammende Nationalkommissar Johann Friedrich – oder Jean Frédéric – Simon, hatte Verbindungen nach Weimar. Der «Cämmerier» Wagner, der Herzog Carl August auf den Feldzügen von 1792/93 begleitete, und dessen Tagebuch zu Goethes wichtigster Erinnerungsstütze für seine autobiographischen Berichte über diese Zeit wurde, erwähnt am 16. Mai 1793, also während der Belagerung: «Der fameuse Simon welcher in Deßau in Philantropin ehemalen war, anjetzo ein Erz Cluppist zu Maynz, hat Dhl: [Durchlaucht] Herzog grüßen laßen.»[5] Simon war zusammen mit dem Konventskommissar Antoine Merlin aus Thionville einer der beiden politischen Köpfe der französischen Gewalt. Simon und Merlin de Thionville waren zusammen mit d'Oyré die wichtigsten Mitglieder des am 2. April gebildeten Kriegsrates der belagerten Festung, in dem neben allerlei Militärs sonst nur französische Politiker saßen, jedoch kein deutscher Vertreter der Mainzer Republik. Dass hier alle wichtigen Entscheidungen zur Strategie fielen, und am Ende allein mit dem Kriegsrat über die Kapitulation verhandelt wurde, zeigt die fortdauernd nachgeordnete Rolle der deutschen Demokraten in der Mainzer Schwesterrepublik. Der dreißig Jahre alte Merlin war ein kühner, tapferer Mann mit feurigem Blick, wilden Locken und einer Attraktivität, die die Porträts auch heute noch erkennen lassen. Hier hatte die Revolution einen jugendlich strahlenden Vertreter, dessen Gestalt «in Husarentracht, durch wilden Blick und Bart sich auszeichenend» auch Goethe unvergesslich wurde.[6]

Das Verbindungsglied zwischen dem Kriegsrat und den Instanzen der Republik war ein 18köpfiger sogenannter «Wachsamkeitsausschuss» (*Comité de surveillance*, auch «Sicherheitsausschuss» genannt), in dem die radikalen Jakobiner die Mehrheit hatten. Er sollte für das sorgen, was damals wohl zum ersten Mal in der deutschen Sprache mit dem Terminus «innere Sicherheit» bezeichnet wurde.[7] Diesem Ziel diente die bis in den Juni 1793 fortgesetzte Politik der Ausweisungen, der schon erwähnten «Exportationen», das dunkelste Kapitel der Mainzer Republik. Man hat ihre Situation zutreffend als «Belagerungszustand» beschrieben[8] und damit auch die Unvollkommenheiten dieses Demokratieexperiments begründet. Vollständiger wäre eine Beschreibung, die dem äußeren Belagerungszustand den inneren Bürgerkrieg an die Seite stellt. Denn die Ausweisungspolitik gegen Eidverweigerer, Ungeschworene, angebliche Diener und Kostgänger des alten kurfürstlichen Regimes ging bis in den Juni weiter, und sie bedeutete auch einen Krieg gegen innere Feinde, die möglicherweise mit dem äußeren Feind kollaborieren könnten. Die Sicherheitsobsession, die sich zur selben Zeit in Paris durchsetzte und der Schreckensherrschaft den Weg bereitete, herrschte auch im belagerten Mainz.

Der schlimmste Monat war der April 1793, in dem die Vertreibungen teilweise im Abstand weniger Tage aufeinander folgten.[9] Die zeitgenössischen Berichte zeigen ein Kalendarium des Schreckens mit hässlichen Einzelzügen: Nicht nur wurden Wehrlose ins feindliche Feuer gesandt, man untersagte auch die Mitnahme von Gepäck und Wertsachen, und der ungeduldige Merlin hatte sogar schon Ochsenziemer für Vertreibungen mit eigener Hand geordert; verzweifelten Familien mit Kleinkindern gab man den zynischen Rat, diese doch in den Rhein zu werfen. Ehefrauen von Ungeschworenen, die ausgewiesen worden waren, konnten sich seit dem 27. März scheiden lassen und behielten ihr

Ehevermögen – ein gesetzlicher Anreiz zur Zerstörung von Familien, selbst wenn man bedenkt, dass auch manche unglückliche Ehe damit ein für die damalige Zeit unüblich gnädiges Ende finden konnte.[10] Über die Zahlen der Verjagten und Deportierten haben die Historiker sich nie einigen können, aber selbst die zurückhaltendste Schätzung, die der marxistische Historiker Heinrich Scheel vorgelegt hat, der noch 1989 von «konterrevolutionärer Greuelpropaganda» sprach und sich über die «Ströme von Tränen» lustig machte, die die «bürgerliche Historiographie über das Schicksal der Unglücklichen vergossen» habe[11], selbst diese Bestandsaufnahme eines Hardliners rechnet mit insgesamt 2600 exportierten Personen, was einem Bevölkerungsanteil von deutlich über zehn Prozent der kriegsbedingt ohnehin gesunkenen Bevölkerung von Mainz entspricht. Darf das Regime einer Republik, die gegen einen so großen Anteil der eigenen Bevölkerung errichtet wird, noch demokratisch genannt werden?

Den Geist, in dem diese Ausweisungen betrieben wurde, kennzeichnet die revolutionäre Wachsamkeit, also das habituelle Misstrauen aller totalitären Regime, und daneben ein Zynismus, der zwischen nützlichen und nutzlosen Bürgern unterscheidet. Denn natürlich trennte sich die belagerte Stadt gern von überflüssigen Essern, wozu nicht nur die soziale Spitze, also «Privilegierte» zählten, sondern auch die Stadtarmen, die Almosenempfänger des kurfürstlichen Kirchenstaats; zugleich aber achtete man doch darauf, nicht Personen zu entfernen, die beispielsweise als Löscharbeiter bei den von der Bombardierung erzeugten Bränden oder bei der Mehlherstellung hilfreich sein konnten.[12] Von ideologischem Hass einerseits und dem grausamen Nutzenkalkül andererseits zeugen die beiden Ereignisse, die die Deportationspolitik der belagerten Republik zeitlich einrahmen: die Judendeportation vom 2. April und die versuchte Flucht von etwa 1500 Frauen und Kindern am 24. Juni 1793.

Die Mainzer Juden zeigten – von wenigen Ausnahmen abgesehen – zunächst wenig Neigung, sich den neuen Verhältnissen anzuschließen. Der einzige aus Mainz gebürtige Jude, der dem Jakobinerclub beitrat, Nathan Maas, wurde von dem Rabbi Hajum Hirsch Berliner mit dem Synagogenbann belegt. Nur 18 Mainzer Juden, 15 Prozent der Haushaltsvorstände, waren bereit, den Bürgereid vor den Wahlen zu leisten. Viele standen Neuerungen misstrauisch gegenüber, weil ihre seit Jahrhunderten rechtlich geregelte, also in gewissem Sinn «privilegierte»

Sonderstellung (und damit auch ihre Konfession) im ständischen Zusammenhang des Mainzer Ancien Régime dadurch bedroht schien; die neue bürgerliche Gleichheit brachte zwar eine materielle Besserstellung, entwertete aber auch ihre religiöse Besonderheit, zumal viele Jakobiner dem uralten jüdischen Gesetzesglauben wenig Sympathie entgegenbrachten. Die Mehrheit der Juden gehörte zu den vielen Eidverweigerern.[13] Der aufgeklärte Naturrechtsprofessor Hofmann dekretierte daraufhin am 2. April: «Im Namen des souverainen Volks wird den ungeschworen Juden bedeutet, daß sie auf heute 12 Uhr, und zwar unter Todesstrafe auf dem Schloßplatze erscheinen sollen. Wer sich heute nicht allda einfinden wird, soll ohne weiteres aufgeknüpft werden.»[14] Dass nicht einmal ein Aufschub für den Abschluss des jüdischen Osterfests erreicht werden konnte, vermerkten zeitgenössische Beobachter mit Entsetzen. Niemand wurde aufgeknüpft, aber zweihundert Judenfamilien hatten über die Rheinbrücke abzuziehen.[15] Auch das eine Premiere: die erste Judenvertreibung in Deutschland unter nichtreligiösem Vorzeichen.

Am 24. Juni – die Belagerung der Stadt war nun in ihre heiße Phase eingetreten – versuchten 1500 Menschen, vor allem Frauen und Kinder, freiwillig aus Mainz zu entkommen, und die Administration war naheliegenderweise bereit, sie ziehen zu lassen, um die dahinschmelzenden Lebensmittelvorräte zu schonen. Man ließ sie in Mainz-Kastel, der stark befestigten rechtsrheinischen Seite der Stadt, die ebenfalls von den Preußen blockiert wurde, zum Wiesbadener Tor hinausziehen. Allein die Preußen waren zu diesem Zeitpunkt nicht mehr bereit, eine solche unter Kriegsumständen unübliche Reduktion der belagerten Bevölkerung zu dulden; sie verweigerten den Durchgang. Doch auch die Franzosen nahmen die Weggegangenen nicht mehr zurück. Über mehrere Tage wurde über sie verhandelt, während das Wetter schlecht wurde und Regen fiel. Goethe hat den Vorgang in seiner späten Darstellung knapp zusammengefasst: «Franzosen und Clubbisten, wie man wohl bemerken konnte, daß es Ernst werde, veranstalteten, dem zunehmenden Mangel an Lebensmitteln Einhalt zu tun, eine unbarmherzige Exportation gegen Kassel [= Kastel], von Greisen und Kranken, Frauen und Kindern, die eben so grausam wieder zurückgewiesen wurden. Die Not wehr- und hülfloser zwischen innere und äußere Feinde gequetschter Menschen ging über alle Begriffe.»[16] Mitleidige französische Chasseurs nahmen sich der im Freien kampierenden, hungernden und frierenden Menschen an, deckten die Kinder mit ihren Mänteln zu und setzten schließlich die Rücknahme der Verängstigten nach Mainz durch. Es war diese vom Sicherheitsausschuss durchgesetzte Vertreibungspolitik, die in den Wochen der Belagerung ein Klima von Hass und Bürgerkrieg über Mainz hinaus in ganz Rheinhessen und der Pfalz verbreitete. «Comitist», der Begriff für den jakobinischen Funktionär, trat nun an die Stelle des «Clubbisten» als Schimpf- und Schreckensbezeichnung. Die Ausgewanderten und Exportierten verdächtigten die Daheimgebliebenen, allesamt «Anhänger des französischen Systems» zu sein.[17] Zur selben Zeit begannen die Menschenjagden auf angebliche oder wirkliche Jakobiner und «Clubbisten» auf dem zurückeroberten flachen Land um Mainz. Ein Lokalhistoriker hat die Situation in einer altmodisch-gründlichen Darstellung 1861 etwas bieder, doch treffend so zusammengefasst: «Für den Mainzer und den Landmann am Mittelrhein gab es, so lange die Geschichte Erwähnung thut, keinen schrecklicheren Monat als den April [1793]. Während die ‹Nichtpatrioten› in Mainz schaarenweise von den Franzosen exportirt wurden, weil sie nicht schwören wollten, wurden auf dem Lande diejenigen, welche den Eid geleistet hatten, meistens Leute, die den Drohungen oder der Gewalt nachgaben, von den Deutschen ergriffen und ins Gefängniß geschleppt. Man wüthete auf beiden Seiten.»[18] Die Wahrnehmung einer Symmetrie bei den Ausschreitungen deckt sich mit zeitgenössischen Einschätzungen. Der Göttinger Gelehrte Heyne zog den Vergleich schon am 11. April 1793 in einem Brief an seinen Mainzer Freund Soemmerring, den wir schon kennen: «O wie unedel handeln die Deutschen, die sich nun dem fränkischen Gesindel gleich setzen und ähnliche Barbareien und Grausamkeiten ausüben. Wie viel Schande machen ihnen die Prügeleien an den Unglücklichen und welch' Recht hatten die *Preußen* dazu (…). Ich habe es immer gesagt: alle Greuel der Sansculotten werden von den Siegern und Aristokraten noch übertroffen werden (…).»[19]

So mündete die unter fremder Besatzung begründete, während einer Belagerung aufrechterhaltene erste deutsche Republik in das, was Goethe im Rückblick auf diese Epoche als «bürgerlichen Krieg»[20] bezeichnen sollte. Die Lage der am 24. Juni 1793 zwischen die Fronten geworfenen Mainzer Exportierten bedenkend, erkannte Goethe das

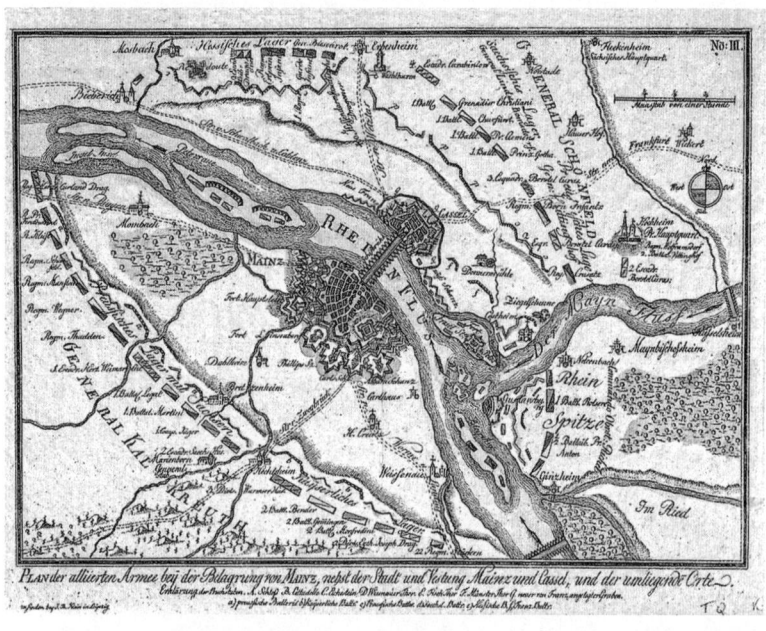

Stellungen der Belagerungstruppen um Mainz 1793.

Doppelgesicht dieser Epoche: «Denn nicht der Krieg allein, sondern der durch Unsinn aufgelös'te bürgerliche Zustand hatte ein solches Unglück bereitet und herbei geführt.»[21]

Die eigentlichen Kriegshandlungen der Belagerung[22] muten im Vergleich zu diesen neuartigen, politisch erbitterten Kämpfen fast behaglich-ritterlich an. Man ließ sich viel Zeit, von der Einschließung am 14. April bis zum Auszug der Franzosen am 24. und 25. Juli 1793 vergingen über drei Monate, die erst in den letzten drei Wochen massive Kriegshandlungen brachten. Das hatte verschiedene Ursachen: Die österreichischen Verstärkungen für das auf beiden Seiten des Rheins aufgestellte preußische Heer trafen erst Mitte Mai ein; danach standen 44 000 Belagerer gegen 23 000 Besatzer, deren Zahl sich bis zum Ende der Kampfhandlungen auf weniger als 18 000 reduzierte. Freilich bestand die Hälfte der französischen Truppen aus kaum ausgebildeten Freiwilligen. Zu Beginn hatten die Belagerer nicht genügend Geschütze für eine Beschießung zur Verfügung, und diese mussten teilweise auf

Schiffen von Holland herantransportiert werden. Die preußischen Generäle, zu denen sich etliche kriegserfahrene französische Emigranten gesellten, waren lange uneinig über die Strategie, und bevor in der zweiten Juni-Hälfte die Bombardierung der Stadt beginnen konnte, mussten mühsam Laufgräben ausgehoben werden.

Dieser Zeitverzug, der den Franzosen immerhin einen koordinierten Sommerfeldzug der alliierten Gegner im eigenen Land ersparte – auch an der niederländischen Grenze wurde gekämpft –, ließ Raum für Scharmützel und Verhandlungen. Im preußischen Hauptquartier in Marienborn drängelten sich bald Fürstlichkeiten und Prominente, Prinz Louis Ferdinand von Preußen, Herzog Carl August von Weimar und dessen Favorit Goethe, vom 17. Juni an der König von Preußen, der sich zu diesem Zeitpunkt mehr für die dritte polnische Teilung interessierte und die Sache so kostenarm wie möglich hinter sich bringen wollte. General Kalckreuth, der preußische Oberbefehlshaber links des Rheins war seinem Kollegen Schönfeldt rechts des Rheins spinnefeind, und auch zwischen Preußen und Österreichern herrschte Misstrauen.

Der langsame Anlauf ließ auch Zeit für einige freundliche Gesten, die an die barocke Kriegsführung des Ancien Régime erinnern. Erste Sondierungen im April scheiterten, weil die Franzosen mit zwölf beladenen Wagen, die nicht visitiert werden sollten, abziehen wollten; schon damals liefen Gerüchte um, sie wollten darin die Clubbisten, ihre politischen Kollaborateure, herausschmuggeln.[23] Am 17. Mai fand ein deutsch-französisches Frühstück bei Bretzenheim statt, an dem auch Clubbisten wie der jakobinische Gastwirt Franz Xaver Riffel teilnahmen; die Franzosen versuchten bei dieser Gelegenheit, ihre Belagerer durch den Eindruck reicher Vorräte zu blenden. Wie ritterlich die Verhältnisse sein konnten, zeigen zwei Episoden: Am 4. Juni wurde der französische Kommandant von Kastel, General Meusnier, durch einen Schuss so schwer am Bein verletzt, dass er Arzneimittel und Erfrischungen benötigte, die in der Stadt fehlten, und die man von den Belagerern erbat; diese halfen gern aus.[24] Am 14. Juli wurde eine Waffenruhe vereinbart. Die Franzosen feierten ihr Konföderiertenfest zum Andenken an den Sturm auf die Bastille, die deutschen Alliierten einen Sieg auf dem nordfranzösischen Kriegsschauplatz: fröhliches Geböller auf beiden Seiten, in Mainz ein Freiheitsfest. Der 14. Juli scheint überhaupt der

Stichtag gewesen zu sein, vor dem an eine Übergabe der Festung nicht gedacht werden konnte – so viel Durchhaltevermögen musste das revolutionäre Frankreich zeigen. Trotzdem war der Krieg natürlich am Ende so grausam, wie Krieg es immer ist. Die monatelange Anwesenheit von Zehntausenden Soldaten, die kontinuierlichen Scharmützel, Ausfälle, Beschießungen hinterließen schwere Schäden im Mainzer Umland, das über weite Flächen regelrecht zerstampft war. Kostbare Weinberge, die in Jahrzehnten herangezüchtet worden waren, wurden innerhalb weniger Tage niedergetrampelt. Dörfer und Kirchen brannten ab oder wurden zu Schutt geschossen. Die Bombardierung von Mainz, die Ende Juni massiv wurde, verletzte nicht nur uralte Kirchen, darunter den Dom, und elegante Neubauten wie die Dompropstei, sie wurde auf Grund der theatralischen Wirkungen von Großfeuern vor allem am Nachthimmel auch zu einer Attraktion für Kriegstouristen und Maler – Goethe hat darüber berichtet, beglaubigt werden seine Schilderungen durch die gleichzeitigen Notate des Kämmerers Wagner, der diese schreckliche Schönheit immer wieder erwähnt, am beeindruckendsten am 16. Juli: «Kein Mahler wird sich einfallen laßen können diese Feuer reiche Luft, wenn er auch der gröste Nachtstück Mahler wäre, nur immitieren zu wollen, indeßen war es auch für den in freyen, eine unbeschreibliche Pracht, die aber auch keine Feder beschreiben kan.» Aber diese gezeichneten und gemalten Nachtstücke liegen doch vor, und Goethe hatte sie vor Augen, als er seinen späten Bericht verfasste. Am 6. Juli erwähnt Wagner einen Karren mit Verwundeten, die in ein Lazarett gebracht werden, aus dem das Blut herauslief, und am 7. Juli berichtet er mit der Drastik, die sich Goethe meistens versagt hat, von einem Soldaten, den ein Schuss «in das Gemächte» getroffen hatte, und von einem anderen, auf dessen durch eine Kugel zerfetzten Bein «Millionen Fliegen, Käfer etc:» saßen: «Man dencke sich diese 2 Menschen in der grösten Hitze fast über 24 Stunden, ohne einen Tropfen Waßer!!!» Die unbegrabenen Toten im Schussfeld der Festung Mainz lassen Wagner schaudernd an die Unbegrabenen des Feldzugs nach Frankreich – «von Verdun biß Longvi» – im Jahr zuvor denken. Da war der Schuss «durch den Popo», den Prinz Louis Ferdinand am 16. Juli erlitt, und den Goethe später dezent zu einer «wo nicht gefährlichen, doch beschwerlichen Wunde»[25] machte, noch harmlos. Immerhin führte sie dazu, dass das Quartier des

Prinzen im Chausseehaus von Marienborn an der südlichen Ausfalls-
straße von Mainz in Richtung Landau frei wurde – für den Herzog von
Weimar und für Goethe, was hier schon erwähnt sei, weil es noch wichtig werden wird.

Im Kriegsalltag dieser langen Wochen scheint unter den einfachen
Soldaten die ideologische Erhitzung, die in der belagerten Stadt Mainz
herrschte, keine allzu große Rolle gespielt zu haben. Obwohl die französischen Stellen die Soldaten der Gegner gern als «Sklaven» und
«Söldner» bezeichneten, im Kontrast zu den Bürgersoldaten der befreiten Nation, wird auch immer wieder von freundschaftlichem Verkehr
zwischen den Vorposten, und nicht nur von Artigkeiten unter den Offizieren berichtet.[26] In fast komödiantischer Weise erzählt der preußische
Soldat Laukhard, dessen Erinnerungen auch Goethe las, über politischen Spott und Neckereien zwischen den Fronten, die ganz gemütlich
endeten.[27] Der patriarchalisch gesinnte Weimarer Kämmerer Wagner
kann sich allerdings nicht immer verwunderter Stoßseufzer über «Clup-
pisten» erwehren, deren politischer Fanatismus ihm tief unheimlich ist
und ihn Schlimmes für die Zukunft befürchten lässt: «Es steht zu befürchten daß unter denen Einwohnern zwischen ächten und gut den-
ckenden Teutschen und unter denen daselbst wohnenden Französ Patrioten noch Blut fließen wird, und vielleicht noch schreckl: Auftritte
daselbst vorkommen werden. Es ist für den Vernünftigen erschrekl:
wenn er beherzigt, waß der Unsinn der Francken für Mittel von der
Hölle erborgt hat, die Menschen zu verwirren, und sie Tygern ähnlich
zu machen.» So schreibt es Wagner schon am 5. April in sein Heft,
nachdem er den von den Franzosen geplünderten Ort Grünstadt gesehen hat. Immer wieder trifft er herumirrende Ungeschworene, die
Mainz oder die Städtchen der Umgebung verlassen mussten, darunter
etliche Geistliche. Dass die Franzosen kein Feuer scheuen, notiert er am
22. Mai, und warum? «Ihr verfluchter Gedancke von Freyheit, macht sie
so treiste lieber auf diese Art zu sterben, als sich zu ergeben.»

Über eins der kühnsten Unternehmen der Franzosen besitzen wir
einen unmittelbar danach von Goethe auf Bitten von Carl August ver-
faßten Bericht, der dreißig Jahre später fast unverändert seinen Platz im
Text der «Belagerung von Maynz» fand. In der Nacht vom 30. auf den
31. Mai, zwei Tage nach Goethes Ankunft im Kriegslager, überfielen
die Franzosen das preußische Hauptquartier in Marienborn mit der Ab-

sicht, den Prinzen Louis Ferdinand und den Oberbefehlshaber Graf Kalckreuth zu entführen. Der Handstreich, an dem auch der jakobinische Gastwirt Riffel teilnahm, der sich damit den Ehrenrang eines französischen Hauptmanns verdiente, misslang nur knapp; die Franzosen hatten sich dank ortskundiger Führung lautlos anschleichen können, dann war allerdings eine Pistole zu früh losgegangen. Dieser Überfall hatte ein Nachspiel, das Goethe nur beiläufig erwähnt, dessen grausige Details aber im Tagebuch Wagners aufbewahrt sind. Der nächtliche Führer der Franzosen, ein Gerichtsschreiber (und Bauer) namens Lutz aus dem Dorf Ober-Olm, wurde als Verräter und «Clubbist» zum Tode verurteilt und am 2. Juni erhängt. Daraus machte man nun doch auch eine politische Demonstration, denn dem Spion, der inzwischen bereut hatte, wurde eine rote Freiheitsmütze aufgesetzt: «Hierauf setzte man ihn eine rote Mitze mit der National Cocarde auf, wowieder er protestirte, und um eine weise Mitze bath, er muste aber mit seiner rothen Mitze abtrollen er wurde mit derselben aufgehenckt, und behielt sie auch an Pfahle auf; eine Stunde darnach hat man bemerckt daß die Läuse Fingerdicke besonders an den Kopf auf ihn herum gekrochen sind; er sieht mit den Gesichte nach Maynz, und man kann ihn ganz gewiß nur mit einem leidlichen Perspectiv von dort aus paradiren sehen. Er ist jedermann zum Wunder, daß da mehr als 1000 Menschen zu gegen waren, die Francken nicht unter den Troupp geschoßen haben. Sein Name war Luze, aus Ober Olm bürtig, alwo er seiner Zeit Gerichtsschreiber war.» Diese ostentative Bestrafung erregte das beabsichtigte Aufsehen, und so fehlt sie in kaum einem Augenzeugenbericht von der Belagerung von Mainz.

Am 17. Juli beschloss der Kriegsrat in Mainz, mit den Preußen in Verhandlungen über eine Kapitulation einzutreten. Die Festung und ihre Besatzer waren zwar noch nicht ganz am Ende; aber da kein Entsatz in Sicht war, sprach viel dafür, die Übergabe frühzeitig, zu möglichst günstigen Bedingungen auszuhandeln. Kapitulationen dienen dem geregelten Ablauf solcher kriegerischen Handlungen. Vor allem sollen sie Plünderungen und Ausschreitungen gegen die Zivilbevölkerung verhindern. Wenn eine Festung übergeben wird, muss eine Besatzung abziehen und eine neue einziehen. So etwas will abgesprochen und organisiert sein, vor allem wenn es sich um Corps von beträchtlicher Größe handelt. Das reibungsarme Gelingen solcher großen Operatio-

Ein Preuße, der am liebsten Französisch sprach:
General Friedrich Adolf von Kalckreuth.

nen war im gehegten Krieg der absolutistischen Epoche die Probe auf
eine Disziplin, die hier mit Zivilisiertheit zusammenfiel.

Die Anzahl der abziehenden Franzosen wird von zeitgenössischen
Mainzer Quellen mit genau 17 308 Mann angegeben.[28] In diesem Fall
aber kam noch ein im herkömmlichen Kriegs- und Völkerrecht nicht
vorgesehenes Problem hinzu: das Schicksal der politischen Gefolgsleute
der abziehenden Besatzungsarmee, der Träger und Funktionäre der
Mainzer Republik. Das wussten diese übrigens selbst. In einem Memo-
randum vom 22. Juli, als die Verhandlungen zwischen dem Festungs-
kommandaten d'Oyré und dem preußischen Generalleutnant von
Kalckreuth schon kurz vor dem Abschluss standen, verlangte der Vor-
sitzende des Mainzer Sicherheitsausschusses und Gemeindeprokurator
Stephan Loewer (damals oft «Lewer» geschrieben), ein Jurist aus
Worms, «die bisher bestandenen öffentlichen Gewalten und sogenannten Patrioten und Konstitutionsfreunde oder Klubisten, da sie nach

Das jugendliche Gesicht der Revolution:
Antoine Merlin aus Thionville.

europäischem und teutschem Völkerrecht in die Kapitulation der krieg-
führenden Mächte nicht einverleibt werden können, durch einen Artikel oder eine déclaration séparée» zu befriedigen. Er schlug eine «Ge-
neralamnestie» vor und entwickelte den Gedanken, Mainz als freie
Reichsstadt zu restituieren, was nur heißen konnte: nicht der Herrschaft
des Kurfürsten zurückzugeben. Und ausdrücklich berief sich Loewer
für die Mainzer Republikaner auf den «Schutz der Nation», der in so
vielen französischen Proklamationen seit dem 15. Dezember 1792 versprochen worden war.[29]

Dieses Versprechen hatten die französischen Kommissare nicht vergessen, und der frühzeitige Beginn von Verhandlungen mit den Belagerern diente auch dem Ziel, die Clubbisten nicht ihrem Schicksal zu
überlassen. Das betonte auch d'Oyré in seinem ein Jahr später verfassten Rechenschaftsbericht für den Pariser Konvent.[30] Und während der

Beratungen erklärte Merlin de Thionville feierlich, niemals würde er einer Kapitulation zustimmen, die nicht alle Einwohner von Mainz und der Rheingegenden einschließe, die die Stadt verlassen und der französischen Armee folgen wollten.[31] d'Oyré, der sich als loyaler Berufssoldat gab, schrieb in dieser Frage mehrere Briefe an Kalckreuth und sogar an den preußischen König, in denen er darauf hinwies, dass er persönlich erst nach dem Dekret vom 15. Dezember 1792 Kommandeur von Mainz geworden war und als Militär auch allen in diesem Gesetz vorgeschriebenen Transaktionen fern sei; gleichwohl könne er nicht «gleichgültig gegenüber dem Schicksal der Menschen bleiben», die sich dem Streben nach Freiheit ergeben hätten, «müde einer alten Autorität, welche die Natur jeder Regierung veränderlich und willkürlich machte».[32] Auch gab er zu bedenken, dass es bei diesem «élan de la liberté» nicht ohne Zwang abgegangen war.

Dieser letzte Aspekt deutet eine spätere Argumentation der verfolgten Clubbisten an, dass es sich bei dem Eid der Freiheit und Gleichheit eigentlich um einen bei fremden Besatzungen üblichen «Huldigungseid» gehandelt habe – der Huldigungseid der französischen Republik sei eben der auf Freiheit und Gleichheit gewesen.* Doch diese Interpretation verharmloste natürlich das Problem. Nicht nur hatte im besetz-

---

* So argumentierte eine Bewältigungsschrift aus jakobinischer Sicht, die 1798 in Mainz nach der Rückkehr der Franzosen in die Stadt erschien («Darstellung des Betragens der sogenannen Aristokraten und Patrioten in Mainz seit 92. in Hinsicht auf die gegenwärtige Lage». Mainz 1798, S. 54 f.): «Sie [die Eidverweigerer von 1792/93] betrachteten nicht, daß einem Staate huldigen nichts anders heißt, als der Obergewalt dieses Staates, und den Grundsätzen desselben Treue schwören; und daß in Frankreich das freie Volk die Obergewalt, und die Grundsätze der Freiheit und Gleichheit die Grundgesetze des Staates sind; und daß sich also für eine Republik gar kein anderer Huldigungseid denken läßt, als der: Treu seyn dem freien Volke, und den Grundsätzen der Freiheit und Gleichheit...». Wenn zwei grundsätzlich unterschiedlich verfasste Regime im Krieg miteinander sind, dann – so lautet hier die Konsequenz – müssen auch bei nur vorübergehender Besatzung bei den Besetzten die Verfassungsgrundsätze ausgetauscht werden. Das hatte die französische Propaganda am Jahreswechsel 1792/93 noch anders gesehen – sie hatte das Ende einer tausendjährigen feudalen Sklaverei ausgerufen und die unbedingte Verteidigung der neuen Freiheit zugesagt. Ähnlich argumentierte Georg Friedrich Rebmann in

ten Mainz ein Verfassungsumsturz mit einer sozialen Revolution stattgefunden – schon der einfache Bürgereid hatte den bisherigen feudalen Staatsaufbau mit seinen Treueverpflichtungen ganz grundsätzlich negiert. Ein einfacher Huldigungseid an eine vorübergehende Besatzungsmacht dagegen hätte nur eine Obrigkeit in einem ansonsten weiterbestehenden Staats- und Gesellschaftsaufbau vorerst provisorisch ausgetauscht.

Dieser Unterschied begann den intellektuellen Beobachtern zu genau diesem Zeitpunkt bewusst zu werden. Friedrich Gentz entwickelte in einer der Abhandlungen, die 1793 seine Übersetzung von Edmund Burkes «Betrachtungen über die Französische Revolution» begleiteten, den Begriff der bewusst und künstlich eingeleiteten «Total-Revolution», im Unterschied zu jenen schrittweisen Veränderungen, wie sie die englische Verfassungsgschichte zeigte: Den «Entschluß, eine Total-Revolution zu stiften», charakterisierte Gentz als «Entschluß, die Bande der bürgerlichen Gesellschaft zu zerreißen, eine durchaus neue Ordnung der Dinge zu schaffen und zwischen diese und die alte Ordnung eine schneidende Kluft zu setzen.» Eine solche Auflösung aber verletze «die Ideen von Recht und Unrecht, vom Erlaubten und Unerlaubten, vom Pflichtmäßigen und Strafbaren». Die Unterminierung der eingeübten Legitimitäten (oder «Verträge») der bürgerlichen Gesellschaft führt dann zu dem, was Gentz ein «unseliges Spiel mit der Gewissenhaftigkeit und den Pflichten des Menschen und Bürgers» nennt und als eine der «schrecklichsten Seiten» charakterisiert, «welche Totalrevolutionen in großen Staaten, aus dem Gesichtspunkt der Moralität betrachtet, darbieten», nämlich die Erzwingung neuer Loyalitäten durch Eide: «Es wurden Schwüre auf Schwüre gehäuft, wodurch

seiner Schrift «Die Deutschen in Mainz» (1798) S. 29 f., wo er einen Passus aus dem 1758 erschienenen Völkerrecht von Emer de Vattel zitiert: «Wenn eine Stadt der Gewalt nachgeben muß, so befreit dieses unwiderstehliche Gesez sie von ihren vorigen Verpflichtungen, und giebt ihr das Recht, mit dem Sieger zu unterhandeln, um sich die bestmöglichen Bedingungen auszuwürken (...). [Sie] *leistet ihm den Eid der Treue, und ihr Souverain klagt nur das Schicksal an.*» [Hervorhebung im Original] Aber 1758 dachte noch niemand an einen geschichtsphilosophisch begründeten Regimewechsel mit Eidzwang und Ausweisungen. Vgl. Vattel, Droit de gens, 1. Buch, Kapitel 17, § 201.

sich jeder, der ein dürftiges Auskommen, oft nur das nackende Leben retten wollte, für den getreuen Untertan eines *Gesetzes*, worin der Unterdrückte unmöglich *seinen* Willen finden konnte, für den redlichen Vasallen einer *Nation*, die ihn wie einen Kriegsgefangenen behandelte, erklären mußte.» Das klingt wie auf die Lage der Mainzer Bürger unter der französischen Okkupation gemünzt.[33]

Der preußische König hatte nicht die geringste Neigung, bei einer militärischen Kapitulation über solche Fragen in Verhandlungen einzutreten. Knapp beschied Kalckreuth, man gedenke in den Grenzen gewöhnlicher Kapitulationen (*capitulations ordinaires*) zu bleiben, die für die französische Garnison ja keine Schande bedeuteten, und verhandle nur mit den Offizieren, die die französischen Truppen befehligten.[34] Damit war allen Sonderbedingungen für die deutschen Gefolgsleute erst einmal eine Absage erteilt worden, ja man hatte sogar die französischen Kommissare als Gesprächspartner abgelehnt.

Doch die Franzosen ließen nicht locker, und sie hatten noch einen letzten Trumpf in der Hand. Ende März, noch vor der Einschließung, waren zweimal 16 Mainzer Bürger als Geiseln aus der Stadt geführt worden, die nach Frankreich gehen sollten, um dort als lebende Sicherheit für die neue Republik zu dienen. Einer der beiden Transporte wurde von den Preußen befreit, doch 16 Personen gelangten nach Nancy, wo sie in der Festung gefangen gehalten wurden.[35] D'Oyré drohte unverhohlen mit Repressalien gegen sie.[36] Und so kam es am 22. Juli zu einer informellen Regelung: Es blieb dabei, dass nichtmilitärische Personen keine Erwähnung in der offiziellen und alsbald öffentlich bekannt gemachten Kapitulation fanden; doch verständigte man sich auf einen Geheimartikel, dessen Wortlaut sich in den Pariser Archiven erhalten hat und der bestimmte, «dass sogleich nach der Übergabe von Mainz die auf dem Territorium der französischen Republik festgehaltenen deutschen Geiseln gegen die Bewohner von Mainz und des Rheinlands ausgetauscht würden, die sich zu den Prinzipien der Republik bekennen und nach Frankreich gehen wollen».[37] Der Austausch sollte so stattfinden, dass die betroffenen Personen mit der französischen Armee ausziehen und dann unter preußischem Schutz nach Oppenheim oder nach Bingen verbracht werden sollten, wo sie auf die Mainzer Geiseln in Frankreich warten sollten. Diese Regelung machte die Mainzer Jakobiner also zu mindestens vorübergehenden Geiseln; im Gegenzug wurde ihnen gesicherter Abzug und am Ende doch

Straflosigkeit zugesichert, jedenfalls wenn sie bereit waren, nach Frankreich auszuwandern.

Die Verhandlungen über die Clubbistenfrage waren der Grund, warum es über fast eine Woche zu keiner Einigung zwischen den Kriegsparteien kam. Denn die übrigen Bestimmungen – ehrenvoller Abzug der französischen Armee mit ihren Handwaffen und Gepäck in Richtung Frankreich innerhalb von 72 Stunden, mit der Verpflichtung, mindestens ein Jahr lang nicht gegen die alliierten Preußen und Österreicher zu kämpfen – waren unproblematisch. Magazine und Waffenlager in der Stadt sollten ebenso an die neuen Besatzer übergehen wie die noch nicht eroberten Schanzen um die Festung herum – Selbstverständlichkeiten.

Wichtig aber war noch Artikel IV der im Druck nur anderthalb Seiten langen Vereinbarung: «Die Stabs- und andere Offiziers, Kriegskommissaire, und andere zu verschiedenen Verrichtungen bei der Armee angestellten Personen, und überhaupt alle zu der Garnison gehörige französische Unterthanen, nehmen ihre Pferde, Wägen und die ihnen zugehörigen Habseligkeiten mit sich.»[38] Also auch fürs französische politische Personal war gesorgt, und das Zugeständnis von Gepäckwagen eröffnete zugleich gewisse Fluchtmöglichkeiten für deutsche Anhänger der Franzosen. Das Bewusstsein davon, welches Problem hinter diesen militärischen Vorgängen noch lauerte, lassen selbst diese karg formulierten Bestimmungen erkennen. Artikel X lautet: «Vor dem gänzlichen Abzuge der französischen Besatzung soll es keinem Mainzer, welcher dermalen außerhalb der Stadt ist, erlaubt seyn, dahin zurück zu kehren.»[39]

Damit trug man immerhin auf notdürftige Weise der Atmosphäre von Volkswut und Rachebedürfnis Rechnung, die sich schon in den vergangenen Monaten in der Umgebung der Belagerung gezeigt und in den Menschenjagden und Übergriffen an zahlreichen Orten ausgerast hatten, von denen wir so zahlreiche Berichte haben. Mehrere Hunderte, wenn nicht Tausende Mainzer Bürger waren emigriert, geflohen, vertrieben worden, irrten in der näheren Umgebung umher und warteten ungeduldig auf Rückkehr; schon bei der Eroberung der Städte und Dörfer des Umlands zwischen Speyer, Worms und der Kurpfalz war es zu Ausschreitungen zwischen Gegnern und Anhängern (oder auch nur Mitläufern) des vorübergehenden neuen Regimes gekommen. In Rheinhessen war ein politischer Bürgerkrieg künstlich entfacht worden – das konnte den militärischen Beobachtern der Lage nicht verborgen geblieben sein. Die letzten Wochen des Krieges hatten zudem die üblichen Verheerungen gebracht, Tote, Verletzte, Bombardierungen und Brände, also viele neue Anlässe für Verzweiflung und Wut, die anders als in konventionellen Kriegen hier auch leicht Schuldige und Sündenböcke finden konnten: die politischen Kollaborateure der fremden Armee. Die Militärs hatten es zwar verstanden, für sich noch viel von der Ritterlichkeit damaliger Kriegsgebräuche zu bewahren – der elegante französischsprachige Briefwechsel zwischen dem Preußen Kalckreuth und dem Franzosen d'Oyré bezeugt es eindrucksvoll. Und doch stellte die Übergabe von Mainz die in solchen Fragen zwangsläufig unerfahrenen preußischen Soldaten und Offiziere vor eine Herausforderung, die ihnen aber mutmaßlich gar nicht ausreichend verdeutlicht wurde:[40] Sie hätten eigentlich die Parteien dieses längst schwelenden Bürgerkriegs auseinanderhalten müssen.

Was aber hatte man dafür vorgesehen? Verzweifelt wenig. Es gab eine in ihrer praktischen Durchführung kaum näher geregelte Geheimabsprache, und es gab den Artikel X, der den vertriebenen und geflohenen Mainzern auferlegte, mit der Rückkehr zu warten, bis die Franzosen fort waren und die neuen Besatzer ihre eigene Ordnung hergestellt hatten. Diese Absprachen boten auch Schlupflöcher – die Jakobiner konnten sich als Soldaten verkleiden oder zu Franzosen erklären, sie konnten sich in deren Wagen und Gepäck verstecken oder sonst unterzutauchen versuchen –, und sie versprachen für die, die dazu keine Möglichkeit sahen, wenigstens einen vorläufigen Schutz des Königs von Preußen und seiner Armee, bis zu dem Moment, wo der Austausch mit den Mainzer Geiseln stattfände. Von der über kurz oder lang zurückkehrenden alten Mainzer Obrigkeit und ihren Bestrafungsforderungen war in der Kapitulation nicht die Rede.

Den Mitgliedern der Allgemeinen Administration, also der «Regierung» der Mainzer Schattenrepublik, wurde von General d'Oyré am 24. Juli ihr Schicksal als Austauschgeiseln eröffnet. An diesem Tag stand der Abzug der regulären französischen Truppen schon unmittelbar bevor. Hektisch wurde eine Liste der zur Auswanderung bereiten Personen aufgestellt, die sich erhalten hat, und aus annähernd achtzig Namen besteht; vor den Deputierten des Rheinisch-Deutschen Nationalkon-

Kriegstheater: Ausmarsch der französischen Truppen.
Vorne links Gepäckwagen des politischen Personals.

vents steht jeweils ein «D.»[41] Die Namensliste dürfte etwas mehr als die
Hälfte des betroffenen Personenkreises umfasst haben. Diesen Personen habe der preußische General Kalckreuth «volle Sicherheit unter
dem Schutze der preußischen Waffen versprochen, und er, General
d'Oyré machte die volle Zusicherung, daß keiner von obenbemerkten
dahin Abreisenden die mindeste Unannehmlichkeit zu befahren habe».
Er wünsche übrigens, so ließ d'Oyré weiter durch den Wachsamkeitsausschuss mitteilen, «daß die Abreise der obenbemerkten Personen eher
früher als später geschehen und in dieser Rücksicht dieselben sich morgen frühe vor 5 Uhr an dem Münstertore umso gewisser einfinden
möchten, als er alle hierauf Bezug habenden Maßregeln treffen würde».
Die Kommissare Bürger Merlin und Reubell würden darüber ebenfalls
benachrichtigt. «Übrigens könne jeder der obenbemerkten Bürger seine
ihm zuständigen Effekten mit sich nehmen.» Damit, mit einem Befehl

zum Auswandern und einer Namensliste, schloss die erste moderne Republik auf deutschem Boden ihre Akten. Der Weg, den die Auswanderer nehmen sollten, begann an den Toren des linksrheinischen Mainz, dem Neutor, dem Gautor und dem Münstertor, für die nach Bingen bestimmten Personen am Raimunditor[42], wer mit den Franzosen ziehen wollte, musste die Straße über Marienborn, vorbei am preußischen Hauptquartier in Richtung Alzey nehmen. Dort am Wegrand, im Chausseehaus von Marienborn, waren auch der preußische General Herzog Carl August und sein ziviler Gefolgsmann, der Geheime Rat von Goethe, untergebracht – und dort sammelten sich gleich nach dem Bekanntwerden der Kapitulation auch die rückkehrwilligen und äußerst ungeduldigen vertriebenen Mainzer.

Der militärische Teil der Kapitulation konnte weitgehend reibungslos, sogar in würdigen Formen umgesetzt werden. Am 24. und 25. Juli 1793 zogen die französischen Truppen in zwei aufeinanderfolgenden Abteilungen über die Chaussee ab, die an Marienborn vorbei nach Alzey führte; eine erste Kolonne von etwas mehr als 7000 Mann am ersten, eine zweite mit über 10 000 am folgenden Tag.[43] «Beim Ausmarschieren wurde der Marsch zu dem Dublir-Schritt (pas accéleré) geschlagen, und mit unglaublicher Leichtigkeit flogen die Bataillone vorbei. Die Linientruppen hatten schöne Musik, waren aber so artig, nur ihren Marsch, und nicht ça ira zu blasen», so schrieb es sich ein die Franzosen zur Grenze eskortierender preußischer Offizier namens Czettritz-Neuhaus ins Tagebuch:[44] «Die Indiszplin der Volontairs ist freilich groß, sogar die Chasseurs machten kleine Exzesse, allein ein Wort ihrer älteren Offiziere wies sie in die Schranken; überhaupt ist ihre Unordnung eine Folge des Mangels gedienter Offiziere.» Eine ähnliche neugierige Aufmerksamkeit für die Wirkung der ungewohnten revolutionären Nationaltruppen mit ihrer Mischung aus Berufssoldaten, Freiwilligen und Ausgehobenen verrät noch Goethes später Bericht, wo auch vom «Marseillermarsch» und dem langsamen, schleichenden Schritt der Reiter die Rede ist: «Es war ergreifend und furchtbar.»[45] Den zurückbleibenden französischen Soldaten, von denen die leichter Verwundeten noch frei in der Stadt herumspazierten, wurde kein Haar gekrümmt. Zwei Augenzeugenberichte aus Mainz, die in der ersten Augusthälfte 1793 enstanden sind und aus der Feder eilig angereister auswärtiger Schriftsteller stammen, von dem Göttinger Christoph Meiners und von dem

Hamburger Friedrich Johann Lorenz Meyer, bestätigen dies überein-stimmend.[46] Die französischen Soldaten hatten einen überwiegend guten Ruf, so war ihr mitleidiges Verhalten bei der Exportation der Frauen und Kinder am 24. Juni noch unvergessen. Neugierig befragten die norddeutschen Revolutionstouristen diese Soldaten auch nach ihren politischen Idealen: «patrie», «nation», «liberté», «égalité» lauteten schlicht und ergreifend die Antworten.

Verhasst waren «Clubbisten» und «Comitisten», vor allem letz-tere, wie die beiden auswärtigen Beobachter ihren Lesern erklärten, denn damit waren die politisch aktiven Mitwirkenden an den revolu-tionären Administrationen, vor allem die Mitglieder im *Comité de sur-veillance* gemeint, während der «Club» ja schon im Mai geschlossen worden war. Diesen deutschen Republikanern erging es nun schlecht; wie unzulänglich die Kapitulationsbestimmungen waren, erwies sich vom ersten Moment an. Im Prinzip ließen sie den deutschen Repub-likanern nur drei gleichermaßen unkomfortable Möglichkeiten. Ent-weder konnten sie – vor allem, wenn sie Mainzer waren und sich nicht stark exponiert hatten – zu Hause bleiben und abwarten, ob der zu er-wartende Sturm des Hasses sie verschone. Oder sie konnten sich unter die abziehenden Truppen schmuggeln und als Teil des französischen politischen Personals – immerhin hatte die Rheinisch-Deutsche Re-publik den Anschluss an Frankreich erklärt – mitgehen und so ihre Heimat verlassen, also die politische Emigration wählen. Oder sie lie-ßen sich von den Preußen zu Geiseln machen, in der Hoffnung auf anständige Behandlung und raschen Austausch.[47] Keine der drei Mög-lichkeiten bot sicheren Schutz vor Gewalt. Denn nun begannen jene Tage der Rache, der «Selbstjustiz», der Exzesse, die damals sofort in ganz Deutschland berüchtigt wurden, und deren wuchtigstes und am häufigsten zitiertes Bild für die Nachwelt sich in Goethes «Belagerung von Maynz» findet.

«Die lange zurückgehaltene Wuth der von den Klubbisten und auf deren Veranlassung so hart gedrückten Mainzer Einwohner erwachte bei dem Abmarsch der Franzosen auf eine fürchterliche Art», berichtete die «Hessen-Darmstädtische Landzeitung» ganz aktuell zwei Tage spä-ter: «Verschiedene dieser verrätherischen Teutschen (z. B. Böhmer) hat-ten sich in Nationalgarden-Uniform beim Auszug der Franzosen in die Glieder gestellt, um sicher aus der Stadt zu kommen; allein mit einer

Wuth, die auf Nichts Rücksicht nimmt, stürzten sich die Mainzer in die Glieder und rissen sie unter gräßlichen Verwünschungen heraus: und nachdem sie auf thätliche Art ihrer Rachsucht Genüge gethan hatten, übergaben sie dieselben der Wache.»[48]

Böhmer war ein besonders prominenter Fall eines aus der Kolonne gerissenen, verprügelten und dann inhaftierten Clubbisten. Immerhin konnten sich vor allem einige der Clubbisten retten, die mit der allerersten, von Merlin de Thionville geführten Kolonne am 24. Juli, abzogen. Genannt werden von den etwa eine Woche danach in Mainz herumfragenden Zeitgenossen Meiners und Meyer drei Namen: Andreas Hofmann, der Konvents- und Administrationspräsident, ein besonderer Scharfmacher; dann Anton Joseph Dorsch, der erste Administrationspräsident, sowie Franz Xaver Riffel (gelegentlich auch Riefel, Rifel, Rüffel geschrieben), der Gastwirt des «Königs von England».

Der Fall dieses eifrigen Jakobiners ist besonders interessant. Er hatte sich, so behauptet es der unmittelbar nach den Ereignissen ans Werk gehende antirevolutionäre Geschichtsschreiber der Mainzer Republik, Anton Hoffmann – dessen Darstellung später auch Goethe benutzen sollte –, als Denunziant von zwei französischen Emigranten hervorgetan, die daraufhin «arquebusirt», also erschossen worden seien[49], außerdem war er bei dem spektakulären Ausfall aufs preußische Hauptquartier nach Marienborn, dessen Zeuge Goethe geworden war, und bei anderen Kampfhandlungen dabei gewesen. Merlin hatte ihn zum Hauptmann gemacht und unter seinen besonderen Schutz genommen. Riffel zog in auffälliger Husarenuniform vorne zwischen Merlin und dem General Dubayet in der ersten Kolonne aus, wo er auch Goethe auffiel – wir kommen darauf zurück. Die «Hessen-Darmstädtische Landzeitung» schilderte zwei Tage später die Szene: «Bei Marienborn stand ein Haufe Mainzer Emigranten und erwartete mit Sehnsucht den Augenblick, wo ihre Verzweiflung geendigt seyn würde; man seze sich an die Stelle dieser Leute, und man wird sich vorstellen können, was sie empfunden haben müssen, als sie den schändlichen Verräther mit trotziger frecher Mine und wahrscheinlich mit dem an ihnen gemachten Raub in den Taschen herankommen sahen; nichts konnte sie zurückhalten, sie rissen ihn aus der Kolonne und überhäuften ihn mit Schmähungen, seine mit Gold angefüllten Taschen waren in wenig Minuten ausgeleert und ausgetheilt.»

Allerdings endete die Geschichte mit einer Wendung, die uns direkt in Goethes Nähe, nämlich zu dem preußischen General Herzog Carl August von Weimar führt. Christoph Meiners, der dabei ebenfalls die prächtige Husarenuniform des ehemaligen Gastwirts erwähnt, schildert sie nach Mainzer Augenzeugenberichten so: «Als diese Colonne in Marienborn vor den Preußen vorbeimarschirte, so machten einige Mainzer Bürger Mine, als wenn sie sich an dem Rüffel vergreifen wollten. Sogleich rief Dübajet mit einer äußerst imposanten Stimme, und einer ebenso bedeutenden Schwenkung des Degens aus: *Je compte sur la loyauté du roi de Prusse*: Er wiederholte diese Worte dreymahl, und wandte sich zu seinen Soldaten mit den Worten: *pas ordinaire, pas lent, silence*. Hierauf trat der Herzog von Weimar hervor, und versicherte Dübajet, daß man die Kapitulation in allen Puncten aufs genaueste halten werde: nach welcher Versicherung die Franzosen und ihre Clienten ungestört fortzogen.»[50] Fast dieselbe Geschichte, mit nur geringen Abweichungen, erzählt der Hamburger Meyer, der wie Meiners in den ersten Augusttagen in Mainz war: «Am ersten Tage des Abzugs der französischen Besatzung entkam auch der berüchtigte Gastwirt Riefel (...). Der Herzog von Waimar [sic] stand gerade an dem Platz. Der wilde Merlin schwenkte gegen den Herzog um und schrie: Waimar! *est ce ainsi qu'on tient la capitulation?* Dubayet aber wandte sich gegen die Kolonne und rief dreimal mit lauter Stimme: *je comte sur la lojauté du Roi de Prusse!* Der Herzog von Waimar versicherte ihn hierauf, es solle dem Riefel kein Leides geschehen, worauf Dubayet der Kolonne zurief: *silence! pas ordinair! avancés!* – so ward die Ruhe wiederhergestellt und Riefel entkam glücklich.»[51]

Doch damit war seine Gefährdung immer noch nicht ganz vorbei: Der preußische Gesandte in Mainz, Johann Friedrich vom Stein[52] (der ältere Bruder des berühmten preußischen Reformers), ließ noch am selben Tag nach Riffel fahnden, weil er offenbar nicht bereit war, den berüchtigten Gastwirt als Militärperson entweichen zu lassen. Merlin gab es ihm dann von unterwegs aus noch einmal schriftlich, «daß dieser Mensch schon längst vor der Kapitulation Kriegsdienste genommen hätte, und also kein Klubbist wäre». So jedenfalls berichtet es der schon erwähnte preußische Offizier Czettritz-Neuhaus, der dazu abgeordnet war, die französischen Truppen an die Grenze zu geleiten.[53] Hier ist an einem auffallenden Einzelfall zu beobachten, wie die Kapitulation von den Preußen verstanden wurde: Freien Abzug erhielten Militärper-

Mathematiker, Jakobiner und Prügelopfer von 1793:
Mathias Metternich.

sonen und französisches Personal, die Clubbisten dagegen waren zu
Geiseln und zum Dableiben, wenn nicht sogar von Anfang an zur Bestrafung bestimmt.

Wir sehen hier schon die Situation, die auch Goethe später so ausführlich darstellen sollte: Vom ersten Tag an lauerten zurückkehrende
Mainzer an der Ausfallstraße und passten auf, ob die verhassten Clubbisten sich aus dem Staub machten. Noch in der zweiten Kolonne sollen
einige von ihnen durchgekommen sein, heißt es bei Meiners. Doch
schon am ersten Tag war neben Böhmer der Mainzer Mathematikpro-
fessor Mathias Metternich, als Munizipal der Stadtverwaltung und als
Deputierter von Mainz im Nationalkonvent ein besonders bekannter
Clubbist, aus der ersten Kolonne gezerrt worden, allerdings erst, nachdem er Marienborn schon hinter sich gelassen hatte. Die entwürdigende

und gewalttätige Behandlung, die ihm danach nicht nur von den erbitterten Bürgern am Wegrand, sondern danach auch von den preußischen Soldaten zuteil wurde, die ihn in ihre Obhut nahmen, hat Georg Friedrich Rebmann[54] zwei Jahre später, offenbar nach Metternichs eigenem Zeugnis, sehr glaubwürdig und ausnehmend gräßlich geschildert. Metternich wurde seiner Wertsachen beraubt, geschlagen und getreten, an einem glühend heißen Tag in einer engen, stickigen Stube mit anderen Gefangenen eingesperrt und stundenlang ohne Wasser gelassen. Gegen Trinkgeld erlaubten die wachhabenden Soldaten jedem, der wollte, «die Gefangenen nach Herzenslust zu insultieren, eine Erlaubniß, welche sich Adliche, Beamten, Pfaffen und sogar Juden treflich zu Nutze machten». Als sich Metternich am folgenden Tag bei dem preußischen General Kalckreuth über die Behandlung beschwerte, verwies ihn dieser kühl auf Abschnitt IV der Kapitulation – Metternich hätte nicht versuchen sollen zu entweichen, sondern sich gleich als Geisel unter den Schutz der Preußen begeben sollen.[55]

Diese Episode zeigt ein Zusammenwirken von Volkswut und Soldatengewalt, das diese schrecklichen Tage in und um Mainz überhaupt kennzeichnet. Die von der Kapitulation vorgesehene Kontaktsperre der Geflohenen und Exportierten bis zur Übernahme von Mainz durch die alliierten Truppen hat sich nicht durchsetzen lassen. Vom Abend des 24. Juli an sickerten Heimkehrer in die vielfach zerstörte, verschmutzte und vom Gestank des fauligen und nun weggeschütteten Löschwassers durchzogene Stadt[56], und oft genug waren sie die Ersten, die nach ihren Feinden und vormaligen Peinigern zu suchen begannen. Während draußen am Wegrand den Clubbisten unter den abziehenden Soldaten aufgelauert wurde, begann innerhalb der Stadt eine Menschenjagd, die pogromartige Züge annahm und die widerwärtigen Auftritte wiederholte, die sich im Frühjahr auf dem Land abgespielt hatten. Nun wurde der Despotismus der Freiheit mit gegenrevolutionärem, «weißen» Terror beantwortet: «Das Ganze gab einen ziemlich anschauenden Begriff von einem Pariser Hohen Volksgericht, nur daß es diesmal nicht, wie sonst, von den Demokraten, sondern gegen die Demokraten gehalten wurde», kommentierte hämisch die «Hessen-Darmstädtische Landzeitung». Die Einzelzüge, die sich davon in den Quellen finden, sind abstoßend. «Den 25. [Juli] früh wurden die Häuser der Klubisten geplündert, diese Schurken überall aufgesucht», schrieb der am Vortag in die

Stadt zurückgekehrte Pfarrer Turin von St. Ignaz in sein Tagebuch. «Auf den Straßen regnete es Prügelsuppen über selbige. So wurden sie auch in das Zuchthaus und auf die Türme geschleppt. Die abziehenden Franzosen lieferten sie zum Teil selbst den Preußen in die Hände.» Als der Pfarrer – so behauptet er es – versuchte, sich eines auf der Holzgasse verprügelten Clubbisten anzunehmen, habe er sich vor der Volkswut zurückziehen müssen.[57] Zusammenfassend berichtete am 26. Juli die «Hessen-Darmstädtische Landzeitung»: «Nach dem Abmarsch der Franzosen waren die Einwohner von Mainz den ganzen Tag beschäftigt, die Klubbisten aus den Winkeln hervor zu suchen und in Arrest zu bringen; alle Augenblicke sahe man einen mit Kopfwunden bedeckt, mit zerstoßener Nase, zerkraztem Gesicht, zerrissenen Haaren, mehr todt als lebendig durch die Straßen schleppen (…). Raubsucht vereinigte sich mit der Wuth der Rache, und die Opfer kamen nicht leicht anders als im blosen Hemd und leeren Hosen auf der Wache an. (…) Die meisten dieser Scenen fielen vor, während die teutsche Besazung einrückte.»[58]

Ob die Franzosen dachten, sie würden ihren Gefolgsleuten helfen, wenn sie diese den Preußen überließen, bleibt unsicher. Jedenfalls hat ihre Untätigkeit in diesem Moment den Eindruck des Verrats an ihren Gefolgsleuten mindestens ebenso stark geprägt wie die unbefriedigende Kapitulation. Gewiss ist, dass viele preußische Soldaten, denen der Inhalt der Geheimabsprache über die Clubbisten mutmaßlich kaum hinreichend deutlich gemacht worden war[59], sich an der Bürgergewalt freudig beteiligten. Heimkehrende und einheimische Mainzer stürmten und plünderten die Wohnungen der Clubbisten; sogar ein Mädchen, dessen einziges Vergehen darin bestand, während der Belagerung im städtischen Liebhabertheater aufgetreten zu sein, soll so grausam vergewaltigt worden sein, dass es tags darauf starb. Die Soldaten aber erlaubten sich, wie Rebmann 1798 unter Berufung auf Augenzeugen schrieb, auch hier den hässlichen Spaß, die von ihnen an Münster- und Neutor eingesammelten 70 bis 80 Clubbisten erst durch Wasserentzug zu quälen und sie dann gegen Geld «bespeien und maulschellieren» zu lassen.[60] Und das ist nicht einmal verwunderlich: Denn in den Monaten zuvor hatten diese Soldaten erlebt, wie die Clubbisten, die ja auch dem friedfertigen Weimarer Kämmerer Wagner als Verbrecher galten, auf dem Land straflos gepeinigt werden konnten – warum sollte dies nach dem Sieg auf einmal anders sein? Dazu kursierten in Mainz zahlreiche übelwollende Gerüchte, über deren Wahrheitsgehalt sich kaum Sicheres feststellen lässt: Die Clubbisten hätten während der Belagerung gezielt die Paläste der Adeligen in Brand gesteckt; jeder der Aufgegriffenen, der Geld und Wertsachen bei sich hatte, galt als Dieb. Es hätte heutiger Konfliktmoderation bedurft, um die zivilen und militärischen Gewaltexzesse gegen die Clubbisten in der letzten Juli-Woche 1793 zu verhindern.

Erst am 26. Juli machte eine Proklamation der preußischen Festungskommandeure Adam Heinrich von Wolframsdorf und Friedrich August von Graevenitz, die die Platzherrschaft vorläufig übernahmen, der Gewalt gegen Zivilisten und damit einem schockierenden Zusammenbruch der Zivilisiertheit ein Ende. Sie ermahnte die ehemaligen Clubbisten zum Stillhalten, verlangte aber auch von den «treugebliebenen Mainzern», dass sie «sich eben so wenig gegen gedachte Pflichtvergessene oder irregeleitete Mitbürger und Einwohner beleidigende Thatsachen oder Reden erlauben»; im Übrigen stellte sie fest, «daß es den Gerichtshöfen, nicht aber Privatpersonen obliege, über das Verhalten der Bürger und Einwohner zu urtheilen» – hier sollten auch die Klagen der Bürger gegeneinander verhandelt werden. Mit der alten Obrigkeit sollte auch ihr Gewaltmonopol wiederhergestellt werden.[61]

Die Bedingungen auf den Wachen, in den Türmen und Gefängnissen, in die die Inhaftierten teils in Mainz, teils in Königstein – wo auch schon die Verhafteten des Frühjahrs eingesperrt waren –, teils in Ehrenbreitstein[62], später in der Mainzer Festung Erfurt, gefangen gehalten wurden, waren zeitgemäß schrecklich: Von verdrecktem Stroh, ekelerregenden Krankheiten wie der Ruhr, von Madenbefall und Bluthusten, von Hunger und Kälte ist die Rede. Obwohl es sich zunächst um Geiseln handeln sollte, die hier gefangen gehalten wurden, war die legale Rache der Staatsmacht kaum weniger furchtbar als die Volkswut. In Mainz wurden den Inhaftierten Prozesse als Staatsverbrecher gemacht. Ein Teil von ihnen musste noch bis zum Februar 1795, als sie endlich auf französischen Druck freikamen, auf der zu Mainz gehörigen Festung Erfurt ausharren. Die Untersuchung und Bestrafung durch die kurfürstliche Mainzer Regierung, die ersten politischen Strafverfahren der deutschen Revolutionsepoche, sind bisher nicht zureichend erforscht – eine Lücke, die unbedingt geschlossen werden sollte.[63]

«Pöbel-Justiz und Exekution durch militairische Gewalt» – der Titel von Georg Friedrich Rebmanns späterer Abrechnung[64] fasst die Vorgänge treffend zusammen. Beide Formen der Gewalt gab es vor den Toren der Stadt, an der Ausfallstraße bei Marienborn, an ihren Toren und in ihrem Inneren. «Selbstrache», «Privatrache» lauten andere zeitgenössische Stichworte, die eine sich aufklärerisch humanisierende Öffentlichkeit meist mit Empörung erfüllten. Die Mainzer Clubbisten waren keine Kriegsgefangenen – dann wäre es ihnen besser ergangen[65] –, sie waren möglicherweise Hochverräter – dies war umstritten und hätte in jedem Einzelfall geklärt werden müssen –, aber eigentlich und zunächst waren sie Geiseln, die ein gewisses Maß an Schonung erwarten durften. Das ist, wenn es eine gab, die Rechtslage. Allerdings hatten sie im Schutz und auf Geheiß einer fremden Besatzungsmacht, die die Bevölkerung ihrer Stadt schlagartig fast verdoppelte, ein politisches Experiment in Gang gesetzt, das bei hohen Idealen in seiner Verwirklichung von Angst und Schrecken gekennzeichnet war. Heute würde man von «totalitärer Demokratie» sprechen[66], und das Nebeneinander von Freiheitsbaum und Galgen, von Wahl und Exportationen, kennzeichnet diesen Versuch genauer als die heutige offiziöse Historikerformel von «Revolutionsexport und Demokratieversuch».[67] Die Tage des «bürgerlichen Kriegs» und der Volkswut nach der Übergabe von Mainz waren ein unmittelbares Ergebnis dieses ersten modernen Versuchs, eine republikanische Staatsform mit äußerer Gewalt, auf dem Wege militärischer Okkupation, einzuführen.

KAPITEL 6

BELAGERUNG
VON MAYNZ

Die Mainzer Vorgänge berührten Goethe nicht nur als Zeitbeobachter.
Er unterhielt allerlei persönliche Verbindungen in die kurfürstliche Residenz, schon weil die Mainzer Exklave Erfurt mit ihrem gebildeten Statthalter Carl Theodor von Dalberg seit 1787 auch für Weimarer Besucher ein gesellschaftlicher Anziehungspunkt geworden war.[1] Außerdem schätzte er Georg Forster.[2] Für die «Ansichten vom Niederrhein» hatte Goethe ihm am 25. Juni 1792 freundlich gedankt und ihn vor allem dafür gelobt, dass ein «Mann von so entschiedener Denkungsart noch immer unparteiisch genug» über Unruhen in Brabant, also aktuelle politische Ereignisse, geschrieben habe. Auf dem Weg zum Feldzug gegen Frankreich nahm Goethe im August eher missvergnügt eine starke politische Polarisierung in der Residenz wahr, so hat er es jedenfalls dreißig Jahre später in der «Campagne in Frankreich» geschildert. Der preußische Resident, Kammerherr und Oberforstmeister Johann Friedrich vom Stein – der ältere Bruder des preußischen Reformers, dem wir schon begegnet sind – zeichnete sich «im Haß gegen alles Revolutionäre gewaltsam» aus, wohler fühlte sich Goethe an zwei Abenden mit dem Ehepaar Forster, deren Freund Huber, dem Anatomen Soemmerring und Caroline Böhmer. «Von politischen Dingen war die Rede nicht, man fühlte daß man sich wechselseitig zu schonen habe», behauptet der späte Bericht: «Denn wenn sie republikanische Gesinnungen nicht ganz verleugneten, so eilte ich offenbar mit einer Armee zu ziehen, die eben diesen Gesinnungen und ihrer Wirkung ein entschiedenes Ende machen sollte.» Ein vorangehendes Schema sagt etwas anderes: «Große republikanische Spannung der Gemüter. Mir war unwohl in der Gesellschaft.»[3] Und ein gleichzeitiger Brief von Ludwig

Frankophiler Eleganz-Prälat:
Carl Theodor von Dalberg nach Tischbein.

Ferdinand Huber an Schillers Freund Körner, der ein ziemlich kritisches Porträt von Goethe zeichnet, bestätigt das: «Zugleich scheint er politica im Kopf zu haben, wozu ich ihm denn von Herzen gratulire.»[4] Man hat also im August 1792 offenbar doch auch über Politik gesprochen und nicht nur auf dem Boden der Wissenschaft heiter gescherzt.[5] Schon aus seiner Heimatstadt Frankfurt hatte Goethe am 18. August entnervt an Jacobi geschrieben: «Gegen mein mütterlich Hauß, Bette, Küche und Keller wird Zelt und Marquetenterey übel abstechen, besonders da mir weder am Todte der Aristocratischen noch Democratischen Sünder im mindesten etwas gelegen ist. Meine alten Freunde und meine zunehmende Vaterstadt habe ich mit Freuden gesehen, nur kann es nicht fehlen daß man in allen Gesellschaften lange Weile habe, denn wo zwey oder drey zusammenkommen, hört man gleich das vierjährige Lied pro und contra wieder herab orgeln und nicht einmal mit Variationen, sondern das crude Thema.» Überdruss am leerlaufenden, zugleich

Die Mutter:
Frau Rätin Goethe als Witwe.

aggressiven politischen Streit ist schon zu diesem Zeitpunkt eine Kon-
stante, die Goethe dann bis in seine letzten Lebensjahre begleiten wird.

Goethes wichtigster Bezug zu den Mainzer Ereignissen ist freilich
viel elementarer, und seltsamerweise spielt er in der Goethe-Literatur
keine Rolle. Seine Mutter erlebte von Oktober bis Anfang Dezember
1792 eine französische Besatzung unter General Custine, und danach
galt ihre Sorge den Schicksalen des benachbarten Mainz. Wie wäre es
ihr ergangen, wären die Franzosen lange genug in Frankfurt geblieben,
um auch dort ihr republikanisches Experiment anzustellen? Die Einquartierungen waren lästig und kostspielig, aber nicht die Hauptsorge.
Goethes Mutter wusste zu unterscheiden zwischen den gut versorgten,
immer höflichen Franzosen und den abgerissenen Hessen danach, die
sie kostspielig durchfüttern musste.[6] Auch hatten die Goethes aus der
Zeit des Siebenjährigen Krieges schon Erfahrung mit französischer

Einquartierung; sie war dank des untadeligen Verhaltens des ritterlichen Königsleutnants Thoranc keineswegs unangenehm gewesen. Goethe hat diese Episode in «Dichtung und Wahrheit» aus der Sicht eines zehnjährigen Knaben, auch mit Blick auf die Einquartierungen in den Revolutionszeiten danach, voller Sympathie dargestellt.[7] Das war eine Besatzung in den Formen des Ancien Régime gewesen: Sie achtete die örtlichen Herrschafts- und Rechtsverhältnisse, nahm nach Möglichkeit sogar Rücksicht auf verärgerte Bürger wie Goethes Vater und dachte nicht daran, über das militärisch Notwendige hinaus ins Leben der besetzten Kommune einzugreifen. Vor den «Freiheitsmännern» dagegen fürchtete sich Goethes Mutter.[8] Man muss also gar nicht nur die Sorge der Weimarer Regierung im Winter 1792, französische Truppen könnten bis nach Thüringen vordringen und örtliche Unruhen auslösen, in Rechnung stellen, um sicher zu sein, dass Goethe die Ereignisse in Mainz mit gespannter Aufmerksamkeit verfolgte:[9] Im hypothetischen Fall einer französischen Republik Frankfurt hätten die freiheitsdespotischen Maßnahmen, von denen die Zeitungen bald überall voll waren, auch seine eigene Mutter treffen können. Die exportierte Revolution war bis an den eigenen Familienkreis herangerückt.

Die französische Besetzung Frankfurts im Oktober 1792 hinderte Goethe daran, zur Erholung von dem missglückten, bei Valmy abgebrochenen Feldzug zu seiner Mutter zu eilen, wie er dem Ehepaar Herder noch am 16. Oktober mit berühmten drastischen Worten angekündigt hatte: «Ich eile nach meinen mütterlichen Fleischtöpfen, um dort wie von einem bösen Traum zu erwachen, der mich zwischen Koth und Noth, Mangel und Sorge, Gefahr und Qual, zwischen Trümmern, Leichen, Äsern und Scheishaufen gefangen hielt.» Stattdessen führte ihn ein langer Umweg über Düsseldorf und Norddeutschland nach Weimar zurück. Dort bangte er nicht nur um seine im Kriegsgeschehen lebende Mutter, er verwarf auch einen Vorschlag, der ihm just in dieser Zeit gemacht wurde, in seine Vaterstadt als Ratsherr zurückzukehren, und daran hatten nicht nur seine günstigen Weimarer Lebensumstände ihren Anteil, sondern auch die kritische Lage, in die Frankfurt damals geraten war – als Ratsherr der Stadt hätte Goethe am Ende selbst mit revolutionären Bürgergeneralen verhandeln müssen. Am 24. Dezember schrieb er seiner Mutter: «Wieviel Sorge habe ich bißher um Sie gehabt! Wie sehr die Lage bedauert in der sich meine Landsleute befinden! Wie

Zeitgeschichte als Posse:
Erstausgabe des «Bürgergenerals».

sehr habe ich aber auch das Betragen derselben unter so kritischen
Umständen bewundert! Gewiß hätte mir nichts schmeichelhafter seyn
können als die Anfrage: ob ich mich entschließen könne eine Ratsherrn-
stelle anzunehmen wenn mich das Loos träfe? die in dem Augenblicke
an mich gelangt da es vor Europa, ja vor der ganzen Welt eine Ehre ist
als Franckfurter Bürger gebohren zu sein.» Denn natürlich war der alt-
republikanisch motivierte Widerspruch der Frankfurter Bürgerschaft
gegen die französischen Freiheitsanmutungen bald überall im Reich
bekannt geworden. Die Franzosen, die die Revolution mit Waffen an
den Rhein brachten, hießen bei Goethe mittlerweile «Toll-Francken»,
so sein Ausdruck in einem Brief an Jacobi vom 17. April 1793.

In drei April-Tagen schrieb er die derbe, aber wirksame Posse, mit der er seine politische Zurückhaltung zum ersten Mal weithin sichtbar aufgab, den «Bürgergeneral». Dieser zwischen Volkstheater und politischem Kabarett angesiedelte Schwank lebt von seiner Hauptfigur, dem betrügerischen Pseudo-Jakobiner Schnaps, der sich unter dem Vorwand von Freiheit und Gleichheit bei fleißigen Bauern ein herzhaftes Frühstück verschafft. Goethe schrieb ihn Johann Christian Beck, einem Schauspieler des Weimarer Hoftheaters, auf den Leib, der die Fähigkeiten einer Rampensau besessen haben muss. Bevor man diese Nebenarbeit eines Klassikers geringschätzt, sollte man sie als das wahrnehmen, was sie eigentlich ist: der satirische Kommentar nach der Hauptnachrichtensendung, wie ihn heutzutage nicht mehr die Hoftheater, sondern die öffentlich-rechtlichen Fernsehanstalten anbieten. Der «Bürgergeneral» ist voller aktueller Anspielungen. Hat man die Zeitereignisse im Kopf, entfalten sie ihre komische Wirkung auch heute noch. Leser, die uns bis hierher gefolgt sind, sind ermuntert, die Probe selbst zu machen.

Es geht nicht um die Revolution in Frankreich – zu ihr äußerte sich Goethe ausführlich erst viel später –, sondern um ihre Implantierung im deutschen ländlichen Milieu, wie es soeben am Rhein geschehen war. Schnaps nennt sich «Bürger Schnaps» und behauptet, der örtliche Jakobinerclub habe ihn zum «Bürgergeneral» ernannt. Sogar eine französische Uniform hat er – auf dem Weimarer Theater wurde ein solches von Goethe selbst aus Frankreich mitgebrachtes Originalkostüm verwendet. Schnaps klebt sich einen Schnurrbart an, womit für jeden Zeitgenossen Custine, der «Général moustache», erkennbar wurde, der prominenteste Schnurrbartträger im zu Ende gehenden Zeitalter der gepuderten Zöpfe. Schnaps will nicht nur ein paar «Laubtaler patriotische Contribution», er verlangt nicht nur die Errichtung eines Freiheitsbaums, sondern er spielt auch ganz direkt auf Mainz an. Die lustigste Szene – in der Mitte des neunten Auftritts – verwandelt die Absicht von Schnaps, an die Milch-, Zucker- und Brotvorräte der düpierten Bauern zu kommen, in eine Allegorie der Mainzer Republik. Der Topf stellt eine «Festung» dar; vor sie zieht Schnaps mit Trompete – «Treteng! Treteng!» – und zwingt sie zur Ergebung. Einzug in die Stadt, Versammlung der Bürgerschaft, Ansprachen («Brüder Bürger!», «Ihr habt den ursprünglichen Zustand der Gleichheit verlassen»,

Abgerissen, aber nicht ohne Chic: Französische Revolutionssoldaten
im Weimarer «Journal des Luxus und der Moden».

«Die Reichen schwimmen oben», «Es muß alles gleich werden») begleiten die Anrichtung eines Frühstücks, in dem saure Milch («Schlipper-
milch») den Mittelstand, das Brot den Adelsbesitz und der Zucker die
geistlichen Güter darstellen. Zusammengerührt in revolutionärer Ein-
tracht bilden sie eine nahrhafte «süßsaure Milch der Freiheit und
Gleichheit». Der alte überrumpelte Bauer spricht beiseite ins Publikum:
«Hätte er nur den Säbel nicht anhangen! Das macht unser Spiel verwünscht ungleich.»

Man muss sich den Zeitpunkt der Uraufführung des kleinen Stücks
vor Augen halten, um seinen gelegentlich belächelten Schluss richtig zu

würdigen. Am 2. Mai 1793 war Mainz immer noch nicht erobert, und die Diskussionen, wie mit den Clubbisten zu verfahren sei, hatte noch zu keinem Ergebnis geführt. Wieviel man in Weimar von den ersten Exzessen auf dem flachen Land schon erfahren hatte, muss unklar bleiben, wahrscheinlich aber ist: nicht viel. Nachrichten kamen aus den größeren Städten, und auch sie brauchten ihre Zeit. Umso bemerkenswerter ist, dass der «Bürgergeneral» für Milde votiert, dafür, die jakobinische Posse nicht zu hoch zu hängen. Der Edelmann, der im abschließenden vierzehnten Auftritt die Ordnung wiederherstellt, erklärt nach dem Geständnis von Schnaps: «Findet sich alles wahr, so muß so eine Kleinigkeit nicht gerügt werden; sie erregt nur Schrecken und Mißtrauen in einem ruhigen Lande. Wir haben nichts zu befürchten. Kinder, liebt euch, bestellt euren Acker wohl und haltet gut Haus. (...) Fremde Länder laßt für sich sorgen und den politischen Himmel betrachtet allenfalls einmal Sonn- und Festtags.» Das spricht der Edelmann gegen einen Richter, der die Sache nicht ungestraft lassen will: «Nur gelassen! Unzeitige Gebote, unzeitige Strafen bringen erst das Übel hervor.» Gerade weil die Revolution ein Import ist und nicht aus örtlichen Verhältnissen hervorging, muss sie auch nicht drakonisch bekämpft werden, darauf läuft die Argumentation des Schwanks hinaus: «In einem Lande, wo der Fürst sich vor niemand verschließt; wo alle Stände billig gegen einander denken; wo niemand gehindert ist, in seiner Art tätig zu sein; wo nützliche Einsichten und Kenntnisse allgemein verbreitet sind; da werden keine Parteien entstehen. Was in der Welt geschieht, wird Aufmerksamkeit erregen; aber aufrührerische Gesinnungen ganzer Nationen werden keinen Einfluß haben. Wir werden in der Stille dankbar sein, daß wir einen heitern Himmel über uns sehen, indes unglückliche Gewitter unermeßliche Fluren verhageln.»[10]

Diese Botschaft mag man konservativ nennen, sie hält fest am reformorientierten aufgeklärten Fürstenstaat. Doch sie war in der erhitzten Atmosphäre der ersten Jahreshälfte 1793, als auch Deutschland unter dem Schock der Hinrichtung Ludwigs XVI. stand und gespannt auf den Ausgang der Belagerung von Mainz wartete, auch eindeutig antireaktionär. Man begreift, warum selbst Zeitgenossen wie das Ehepaar Herder, die der Revolution zunächst deutlich mehr Sympathien entgegengebracht hatten als Goethe, sich mit dem «Bürgergeneral» anfreunden konnten. Er wurde, nicht ohne Erfolg, bis 1805 gespielt.

Wann genau Goethe an seinem zweiten aktuellen Revolutionsstück arbeitete, dem Fragment gebliebenen Drama «Die Aufgeregten», ist nicht ganz sicher, aber vermutlich waren es ebenfalls die Wintermonate zwischen dem Ende der Campagne in Frankreich und dem Aufbruch zur Belagerung von Mainz.[11] Auch hier geht es um Revolutionsimport, aber anders als im «Bürgergeneral» hat der Aufruhr doch lokale Gründe in der Verletzung von rechtlichen Zusagen der Herrschaft an ihre Untertanen. Die politische Argumentation wäre also bei Vollendung des Dramas deutlich komplexer ausgefallen als in dem Jakobiner-Schwank: Es gab berechtigten Unmut. Doch in Gestalt der Gräfin, die soeben aus Paris, dem Herzen der Revolution, zurückkehrt, hätte auch hier die Obrigkeit nicht mit Repression, sondern mit Verständnis und Entgegenkommen reagiert. Sie hat erkannt, «wie sich Unbilligkeit von Geschlecht zu Geschlecht so leicht aufhäuft, wie großmütige Handlungen meistenteils nur persönlich sind und der Eigennutz gleichsam erblich wird» – sie weiß also, dass Reformen schon längst nicht mehr nur eine obrigkeitliche Gnade sein dürfen und darum nimmt sie sich in berühmten Worten vor: «So habe ich mir fest vorgenommen jede einzelne Handlung, die mir unbillig scheint, selbst streng zu vermeiden, und unter den Meinigen, in Gesellschaft, bei Hofe, in der Stadt, über solche Handlungen meine Meinung laut zu sagen. Zu keiner Ungerechtigkeit will ich mehr schweigen, keine Kleinheit unter einem großen Scheine ertragen, und wenn ich auch unter dem verhaßten Namen einer Demokratin verschrien werden sollte.»[12] Viel später, in einem Gespräch mit Eckermann am 4. Januar 1824, hat Goethe festgehalten: «Ich dächte, die Gesinnung wäre durchaus respektabel. Sie war damals die meinige und ist es noch jetzt.» Man sollte also doch vorsichtig sein, Goethe eine Geringschätzung von «Gerechtigkeit» in politischen Zusammenhängen zu unterstellen. Doch war er nach Ausweis des «Bürgergenerals» zugleich gegen das, was er im selben Gespräch noch einmal so umschrieb: «Auch konnte ich nicht gleichgültig dabei sein, daß man in Deutschland *künstlicher Weise* ähnliche Szenen herbeizuführen trachtete, die in Frankreich Folge einer großen Notwendigkeit waren.»[13]

Goethes Ablehnung der Revolution und sein Eintreten für Milde gegenüber den Revolutionären in Deutschland kamen also aus derselben Überlegung: Diese Revolution ist ein Import von außen – wie immer berechtigt dort, also in Frankreich, die Gründe für sie sein mögen –, sie hat bei unbestreitbarem Verbesserungsbedarf im Einzelnen, keine wirkliche Wurzel in der deutschen Gesellschaft, und darum ist die Obrigkeit gut beraten, sich nicht in Bestrafungsexzessen zu ergehen. Auch der fanatische Parteihader, den die Revolution in die deutsche Gesellschaft getragen hatte, ist in diesem Verständnis vor allem: überflüssig. Aber er bleibt ein Ärgernis, weil er zu nichts Gutem führen kann; das war dann das Thema der Rahmenhandlung der «Unterhaltungen deutscher Ausgewanderten» und blieb eines seiner revolutionskritischen Leitmotive für den ganzen Rest seines Lebens. Der «Bürgergeneral» und die «Aufgeregten» zeigen, dass dies Goethes Haltung schon zu dem Zeitpunkt war, als er im Mai 1793 endlich dem Drängen von Carl August nachgab und sich auf den Weg zur Belagerung von Mainz machte.[14]

Am 12. Mai reiste Goethe von Weimar ab, die Tage vom 17. bis 26. Mai verbrachte er bei seiner Mutter, die ihn auf den lokalen Stand der Dinge gebracht haben wird; den Winter mit ihren vielen fürstlichen Herrschaften, darunter dem König von Preußen, die sich das Winterquartier mit Festlichkeiten vertrieben und oft im Theater zu sehen waren, hatte die lebenslustige Dame genossen. Aber Frankfurt war natürlich auch voll von den Mainzer Nachrichten. Beim Hauptquartier in Marienborn bezog Goethe ab 27. Mai zunächst ein geräumiges Zelt inmitten der preußischen Einheiten, die seinem Herzog Carl August unterstellt waren. Graf Kalckreuth, der Oberbefehlshaber, logierte im Pfarrhaus, Carl August im Jägerhaus[15], Prinz Louis Ferdinand im Chausseehaus, direkt an der Straße in Richtung Alzey und zur französischen Grenze. Dass der Herzog und sein Geheimrat nach der Verwundung des preußischen Prinzen am 17. Juli dessen komfortables Quartier übernahmen, wissen wir bereits. «Es war kein anmutigerer Aufenthalt zu denken», schreibt Goethe in seinem späten Bericht von der Belagerung. «Nach herkömmlicher Ordnungs- und Reinlichkeitsliebe ließ ich den schönen Platz davor kehren und reinigen, der bei dem schnellen Quartierwechsel mit Stroh und Spänen und allerlei Abwürflingen eines eilig verlassenen Cantonnements übersäet war.»[16] Obwohl diese Aktion, wie zu zeigen sein wird, vor allem eine erzählerische Funktion für den weiteren Bericht hat – die Bühne, auf der die Clubbisten verprügelt werden, soll ein Bild der Ordnung bieten –, klingt sie auch faktisch glaubhaft. Denn schon die zeitgenössischen Briefe aus dem Feldlager zeigen, dass Goethe sich in diesen Wochen vor allem am

Chaos, an der Verwüstung, verbunden mit Unordnung, störte. Schon am 2. Juni, nach dem Überfall der Franzosen auf Marienborn, den er in jener langen Relation festhielt, die später wörtlich in seinen autobiographischen Bericht aufgenommen wurde, schickte er Herder nicht nur eine Abschrift davon, sondern entschuldigte sich auch dafür, dass er dessen «Packet» noch nicht an den Herzog übergeben habe: «Ein Dämon hielt mich ab. Die Zerstreuung, Verwirrung, Inhumanität um uns ist zu groß.» Das «Packet» enthielt eine Lieferung von Herders «Briefen zur Beförderung der Humanität», und als der Herzog sie in Händen hielt, reagierte er auch ironisch: «Indessen zweckt unser Bestreben ab, die fränkischen Unmenschlichkeiten vom deutschen Boden zu kehren», schrieb er Mitte Juni an den bekanntermaßen mit der Revolution sympathisierenden Verfasser. «Und das ist ja auch ein Beitrag zu Ihrem humanen Vorhaben, lieber Herder?»[17]

Goethes Stimmung in diesen Wochen zeigt ein Brief an Jacobi vom 7. Juni: «Dein lieber Brief trift mich hier und giebt mir einen guten Morgen eben als ich mich von meinem Strohlager erhebe und die freundlichste Sonne in mein Zelt scheint. Ich schreibe gleich wieder und wünsche euch Glück zu dem schönen Frühling in Pempelfort, da wir indeß zwischen zerrissnen Weinstöcken, auf zertretnen, zu früh abgemähten Ähren uns herumtummeln, stündlich den Tod unsrer Freunde und Bekannten erwarten und ohne Aussicht was es werden könne von einem Tage zum andern leben. Das Wetter ist sehr schön, die Tage heiß, die Nächte himmlisch.» Das ist die Lage: ein schöner Sommer, dazu aber Tod und Zerstörung. Es fällt auf, dass in den fast dreißig erhaltenen Briefen, die Goethe aus dem Feldlager geschrieben hat, vor den Tagen der Kapitulation von den Clubbisten mit keinem Wort die Rede ist. Die politische Spannung, die über der vom Krieg zerwühlten Landschaft lag und die sogar im Tagebuch Wagners immer wieder spürbar wird, spielt zunächst keine Rolle.

Goethe nutzte die Zeit zu optischen Studien, vor allem aber für die Überarbeitung seines Versepos «Reineke Fuchs». Diese spätmittelalterliche Tierfabel, die Goethe in leichtfüßige Hexameter umformatierte, bot einen Spiegel überzeitlicher menschlicher Unarten; wenn sie politisch zu verstehen ist, dann ebenso antihöfisch wie antirepublikanisch.[18] Aber natürlich war die zur Allegorie erhobene Tierwelt an sich schon ein Einspruch gegen Fortschrittsglauben und Geschichtsphilosophie.

So musste Goethe zu dem überlieferten Text auch nichts hinzutun; er schuf das Wunder einer Übersetzung, die ein vollkommen eigenes Werk darstellt. Es ist eine seiner lustigsten Produktionen, die in einem geschickten Vortrag – Nobel, den Löwenkönig, bringe man in feierlich verwackeltem Hindenburg-Bass – ein heutiges Publikum immer noch glänzend amüsieren kann. Doch einen berühmten Zusatz gibt es, und er mag auch mit Blick auf die Mainzer Selbstregierungsversuche eingefügt worden sein. Im achten Gesang heißt es:

Doch das schlimmste find' ich den Dünkel des irrigen Wahnes,
Der die Menschen ergreift: es könne jeder im Taumel
Seines heftigen Wollens die Welt beherrschen und richten.
Hielte doch jeder sein Weib und seine Kinder in Ordnung,
Wüßte sein trotzig Gesinde zu bändigen, könnte sich stille,
Wenn die Toren verschwenden, in mäßigem Leben erfreuen,
Aber wie sollte die Welt sich verbessern? es läßt sich ein jeder
Alles zu und will mit Gewalt die andern bezwingen.
Und so sinken wir tiefer und immer tiefer ins Arge.
Afterreden, Lug und Verrat und Diebstahl und falscher
Eidschwur, Rauben und Morden, man hört nichts anders erzählen.
Falsche Propheten und Heuchler betriegen schändlich die Menschen.[19]

Das Recht des Stärkeren, das nach dieser Rede des füchsischen Helden in der Welt der Tiere ohnehin herrscht, wird nur schlimmer, wenn es sich mit politischem Wollen auflädt. «Afterreden, Lug und Verrat und Diebstahl und falscher Eidschwur» kommen zum alltäglichen Kampf ums Dasein in der Natur noch hinzu, «falsche Propheten und Heuchler» sind schlimmer als ehrliche Schelme wie Reineke, denn sündig-tierisch sind die Geschöpfe alle miteinander. Goethes Dichtung ist nach einer vierjährigen Periode revolutionären Überschwangs und gegenrevolutionären Entsetzens in der deutschen Literatur ein Wildbach der Ernüchterung; die Tierfabel passt zur ländlichen Szenerie des «Bürgergenerals», dessen Bühnenbild aus einem holländischen Bauerngemälde stammen könnte. In dieser nicht guten Welt ist «schuldig der Tat, der zu strafen Gewalt hat, / und nicht strafet», heißt es im siebten Gesang[20], «es spielet alsdann ein jeder den Herren». «So wird es bleiben», sagt der Schluss des Gedichts, und weil das so ist, bleibt nur eine immer bedrohte Ordnung. Freiheit gibt es hier bestenfalls im häuslichen Bezirk, und für den Dichter, der sich durch Betrachtung einer unveränderlichen Natur von den Welthändeln abzieht. Das wird man konservativ nennen müssen, jedenfalls ist es eine Position, in der Gewalt zu höheren Zwecken – der Despotismus der Freiheit – keine Rechtfertigung findet.

Wie fragwürdig ihm damals auch die kriegerische Gegengewalt erschien, zeigt ein Brief vom 3. Juli an den Weimarer Geheimratskollegen Christian Gottlob Voigt, in dem es heißt: «Wie selig kann man seine Freunde preisen die wenigstens das Unheil nicht mit Augen sehen das in dieser Gegend und nun auch in dem unglücklichen Maynz angerichtet wird. (...) Mich wandelt in meiner jetzigen Lage eine Art Stupor an und ich finde den trivialen Ausdruck: *der Verstand steht mir still*, trefflich um die Lage meines Geistes auszudrucken. Die Hälfte der schönen und wohlgelegnen Stadt mag nun wohl schon verbrannt seyn der Erfolg muß diesen grimmigen Entschluß rechtfertigen.» Und dann folgt eine Bemerkung, die zeigt, dass Goethe nicht blind für das war, was in der Umgebung des Krieges außerdem vor sich ging: «Die Situation der emigrirten Maynzer ist die traurigste von der Welt.» Aber auch hier noch kein Wort von den Clubbisten.

Sie tauchen erst in dem kurzen Rapport auf, den Goethe unmittelbar nach der Kapitulation am 27. Juli an Voigt, der als damals schon leitender Weimarer Staatsmann von Amts wegen am Fortgang des Krieges interessiert sein musste, erstattete. So knapp der Bericht ist, er enthält doch alle politisch relevanten Informationen des Moments:

«Endlich kann ich doch ein Wort aus Maynz sagen. Man ist so zerstört und zerstreut von den Scenen dieser letzten Tage daß man vor einer Menge Ideen kaum einige zusammenbringt. Es sey uns indessen genug daß wir die Franzoßen los sind eben zu einer Zeit wo die Gefahr bey Zweybrücken sich erneuerte und so früh daß noch in diesem Feldzuge manches geschehen kann. Von den Clubbisten sind einige entkommen, die meisten vom Volcke selbst angehalten worden. Es waren noch bey 18 000 streitbare Männer in Maynz. Das Elend das die Bürger ausgestanden ist unbeschreiblich. Doch hat an Gebäuden die Stadt nicht soviel gelitten als man glaubte. Jederman behauptet die Franzosen und Clubbisten hätten Pulver und andre brennbare Materialien in die Kirchen und adeliche Häuser gelegt deßwegen sie auch so bald nur eine

Schönheit und Schrecken:
Aquatinta von dem Bombardement der Stadt Mainz am 30. Juni 1793.

Bombe hineingekommen an allen Enden gebrannt, dahingegen die Bürger durch fleißiges Löschen ihre Häuser erhalten können. Mehr mag ich nicht sagen, die Zeitungen und Journale werden uns schon alles nach und nach bringen. Es ist über viele Dinge nur Eine Stimme.»

Das Militärische steht im Vordergrund – der Fall der Festung Mainz kam rechtzeitig vor einem möglichen Entsatz an der französischen Grenze, die Anzahl der abziehenden Truppen ist korrekt –, daneben steht eine Einschätzung der Lage in der Stadt, vom Elend der Bürger und den Zerstörungen, die Goethe – darin übereinstimmend mit vielen Zeitgenossen – nach den massiven Bombardements der Wochen davor weniger schlimm findet als erwartet. Auch das Gerücht, dass die Jakobiner für Brände in Kirchen und Adelspalästen gezielt gesorgt hätten, ist vielfach belegt[21], Goethe referiert es als allgemeine Meinung. Es gehört zu den Faktoren, die der Volkswut in diesen Tagen noch zusätzliche Nahrung gaben. Von dieser Wut sagt dieser Brief nichts, außer dass die Clubbisten zum größten Teil vom Volk angehalten wurden. Von irgendwelchen Absprachen über ihr Schicksal verlautet nichts, und das bedeutet in diesem amtlich-kollegialen Kontext so gut wie sicher, dass Goethe

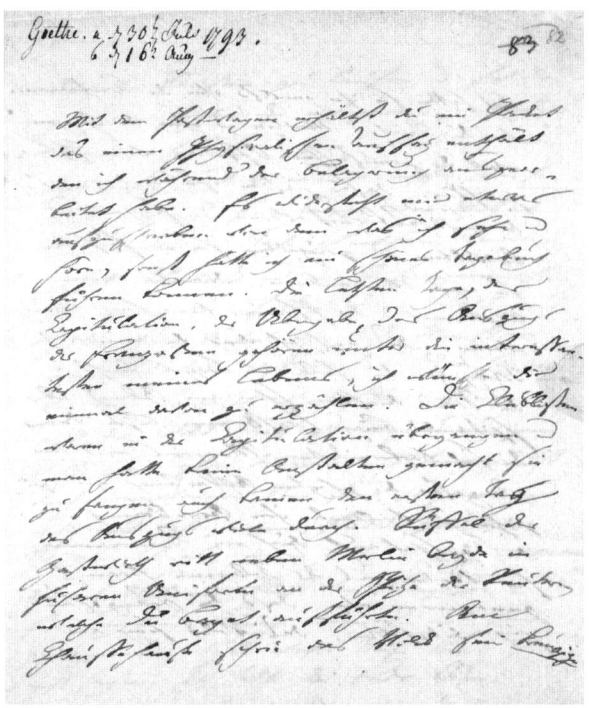

Unmittelbare Augenzeugenschaft:
Goethes Brief an Jacobi vom 27. Juli 1793.

darüber auch keine Kenntnis hatte. Wir lesen ein Telegramm, das späteren Zeitungsberichten nicht vorgreifen möchte. Kein Wort über Carl August, den Dienstherren des Adressaten.

Gegenüber dem Freund Jacobi im fernen Düsseldorf fühlte Goethe sich zu größerer Ausführlichkeit verpflichtet, aber auch dieser Bericht ist bei aller Sachhaltigkeit nicht übermäßig detailreich. Aus diesem Brief haben wir schon einige Sätze zitiert:

«Es widersteht mir etwas aufzuschreiben von dem was ich sehe und höre, sonst hätte ich ein schönes Tagebuch führen können. Die Letzten Tage, der Capitulation, der Übergabe, des Auszugs der Franzosen gehören unter die interessantesten meines Lebens, ich wünsche dir einmal davon zu erzählen. Die Clubbisten waren in der Capitulation übergangen und man hatte keine Anstalten gemacht sie zu fangen auch kamen

Burgfrieden: Das Chausseehaus bei Marienborn.

den ersten Tag des Auszugs viele durch; Rüffel der Gastwirth ritt neben
Merlin, beyde in Husaren Uniform an der Spitze der Reuterey welche
du Bayet ausführte. Am Chaussehauße schrie das Volck sein *kreuzige*,
auch hätten sie ihn gewiß ohne die Contenance von du Bayet und Merlin
und ohne die Gegenwart der preußischen Officire vom Pferde gerissen.
Dafür paßten sie andern auf die nicht so gut eskortirt waren und fingen
und beraubten und prügelten sie und führten sie nach Marienborn. Darunter denn Metternich und der Pfarrer vom heil. Creuz waren. Das
geschah durch die emigrirten Maynzer die selbigen Tages nicht in die
Stadt durften, schon am Abend aber schickte die Bürgerschafft eine
Liste derer die sich vorbereiteten Morgens mit den Franzosen der
zweyten Abtheilung auszuziehen und verlangte ihre Arrettirung. Das
geschah auch durch ein Commando, sie wurden aus der Colonne her-
ausgenommen ohne daß die Franzosen sich widersetzten. Das Volck fing
an durch die Straßen zu laufen und sich derer zu bemächtigen die noch
zurück geblieben waren. Es ward geplündert und man legte sich auch
darein und nahm diese auch noch in Empfang. Der *Modus* daß man die
Sache gleichsam dem Zufall überließ und die Gefangennehmung von
unten heraus bewirckte, deucht mich gut. Das Unheil das diese
Menschen angestiftet haben ist groß. Daß sie nun von den Franzosen

verlassen worden, ist recht der Welt Lauf und mag unruhigem Volck zur Lehre dienen. Hofmann ist durch und mehrere. Nun ist es so ziemlich ruhig nur daß immer Händel zwischen Preusen, Sachsen, Darmstädtern, auch mit den überbliebnen blessirten Franzosen sind. Eine ungeheure Bagage haben sie mit fortgenommen. Lebe wohl. Mehr kann ich nicht sagen. Ich halte die Feder kaum.
Maynz d. 27. Jul. 1793.   G.

Alle Elemente dieses deutlich aufgewühlteren Berichts kennen wir. Hier sagt Goethe ausdrücklich, dass die Clubbisten keinen Eingang in die Kapitulation gefunden hatten, also hatte er wohl auch keine Kenntnis von einer Geheimabsprache; der offizielle Text der Übergabebedingungen, der dazu schwieg, wurde bald in billigen Drucken in der ganzen Gegend verbreitet. Daher hielt Goethe die Franzosen auch, wie später sein Geheimerat von S. in den «Unterhaltungen deutscher Ausgewanderten», für Verräter an ihren Anhängern. Die Szene mit Riffel, den Goethe «Rüffel» schreibt, ist aus den ausführlicheren Berichten von Meiners und Meyer bekannt, auffällig ist, dass Goethe, wie schon im Brief an Voigt, die Rolle von Carl August verschweigt – er ist einer der preußischen Offiziere, die Schlimmeres verhüten; vielleicht war es ihm peinlich, seinen Herzog von einem französischen Revolutionsoffizier wie Merlin de Thionville zur Rede gestellt zu sehen. Die Ausschreitungen vor den Toren und in der Stadt benennt der Bericht summarisch; immerhin werden neben Riffel noch drei weitere Personen sichtbar: Mathias Metternich, dessen grausame Behandlung durch das «Neue Graue Ungeheuer» ausführlich überliefert ist, der Pfarrer vom Heiligen Kreuz, einer vor den Wällen gelegenen Kirche, der sich beim Ausfall der Franzosen auf Marienborn verdächtig gemacht haben könnte, und der Konventspräsident Andreas Joseph Hofmann, von dem Goethe weiß, dass er entkommen konnte. Diese Namen fügt Goethe so ein, als seien sie allgemein bekannt, er setzt bei Jacobi also eine hinreichende Zeitungsinformation aus den vorangegangenen Wochen und Monaten voraus.

Die Liste der Bürgerschaft mit zu arretierenden Clubbisten, die Goethe erwähnt, dürfte auf einem Missverständnis beruhen – vermutlich handelt es sich um die Liste der Emigranten, die den Preußen vor dem Auszug übergeben werden sollte. Dass diese Aufstellung einen Rechtstitel auf elementaren Schutz der dort aufgeführten Personen als

Geiseln bedeutete, kann daher nicht in den Blick kommen; ebensowenig, dass Verhaftungen aus den Kolonnen heraus ein Bruch dieser Absprachen waren. Die Rolle der heimkehrenden Emigrierten und die Ausschreitungen in der Stadt sind summarisch, aber hinreichend benannt. Dann die ominösen Sätze: «Der *Modus* daß man die Sache gleichsam dem Zufall überließ und die Gefangennehmung von unten heraus bewirckte, deucht mich gut. Das Unheil das diese Menschen angestiftet haben ist groß. Daß sie nun von den Franzosen verlassen worden, ist recht der Welt Lauf und mag unruhigem Volck zur Lehre dienen.» Diese Sätze beschreiben einen Zustand der Rechtlosigkeit, und sie heißen ihn gut. Der «Zufall», die «Gefangennehmung von unten heraus», die damit vorausgesetzte Abwesenheit einer Regelung, bezeichnen die chaotische Situation kühl und knapp.

Die beiden Briefe vom 27. Juli 1793 verraten bei aller Konzentration aufs Wesentliche einen für Goethe in dieser Lebensphase unüblichen Zustand der Erregung. Er hält die Feder kaum. Er hätte ein schönes Tagebuch führen können. Die letzten Tage gehörten zu den interessantesten seines Lebens. «Man ist so zerstört und zerstreut von den Scenen dieser letzten Tage daß man vor einer Menge Ideen kaum einige zusammenbringt.» Er hat die Fassung verloren. Er ist so angesteckt von der Wut, die sich um ihn her ausrast, dass er sie für einen Moment lang gutheißt und, man kann es nicht anders sagen, sich mit dem gemein macht, was schon bald zutreffend als «Pöbeljustiz» angeprangert wurde. Man muss diese Briefe mit den vielen anderen Berichten zusammenlesen, die wir von diesen schlimmen Tagen haben und die sich bei viel Verständnis für die Wut der befreiten oder heimkehrenden Mainzer doch überwiegend entsetzt über die Ausschreitungen zeigen. Von «Raubsucht» und «Wuth der Rache» schrieb der aktuelle Berichterstatter der «Hessen-Darmstädtischen Landzeitung» am selben Tag, auch wenn er die Vorgänge höhnisch mit «einem Pariser Hohen Volksgericht» verglich.

Was besonders bedrückt, ist der Umstand, dass diese Briefe am 27. Juli in Mainz geschrieben wurden: Seit dem 26. war Goethe wieder in der Stadt, und ihm können die Szenen von Plünderung und Menschenjagd nicht entgangen sein, die sich in den ersten beiden Tagen nach der Öffnung der Tore dort abgespielt haben. In der «Belagerung von Maynz» hat er sie 27 Jahre danach mit wenigen stillen Sätzen im Eintrag zum 26. und 27. Juli zusammengefasst. «Bei aufgelöster polizeylicher Ordnung hatte sich zum traurigen Schutt [das waren die Trümmer von den Bombardierungen] noch aller Unrat auf den Straßen gesammelt», sagt er zunächst. Dann der Zusatz: «Spuren der Plünderung ließen sich bemerken in Gefolg innerer Feindschaft.» Das ist immer noch wenig genug für auf den Gassen Verprügelte und in Polizeiwachen dem öffentlichen Gespött preisgegebene politische Gefangene. Kurz danach erwähnt er die Proklamation der preußischen Stadtkommandanten Adam Heinrich von Wolframsdorf und August von Graevenitz, aus der wir schon zitiert haben und die Goethe bei der Abfassung der «Belagerung» in der «Darstellung der Mainzer Revolution» von Anton Hoffmann vorlag, und auch hier kommt er auffallend schonend auf die Plünderungen zu sprechen. Sehr notwendig sei ein solcher Erlass gewesen, «denn bei der augenblicklichen Auflösung, die der Stillstand vor einigen Tagen verursachte, drangen die kühnsten Ausgewanderten in die Stadt und veranlaßten selbst die Plünderung der Clubbistenhäuser, indem sie die hereinziehenden Belagerungssoldaten anführten und aufregten. Jene Verordnung war mit den mildesten Ausdrücken gefaßt, um, wie billig, den gerechten Zorn der gränzenlos beleidigten Menschen zu schonen.»²² Immerhin ist das keine Billigung von «Zufall» und «Gefangennehmung von unten» wie in dem Brief am Tage selbst.

Ist es wahrscheinlich, dass Goethe, den wir in seinem Brief an Jacobi so erregt sehen, zwei Tage vorher in einem spektakulären öffentlichen Auftritt gegen die Volksrache an den Clubbisten aufgetreten ist?

Bevor wir uns dieser Frage zuwenden, notieren wir das Auskühlen von Goethes Wut in den folgenden Wochen. Am 19. August 1793 schrieb er aus Frankfurt, wieder an Jacobi: «Mein herumschweifendes Leben und die politische Stimmung aller Menschen treibt mich nach Hause, wo ich einen Kreis um mich ziehen kann, in welchem ausser Lieb und Freundschaft, Kunst und Wissenschaft nichts herein kann.» Doch er nimmt weiter Anteil an den Mainzer Verhältnissen, zumal der Briefwechsel mit Soemmerring fortgesetzt wird. «Gar sehr wünsche ich zu hören, wie Sie leben», schreibt er dem Freund am 5. Dezember, «und wie sich nach so großem Unheil die Mainzer Existenz wieder einrichtet.» Und dann die Frage nach dem einen Mainzer Republikaner, der Goethe am Herzen lag: «Hört man etwas von Forster?» Im neuen Jahr hat man dann von Forster gehört. Er ist, mutmaßlich verzweifelt, in Paris an einer Krankheit gestorben und damit vielleicht der Guillo-

tine zuvorgekommen. Goethe am 17. Februar 1794, wieder an Soemmer-
ring: «So hat der arme Forster denn seine Irrthümer auch mit dem
Leben büßen müssen! wenn er schon einem gewaltsamen Tode entging!
Ich habe ihn herzlich bedauert.»

Mit Soemmerring stand Goethe in den schrecklichen Tagen der
Kapitulation in naher Verbindung, die beiden haben sich gesehen und
ausgetauscht, denn natürlich gehörte der aus Mainz emigrierte und
aus Frankfurt herbeigeeilte Medizinprofessor zu den Vielen, die nach
der Übergabe zurück in die Stadt und zu ihren verlassenen Besitz-
tümern strebten. Darüber hat Goethe später in der «Belagerung von
Maynz» berichtet, und es hat sich ein direktes Zeugnis mit Bezug auf
Goethe davon erhalten, das erst 1988 in der kritischen Ausgabe des
Briefwechsels zwischen Goethe und Soemmerring ans Licht kam.[23]
Mit seinem Freund Johann Peter Weidmann war Soemmerring schon
am 23. Juli ins Innere der Stadt Mainz gekommen; es war den beiden
also gelungen, der Regelung der Kapitulation zuvorzukommen, erst
müssten die Franzosen (und, nicht ausgesprochen: mit ihnen die bedrohten Clubbisten) die Stadt verlassen, bevor die Emigranten zurückkehren könnten. Allein, nun kamen sie auch nicht mehr heraus,
denn die Sperren waren mittlerweile – am 24. Juli – eingerichtet. Sie
konnten sich also nicht um ihre in Marienborn zurückgelassene Miet-
kutsche und einen «kleinen Bedienten» kümmern. Daher schrieben
sie Goethe am selben Tag ein Billet, das sie am Gautor zur Spedition
abgaben: «Herrn Geheimenrath von Goethe bey S[eine]r. Durchlaucht dem Herzog von Weimar zu Marienborn». Es enthielt die Bitte,
die Kutsche nach Frankfurt zurückzusenden, dem Kutscher sein
Trinkgeld zu geben und den Bedienten mit ihren Sachen in die Stadt –
also Mainz – zu schicken («u[nd] falls es ihm zu schwer wäre jemand
mit nehmen zu lassen»); ein winziger Einblick in die verwirrte Lage
dieser Tage. Umso wichtiger ist das Zeugnis des langen Briefes, den
Soemmerring am 27. Juli von Frankfurt aus an Forsters Schwiegervater, den Göttinger Altertumswissenschaftler Christian Gottlob
Heyne, schrieb, um ihm das Erlebte der vorangegangenen Tage zu
schildern. Das war derselbe Tag, an dem Goethe seine Berichte für
Voigt und Jacobi schrieb.[24]

Soemmerring berichtet, wie er mit seinem Freund Weidmann noch
vor dem Abschluss der Kapitulation in die Stadt kam: «versteht sich zu

Fuß, denn der Herzog von Weimar und Goethe die voraus ritten, kamen nicht herein, weil sie zu Pferde waren. Unsere Bekannten, denen wir begegneten, stutzten für uns, als für Erscheinungen.» Die beiden sind also die Allerersten.

Dann geht es um Soemmerrings eigene Wohnung und Gegenstände sowie den Zustand der näheren Umgebung – außer Verschmutzung ist nichts passiert, nicht einmal aus dem Keller wurde etwas gestohlen, die Sammlung wissenschaftlicher Präparate ist nur ein wenig verschimmelt.[25] Auch sonst ist die Stadt weniger schlimm beschädigt als befürchtet – das schrieben damals alle Zeitzeugen. Sogar im Inneren des Doms traut sich Soemmerring alle Reparaturen in ein paar Tagen zu restituieren, wie er sagt, «so schrecklich er von Außen aussieht». «Donnerstag [also der 24. Juli] war der fürchterlichste Tag», fährt der Bericht fort, «wo die zurückgebliebenen Bürger die Clubbisten arretirten, und bis zur Wachtstube so gut sie vermochten mißhandelten. Die Franzosen sahen ruhig zu, und die Preußen halfen.» Dass man eigens auch die Wohnung des abwesenden Forster aufsuchte, ist Soemmerring natürlich eine Erwähnung wert. «Böhmer ward als Sansculotte verkleidet vor dem Thore arretirt, geschlagen, seine Frau bei den Haaren aus dem Wagen gezogen.»* Von Böhmers Verhaftung wis-

---

* Ein Brief von Böhmers Ehefrau Juliane an ihren Mann, der sich im Clubbisten-Bestand des Würzburger Staatsarchivs erhalten hat – was nahelegt, dass er abgefangen wurde und seinen inhaftierten Adressaten nicht erreicht hat –, scheint zu beweisen, dass das Ehepaar Böhmer getrennt aus Mainz floh, wie es durch Soemmerrings Formulierung auch nicht ausgeschlossen ist. (Noch einmal sei daran erinnert, dass nach dem Bericht der Hessen-Darmstädtischen Landzeitung Böhmer nicht aus einer Kutsche geholt, sondern aus der französischen Marschkolonne gezerrt wurde.) Dieses Dokument wurde erst 1977 von Franz Dumont in orthograpisch modernisierter Form publiziert (Briefe aus der Mainzer Republik, S. 341 f.) und bisher von den Goethe-Kommentaren ignoriert. Am 25. Juli schreibt Juliane Böhmer aus Gau-Odernheim, einem dreißig Kilometer, also eine ganze damalige Tagesreise, südlich von Mainz gelegenem Städtchen an ihren Mann: «Bester! Gott, welch ein Tag war der heutige für mich, der schrecklichste meines Lebens. Ich vermutete nichts Übles, auf einmal höre ich einen Tumult, es kommen einige Offiziere, endlich aber Leute aus der Stadt und schreien, wie sie mich in der Kutsche sehen: ‹Ja, sie ist’s, sie ist es, ist Madame Boehmer›, und im Augenblick danach kommen preußische Offiziere und Soldaten und sagen, daß ich arretiert sei und daß du es auch

sen wir bereits aus der «Hessen-Darmstädtischen Landzeitung». «Die Bürger spannten (denn hiervon war ich Augenzeuge)», schreibt Soemmerring weiter, «den aus dem Thor wollenden noch innerhalb der Stadt die Pferde, die sie als kurfürstlich erkannten, aus – machten die Wagen umkehren, kurz thaten was sie wollten, ohngeachtet die französischen Officiers mit gezogenen Säbeln dabei ganz ruhig zu Pferde saßen.» Es waren solche Szenen, die dann sogleich überall den Eindruck von französischer Treulosigkeit verbreiteten. Ganz im Sinne Goethes kommentiert Soemmerring: «Die Treulosigkeit der Franzosen an ihren Anhängern, wird hoffentlich für's übrige Deutschland das warnendste Beispiel sein.» Alles Übrige in dem Brief sind Einschätzungen zur Lage, die durchgehend korrekt sind. «Wenn ich meine Sachen ein wenig rangirt habe, begebe ich mich weg, um kein Zeuge von Auto-da-Fé zu werden.» Der Gelehrte hat also keine Freude an den Ausschreitungen um ihn herum, er schließt so resigniert, wie es damals viele Intellektuelle waren: «Ich bin froh, daß ich nun alle politica verlassen und mich in mein Museum [seine wissenschaftliche Sammlung] zurückziehen kann. Werfe ich einen Blick über's Ganze so scheint mir, daß alles, was bei uns vorgieng, nur geschadet – nichts gefruchtet hat.» Ein trauriges Resümee für den Schwiegervater Forsters.

schon seist. Es versammelte sich ein Haufen Mainzer und schalten, spotteten, lachten; und wenn Fischer [ein französischer Offizier, Anm. Dumont] nicht dazu gekommen wäre, hätte ich aussteigen müssen und der Pöbel würde mich mißhandelt haben. Es ist mir schrecklich, nicht zu wissen, was du für Begegnungen von deinen Feinden ausgesetzt bist. Ich hoffe aber, daß Doyré dich als Sekretär von Custine nicht wird stecken lassen, sonst sollen die Franzosen verflucht sein. Sei unbesorgt wegen des Kleinen...» Böhmer wurde verhaftet, während Juliane Böhmer die Flucht nach Straßburg gelang. Ob Böhmer am selben Tag oder schon am 24. Juli zu flüchten versuchte, lässt sich dem Text des Briefs nicht entnehmen. Soemmerrings Darstellung, Frau Böhmer sei bei den Haaren aus dem Wagen gezogen worden, wird durch ihren Brief nicht bestätigt. Auch bei Goethe wird keine Frau aus dem Wagen gezogen, sondern nur der an ihrer Seite sitzende blatternarbige «Erz-Clubbist» (unten S. 193 [6].), der dann grausam verprügelt wird. Die Behauptung der Goethe-Kommentare, die sich auf Soemmerrings Brief stützen, dass es sich um Böhmer handle, wird durch den Brief von Frau Böhmer nicht gerade wahrscheinlicher. Das mögen Kleinigkeiten sein, doch sie zeigen, wie unsicher die Faktenlage ist.

Das ist die Sicht aus dem Inneren der Stadt, die Goethe dann am 26. Juli selbst betrat, auch um sich mit Soemmerring zu treffen. Die Sicht von außen, und nicht weniger nah an Goethe, zeigt das Tagebuch des Weimarer Kämmerers Wagner. Wagner ist immer in der unmittelbaren Umgebung seines Herzogs, er nimmt lebhaften Anteil an allem, was er sieht – das ist selbstverständlich –, aber auch an dem, was er nur hört, also den Verhandlungen und der Kapitulation. Seine Aufzeichnungen wirken an dieser Stelle ungeordnet, sie folgen dem Geschehen und der Naherinnerung daran; als Ganzes geben sie ein unübertrefflich dichtes Bild von der aufgewühlten Situation – der Leser möge das durchs Gestrüpp der eigenwilligen Orthographie hindurch in aller seiner Lebhaftigkeit wahrnehmen, bis hin zum Gestank von den schlecht vergrabenen Leichen im Vorfeld der Festung.[26] Einzelschicksale wie das des von seinen Töchtern getrennten Mainzer Hofrats zeigen noch einmal das Unglück dieses Krieges – Wagner ist immer ein mitfühlender Beobachter, der aber auch im Allgemeinen recht gut informiert ist. Hier interessieren die Mitteilungen über die entscheidenden Tage vom 24. Juli an. Wagner kennt die Zahlen (17 000 Franzosen), und er unterscheidet die abziehenden Kolonnen. «Die Teutschen Clubbisten auch Deserteurs bleiben zurück, nichts als waß Franzos ist marchirt aus.» Am 25. Juli ist Wagner erst im Lager bei Marienborn, dann vor dem Chausseehaus, dem Logis von Carl August und Goethe: «Ebenfalls in Lager verbracht, von den Chausseé Hauße, sahe ich die 2te Collonne der Francken aus Maynz aus, und vor daßelbe vorbey marchiren. Hiebey wäre erstaunent viel zu bemerken, viel lächerliches, schnurriges, trauriges, und spaßiges kam dabey vor; ich habe sogar richtig, und ganz genau bemerckt, daß unter denen Chasseurs ein Frauenzimmer als Chasseur gekleidet mit ritte, wie wohl viele Schönen aus Maynz, die sich vor den Französ: Weibern recht sehr genau auszeichneten, und sich vermuthl: denen Francken ergeben haben mit ihnen ab reißten; wie gesagt es wäre hiervon tausenderley zu bemercken.» Was Wagner hier nicht bemerkt, ist ein Einschreiten Goethes, das ihm doch ebenso auffällig wie ein verkleidetes Frauenzimmer hätte sein mögen.

Nachmittags ist Wagner dann zum ersten Mal in der Stadt, und seine Schilderung gehört auch hier zu den plastischsten Zeugnissen. Eigens bemerkt er den von Custine errichteten Galgen, gleich gegenüber dem Freiheitsbaum – an diesem hängt eine dem Clubbisten Riffel abgerissene Perücke, geziert mit drei Nationalkokarden –, eine Allegorie vom ersten deutschen Demokratieversuch: Galgen, Freiheitsbaum, Clubbistenperücke. Auch die grausame Rache kommt in den Blick: «Die diesen Galgen gegenüber stehende Wache, war voller Clubbisten, die ohne diesen Schutz von gut gesinnten Maynzern gewiß erbärml: massacrirt worden wären, die aber ihrem Richter nicht entgehen.» Gut gesinnt, das heißt hier: dem Landesfürsten treu geblieben, für den herzoglichen Kämmerer die natürliche Haltung. Er hätte das Massakrieren missbilligt, erwartet aber reguläre Bestrafung.

Wie bei Soemmerring auch hier kein Wort von Goethe, der im Mainzer Teil von Wagners Tagebuch überhaupt nicht erscheint. Zusammen mit dem Zeugnis von Goethes eigenen Briefen, die sich so kühl zu den Ausschreitungen gegen die Clubbisten äußern, darf man aus diesen Quellen von zwei ihm sehr nahestehenden gleichzeitigen Beobachtern mehr als Zweifel an seiner späteren Darstellung in «Belagerung von Maynz» hegen. Denn diese beschreibt ja nicht eine Episode irgendwo hinten am Wegrand, sondern einen großen Auftritt auf dem Vorplatz des Chausseehauses, bei dem Goethe «mit gebietender Stimme» sein «Halt!» ruft, bei dem das Volk dann staunt, stumm wird, wieder wogt, brummt und schilt – wir kommen gleich darauf zurück. Gehört das zu dem «Lächerlichen, Schnurrigen, Traurigen», das Wagner nicht im Einzelnen schildert? Allerdings weiß er auch nichts von dem Auftritt seines Herzogs Carl August, aber der fand am Vortag statt, dem 24. Juli, nicht am folgenden Tag, an dem Goethe sich für die verprügelten Clubbisten vor die Menge gestellt haben will. Unter dem 24. schreibt Wagner nur, dass er im Lager war, und dieses war etwas abseits von der Ausfallstraße gelegen, während er am 25. ausdrücklich festhält, dass er erst im Lager war, dann aber direkt am Chausseehaus stand.

Argumenta ex silentio sind für Historiker immer heikel, aber dass auch sonst keiner der vielen, teilweise sehr ausführlichen zeitgenössischen Berichte, die immerhin Namen wie Böhmer, Metternich, Hofmann, Merlin de Thionville, Dubayet und Carl August nennen, auf den keineswegs weniger prominenten Goethe zu sprechen gekommen sein soll, wenn er einen so spektakulären Auftritt nicht gegen, sondern zugunsten der abziehenden Jakobiner hingelegt habe – das glaube, wer will.

Goethe gehörte schon damals zu den Berühmtheiten, von denen jeder Schritt, jede Geste, das Aussehen, die Kleidung, das Sprechen eifrig notiert und in alle Ecken der Gelehrtenrepublik verbreitet wurde. Die vielbändige Sammlung dieser Zeugnisse von Ernst und Renate Grumach hätte einen Bericht vom Juli 1793 wohl kaum übersehen, der Goethes Eintreten für Clubbisten belegt hätte. Außerdem haben die Historiker der Mainzer Republik und die Militärhistoriker des Krieges von 1793 die einschlägigen Archivmaterialien mit bewundernswerter Gründlichkeit durchforstet – Goethe taucht hier nirgendwo auf. Dies wird bis heute allerdings dadurch verdunkelt, dass Goethes später Bericht von gutgläubigen Geschichtsschreibern seit dem 19. Jahrhundert immer wie eine zeitgenössische Quelle behandelt und als solche nicht nur mit seinen eigenen Briefen vom 27. Juli 1793, sondern auch mit anderen Zeugnissen vom selben Tag wie dem Brief von Soemmerring an Heyne oder dem Bericht der «Hessen-Darmstädtischen Landzeitung» zusammengenommen wurde.[27]

Und es stimmt ja: Goethes Darstellung über die Tage der Kapitulation in seiner «Belagerung von Maynz» ist der literarisch eindrucksvollste, vor allem ist sie der ausführlichste zusammenhängende Bericht, der von diesem Ereignis überhaupt existiert. Darum hat er das Bild der Nachwelt von diesen Vorgängen bis heute geprägt. Trotzdem darf er nicht unkritisch verwendet werden, denn er wurde ja erst 27 Jahre später verfasst. Goethe diktierte die «Belagerung von Maynz» vom 6. bis 22. Februar 1820, Durchsicht und Revision des Textes für den Druck fanden am 11. April und am 5. Dezember 1821 sowie, unmittelbar vor der Drucklegung, im März und April 1822 statt. Diese gut dokumentierte Entstehung macht klar, dass wir keineswegs eine spontane Niederschrift unter unmittelbarem Eindruck des Erlebten vorliegen haben, sondern ein spätes Elaborat.[28] Denn auch die literarische Form, die Goethe hier wie in seinem gesamten Buch von der Campagne in Frankreich beobachtete, kann unkritische Leser täuschen. Die Darstellung kommt, ähnlich wie die «Italienische Reise», als Tagebuch daher. Doch anders als bei dem Reisebericht von 1786 hat es ein solches gleichzeitiges und sehr ausführliches Tagebuch, auf das sich Goethe bearbeitend hätte stützen können, nie gegeben. Der Anteil gleichzeitiger Notizen ist verschwindend gering. Goethe war berühmt für sein gutes Gedächtnis, aber dass er sich den Inhalt ganzer Kalender mit genauen Datierungen von Kanonaden und Bombardierungen hätte merken können, ist ausgeschlossen. Und aus solchen Tag

für Tag notierten Kriegshandlungen besteht ja vor allem die «Belagerung von Maynz» zum größten Teil. Goethe erarbeitete also mit Hilfe
fremder Quellen und Erinnerungsstützen eine literarische Form, die
wie ein persönliches Zeugnis daherkommt.[29] Für den französischen
Teil seines Kriegsbuches hat er sich eine beträchtliche Menge an zeitgenössischer Memoirenliteratur und sonstigen Geschichtswerken aus
der Weimarer Bibliothek ausgeliehen.[30]

Auch über Mainz finden sich dort einige Titel, doch nachweisbar und
gründlich hat Goethe dazu nur ein einziges Werk benutzt, eine seit dem
Herbst 1793, also unmittelbar nach den Ereignissen begonnene «Darstellung der Mainzer Revolution»[31], die schon 1794 mit 1034 Seiten abgeschlossen vorlag und deren Verfasser der um 1760 geborene Mainzer
Rechtsprofessor Anton Hoffmann war, den man nicht mit dem Jakobiner
und Administrationspräsidenten Andreas Joseph Hofmann verwechseln
darf.[32] Von Anton Hoffman ist wenig bekannt – seit 1791 war er Assessor
an der juristischen Fakultät der Universität Mainz –, doch seine Darstellung spricht für sich: Sie ist beißend antirevolutionär, detailliert und
außerordentlich zuverlässig. Hundert dokumentarische Beilagen zeigen,
dass Hoffmann Zugang zu amtlichem Material hatte und möglicherweise
auch im Auftrag der zurückgekehrten kurfürstlichen Regierung schrieb.
Als Quelle wird sie von der Jakobinerforschung und von den Historikern
der Mainzer Republik bis heute verwendet (auch wir haben das immer
wieder getan). Da diese gründliche und in den Grenzen ihres Ressen-
timents durchaus gut geschriebene, offenbar auch von eigenen Erlebnissen gestützte Erzählung streng chronologisch verfährt, jedes Ereignis
dabei genau und zutreffend datiert, nimmt sie in der Form selbst den
Charakter eines Tagebuches an oder dessen, was die Geschichte der
Historiographie «Annalistik» nennt, nur auf Tagesebene: für Goethes
literarische Zwecke eine ideale Grundlage.

Dasselbe gilt für seine zweite Hauptquelle zu den Mainzer Ereignissen, das Tagebuch des hier schon oft genannten Weimarer «Cämmeriers» Johann Conrad Wagner, der von 1737 bis 1802 lebte und Herzog
Carl August auf seinem Feldzug 1792/93 begleitete. Er war unter anderem für die persönliche Kasse des Herzogs verantwortlich, erledigte
aber auch zahlreiche andere Dienste und Besorgungen; wenn man seine
Rolle mit moderneren Worten zusammenfassen wollte, könnte man ihn
einen Butler oder einen persönlichen Referenten nennen, der im Funk-

Goethe rettet Clubbisten:
Titelkupfer aus der Wiener Ausgabe von Goethes Werken 1822.

tionsbereich zwischen dem Kammerdiener und dem Kassenwart tätig war. Sein handschriftliches Tagebuch, das zudem in einer zweiten Abschrift vorliegt, hat Goethe ausführlich studiert und vielfach verwendet, nicht nur als Gedächtnisstütze für Datierungen, sondern auch für zahlreiche farbige Einzelheiten.[33] Da Wagner und Goethe die Feldzüge von 1792 und 1793 über weite Strecken am selben Ort und in der gleichen Umgebung erlebten – beide waren persönliche Entourage im Tross des preußischen Generals Carl August, Herzog von Weimar –, konnte dieser auf die Notate seines Kriegskameraden wie auf eigene Aufzeichnungen zurückgreifen. Wagner erwähnt Goethe, und Goethe erwähnt Wagner, allerdings gilt dies nicht für die Mainzer Passagen – dort findet sich bei Wagner nichts über Goethe, obwohl sie beide nachweisbar in nächster Nähe beim Hauptquartier in Marienborn untergebracht waren.[34]

Eigene Aufzeichnungen Goethes haben sich aus dieser Zeit nur in minimalen Spuren erhalten, aus den Mainzer Tagen so gut wie nichts.[35] Vermutungen, Goethe habe auf später verloren gegangene Tagebuchblätter zurückgegriffen, sind spekulativ[36] und auch unnötig. Denn ein lebhaftes Gedächtnis vorausgesetzt, das Farben und Stimmungen beisteuert, lässt sich alles, was Goethe an datier- und lokalisierbaren Angaben macht, auf Hoffmanns «Darstellung» und Wagners Tagebuch zurückführen.[37] Die einzige Ausnahme stellt die Relation über den Ausfall der Franzosen nach Marienborn am 30./31. Mai 1793 dar, die Goethe am 2. Juni 1793 verfasste und so gut wie unverändert in den Text der «Belagerung» übernahm. Auch seine damaligen Briefe, vor allem die Berichte an Voigt und Jacobi vom 27. Juli 1793, lagen Goethe bei der Abfassung der «Belagerung» nicht vor, denn es handelt sich um im Feld geschriebene handschriftliche Originale, die damals bei den Empfängern lagen.[38] Eine Ausnahme mögen nur Goethes Briefe an seine Frau Christiane gewesen sein, doch ob er sie einsah, lässt sich nicht erkennen. Selbst wenn Goethe die Formulierungen seiner 27 Jahre früher geschriebenen Briefe noch im Kopf gehabt hätte, dann wären die Abweichungen in seiner späten Darstellung nur umso aussagekräftiger.

Mit diesem quellenkritischen Vorwissen soll nun, nachdem wir die unmittelbar zeitgenössischen Zeugnisse von 1793 – Goethes Briefe an Voigt und Jacobi, Soemmerrings Brief an Heyne, Wagners Tagebuch sowie die diversen Mitteilungen im damaligen Journalismus – kennengelernt haben, Goethes Darstellung aus dem Jahre 1820 noch einmal durchgegangen werden. Sie ist reich an zutreffenden Informationen, aber es zeigt sich auch, dass man die über mehrere Tage aufgebaute Episode von Goethes persönlichem Eingreifen am Platz vor dem Chausseehaus mühelos daraus abtrennen kann.[39]

Am 23. Juli begegnet Goethe demnach vor den Toren der Stadt einem ausgewanderten Mainzer, «welcher mit großer Hast und Lust seinen bisherigen Aufenthalt verlassend herbeylief den Auszug der Feinde triumphierend anzusehen, sodann den zurückgelassenen Clubbisten Tod und Verderben zu bringen schwor». Goethe, der den kleinen, etwa achtjährigen Sohn des Mannes in seine Kutsche nimmt, versucht zu begütigen, er mahnt, «daß die Rückkehr in einen friedlichen und häuslichen Zustand nicht mit neuem bürgerlichen Krieg, Haß und Rache müsse verunreinigt werden, weil sich das Unglück ja sonst verewige. Die Bestrafung solcher schuldigen Menschen müsse man den hohen Alliirten [also den Preußen, Kaiserlichen und Hessen] und dem wahren Landesherrn [dem Kurfürsten von Mainz] nach seiner Rückkehr überlassen.» Diese Zeilen resümieren auf knappste Weise die Situation des Bürgerkriegs und die rechtlichen Debatten, die hier in den beiden vorangegangenen Kapiteln ausführlich dargestellt wurden. Legitime Obrigkeit und Gewaltmonopol sollen Privatrache verhindern – Goethe bringt diesen Gesichtspunkt von Anfang an in seine fast romanhafte Szene, die durch die Anwesenheit eines Kindes einen weichen Zug erhält. [1]

Am 24. Juli verzögert sich der Auszug der Franzosen bis Mittag, einstweilen werden «bey Tisch und Topf» Gerüchte ausgetauscht. Erste Wagen rollen vorbei – vielleicht sind Clubbisten darin: «Leidenschaftliche Personen behaupteten man müsse nachsetzen.» Die Verfolgungswut flammt also schon auf. Aber niemand steht Wache; «woraus erhelle, sagten sie, daß man von oben herein durch die Finger sehen und alles was sich ereignen könnte dem Zufall zu überlassen geneigt sey». Das ist Goethes späte und undeutliche Version jener Geheimabsprache zwischen Kalckreuth und d'Oyré, von der er 1793 noch nichts wusste – inzwischen hatte er in Hoffmanns «Darstellung der Mainzer Revolution», die ihm 1820 zur Hand war, dazu auf S. 1014 folgenden Satz lesen können: «Nebst dieser Kapitulation hatten beide Generäle in Betreff jener Klubisten, welche nach Frankreich verlangten, die Vereinigung getroffen, daß selbige als französische Bürger ungekränket, jedoch so lang auf einer Festung in Deutschland in Verwahrung bleiben sollten, bis die nach Frankreich gebrachte Geiseln zurück gekommen seyen.» Doch bleibt festzuhalten, dass Goethes Darstellung eine eigene, positiv formulierte Rechtsposition der Clubbisten im Kapitulationsvorgang an keiner Stelle zur Kenntnis bringt. [2]

Der nächste Absatz [3] zeigt die erste Kolonne des Auszugs – Goethe beobachtet ihn vom Fenster des Chausseehauses aus, von bester Aussichtswarte. Es ist ein feierlicher Moment militärischer Ehren. Preußen gehen voran, Franzosen folgen, der «Marseillermarsch» erklingt als «revolutionäres Te Deum». Goethes beeindruckende Sätze – geschrieben nach dem Ende der napoleonischen Kriege – leisten dem überwundenen, aber edlen Feind einen ritterlichen erzählerischen Tribut. Vornehmer kann man sich von der Epoche der Revolutionskriege nicht verabschieden.[40] «Es war ergreifend und furchtbar.»

Dann folgt eine Szene [4], die wir aus etlichen anderen Berichten – Meiners und Meyer – bereits kennen: der Auftritt mit Merlin von Thionville und einer «anderen Figur in gleichem Costum links neben sich», jenem denunziatorischen Gastwirt Riffel, den Goethe 1793 beim Namen nannte, der nun aber anonym bleibt. Merlins stolze Intervention, die auf die Absprachen der Kapitulation pochte, wird nur angedeutet, aber keineswegs präzisiert; auch Carl Augusts Rolle bleibt unerkennbar, der Weimarer Herzog ist in der Formulierung «einige unserer dastehenden Offiziere» versteckt.

Am folgenden Tag, dem 25. Juli, wird der Auszug fortgesetzt, wie Goethe es sich im Tagebuch Wagners und in Hoffmanns «Darstellung» in Erinnerung rufen konnte. Sein eigener Text rügt, dass keine Anstalten an der Chaussee getroffen wurden, um Unordnungen zu verhüten. Dabei kommen nun schon die «ausgewanderten, gränzenlos unglücklichen Maynzer» bedrohlich in den Blick [5], die am Wegrand lauern und zu ihrer seelischen Erleichterung Fluch- und Racheworte ausstoßen. Diesmal gelingt den herausrollenden Wagen die Flucht nicht, und es kommt zu jener grässlichen Gewaltszene, deren Opfer ein blatternarbiger «Erz-Clubbist» ist [6]. Seine Frau entkommt, er aber wird auf dem Acker am Wegrand bis zur Unkenntlichkeit «zerprügelt» – wir haben das einleitend zitiert. Die Goethe-Kommentare identifizieren diesen «Erz-Clubbisten» immer mit Böhmer, unter Verweis auf den Brief von Soemmerring an Heyne.[41] Doch Böhmer wurde wohl schon am 24. Juli gefasst, das legen jedenfalls die «Hessen-Darmstädtische Landzeitung» und der Brief Soemmerrings nahe. War Böhmer blatternarbig? Die folgende Darstellung Goethes – der Erz-Clubbist wird in ein nahegelegenes Bauernhaus gebracht, wo er vor weiteren Tätlichkeiten sicher ist, aber nicht vor Beschimpfungen – passt ebenso gut zu dem, was wir von Mathias Metternichs Schicksal am 24. Juli wissen.[42] Die Frage muss offen bleiben, vor allem ist zu notieren, dass Goethe außer Merlin von Thionville keinen einzigen weiteren Namen in seinem doch sehr ausführlichen Bericht nennt. Metternich, Böhmer und Joseph Andreas Hofmann waren bei Abfassung von Goethes später Darstellung allesamt noch am Leben, und auch das kann ein Grund für diese Entscheidung sein: Der die Dinge von ferner Warte ins Typische hebende Erzähler mag schon aus Taktgründen auf die Individualisierung durch Namen verzichtet haben, wenn er sie denn überhaupt noch präsent hatte. Der wilde Merlin von Thionville lebte zwar ebenfalls noch (er starb am 14. September 1833 in Paris), doch war er längst eine ikonisch gewordene Figur der Revolution; für die anderen reicht eine

Englischer Kriegstourist mit Teetasse, Butterbrot und Zuckerhut:
Charles Gore in Mainz 1793.

allgemeine Kennzeichnung wie «Erz-Clubbist». Goethe sagt dann, er
hätte den Verprügelten gern gesehen; allein, es wird ihm abgeschlagen.
Wollte er das Trinkgeld nicht bezahlen, das die preußischen Soldaten
für den Zugang zu den Opfern kassierten?

Weiter am 25. Juli [7]: Goethe steht immer noch am Fenster, zusammen mit dem wie er selbst aus Weimar angereisten, ihm und dem Herzog
freundschaftlich verbundenen Engländer Charles Gore[43]; er beobachtet,
hier wieder von Wagner bestätigt, die mit den Franzosen ausziehenden
Frauen, die sich verspotten lassen müssen, aber als Verliebte ihre Würde
behalten – noch eine erzählerische Geste der Ritterlichkeit. Dann kommt
es erneut zu Drohungen, die vom Militär kaum gezügelt werden können:
«Die leidentschaftliche Bewegung war furchtbar.» Den Verdacht, den
Goethe die am Wegrand Schimpfenden äußern lässt, dass von den Abziehenden Mainzer Hab und Gut fortgebracht würde, lag nahe und findet
sich auch in Hoffmanns «Darstellung».[44]

Erst danach [8] entwickelt sich die große Szene von Goethes eigenem Eingreifen. Ein wohlgebildeter Mann zu Pferde, der von einer Frau in Mannskleidern begleitet ist, wird mit dem Tode bedroht. Das wütende Volk erkennt ihn als einen Architekten, der die Domprobstei – bei Goethe «Dom Dechaney» – geplündert und dann angezündet habe. Von den Gerüchten über Brandstiftungen durch die Clubbisten haben wir bereits gehört, sie kursierten vielfach nach der Kapitulation – dass sie wenig wahrscheinlich sind, muss hier nicht interessieren. Wer war dieser Architekt? Wieder nennt Goethe keinen Namen, daher bleibt die Identifizierung unsicher. Eine 1793 noch vor der Kapitulation in Frankfurt in durchaus denunziatorischer Absicht publizierte alphabetische Clubbistenliste[45] nennt einen Baumeister Mangin, und so hat man an François-Ignace Mangin (1742–ca. 1809), den Architekten der vornehm klassizistischen, während der Belagerung durch Bombenbeschuss und Brand zerstörten Domprobstei gedacht[46], die auch Goethe imponierte. Mangin blieb als gebürtiger Franzose 1792/93 in Mainz, er war wohl im Jakobinerclub, doch ohne besonderes Engagement. Die Verbindung des längst etablierten Baumeisters zu den Franzosen mag eher durch seine Nationalität als durch politische Überzeugung begründet gewesen sein.

Hier ist bemerkenswert, mit welcher Ausführlichkeit Goethe diese Szene entwickelt. [8]–[11] Sie allein ist fast ebenso lang wie die gesamte Darstellung der Ereignisse vom 24. und 25. Juli davor. Auf sie läuft der Bericht von diesen beiden Schreckenstagen hinaus; hier springt Goethe von seiner Beobachterposition am Fenster des Chausseehauses hinunter auf den Platz und ruft sein «Halt!», das dann der Gewalt an dieser Stelle ein Ende setzt. Und hier wird der Rahmen, der unter dem 23. Juli von Goethe geöffnet worden war, wieder geschlossen: Der Mann mit seinem Kind, das er in der Kutsche mitgenommen hatte, und den er vor Krieg, Hass und Rache gewarnt hatte, ist unter den Wütenden, die den unbenannten Architekten vom Pferd reißen wollen. [10] Ihn, den wir erst hier als Perückenmacher[47] kennen lernen (wiederum ohne Namen), redet Goethe persönlich an und erinnert ihn an seine Mahnung: «Habt ihr nicht darüber nachgedacht daß man durch Selbstrache sich schuldig macht, und daß man Gott und seinen Oberen die Strafe der Verbrecher überlassen soll (…)?» Danach kann der Auszug der Franzosen «gelassen» weitergehen.

Für die Glaubwürdigkeit von Goethes Bericht ist es von Belang, dass er die Szene vor einer großen zuschauenden Menge spielen lässt, die nicht nur Hintergrund ist, sondern selbst Akteur wird: «Nun staunte das Volk, war stumm, dann wogt' es wieder, brummte, schalt; Einzelne wurden heftig, ein paar Männer drangen vor, den Reitenden in die Zügel zu fallen.» Der Perückenmacher, den Goethe anredet, hat sich also aus der Menge, als ihr Vertreter, gelöst; ihn braucht Goethe, um mit der Menge reden zu können, er ist der Chorführer in dem dramatisch zugespitzten Auftritt. Am Ende der Szene erwidert Goethe auf den Dank des geretteten Architekten, «daß ich nichts als meine Schuldigkeit getan und die Heiligkeit dieses Platzes behauptet hätte». Der Mann und seine Begleiterin können nun unbehelligt fortziehen. «Die Menge war nun einmal an ihren Rachsinn irre gemacht, sie blieb stehen.» Diese Gegenwart einer großen Zahl von Zuschauern – wir wissen ja, dass viele Menschen an der Straße warteten – macht es so unwahrscheinlich, dass es von diesem Auftritt gar kein zeitgenössisches Zeugnis geben soll.

Die Menge verläuft sich, viele streben in die Stadt, um nach ihren Verwandten und ihrer Habe zu sehen. «Mehr aber trieb sie ihre höchst verzeihliche Wuth ihre verhaßten Feinde die Clubbisten und Comitisten zu strafen, zu vernichten, wie sie mitunter bedrohlich genug ausriefen.» [11] Das aber heißt: Die Gewalt hat außerhalb des von Goethe befriedeten Bezirks keineswegs ein Ende – in der Stadt geht sie weiter, ja sie beginnt zu diesem Zeitpunkt gerade erst, wie wir ja auch aus den anderen Berichten von diesen Tagen wissen. Goethes Rettungsaktion erscheint in seiner eigenen Darstellung als durchaus begrenzt, so groß er an dieser Stelle und für diesen Moment seinen Auftritt macht. Zweimal muss sich Goethe von Gore dafür tadeln lassen, dass er sich in solche Gefahr gebracht hat, und zweimal verweist er auf den reinen Platz vor dem Chausseehaus. Erst am Schluss der Szene steht, mit höchster Wirksamkeit, der oft zitierte Satz. «Indessen konnte sich mein guter Gore nicht zufrieden geben daß ich, mit eigener Gefahr, für einen unbekannten, vielleicht verbrecherischen Menschen soviel gewagt habe. Ich wies ihn immer scherzhaft auf den reinen Platz vor dem Hause und sagte zuletzt ungeduldig: es liegt nun einmal in meiner Natur, ich will lieber eine Ungerechtigkeit begehen als Unordnung ertragen.» [12]

Mit dem zweifachen Verweis auf den reinen Platz schließt Goethe eine noch größere erzählerische Klammer, denn unter dem 17. Juli, beim Einzug ins Chausseehaus, hatte seine Darstellung, wie wir bereits erwähnten, notiert: «Nach herkömmlicher Ordnungs- und Reinlichkeitsliebe ließ ich den schönen Platz davor kehren und reinigen, der bei dem schnellen Quartierwechsel mit Stroh und Spänen und allerlei Abwürflingen eines eilig verlassenen Cantonnements übersät war.» Goethes große Aktion zeigt also ein beispielhaftes Verhalten in einem deutlich abgegrenzten, ihm persönlich anvertrauten Raum, auf dem Platz vor dem Quartier des Herzogs von Weimar. Überall sonst geht die Gewalt weiter.

Bleiben wir zunächst bei der literarischen und quellenkritischen Einschätzung: Die Darstellung, die Goethe 1820 von den Ereignissen des 24. und 25. Juli 1793 gab, enthält zahllose Hinweise auf reales Geschehen, wie es in den zeitgenössischen Augenzeugenberichten dokumentiert ist. Es ist also nicht zu bezweifeln, dass viel eigener Erinnerungsstoff hier aufgehoben ist. Dabei verzichtet sie weitgehend auf Namen, benannt sind nur Merlin, natürlich Goethe selbst als Erzähler und Charles Gore, sein Mitbeobachter und Freund. Weder der angeredete «Perückenmacher», noch der «Erz-Clubbist», noch der bedrohte Architekt sind identifizierbar. Die Schreckensszenen werden wirksam eingerahmt von der doppelten Begegnung mit dem emigrierten Mainzer Perückenmacher und durch das Motiv des gereinigten Platzes. Zweimal mündet der Auszug in eine Gewaltszene, am 24. Juli wird der blatternarbige Erz-Clubbist verprügelt, am 25. droht dasselbe dem Architekten zu widerfahren, würde nicht Goethe als Herr des Platzes eingreifen. Das darf man einen wohlüberlegten, durchsichtigen Aufbau nennen: Vordergrund und Hintergrund wechseln sich ab, ebenso kollektives und individuelles Handeln, um das Ganze ist ein doppelter Rahmen gelegt. In dieser Komposition mag noch so viel nachprüfbare Wirklichkeit verwendet sein, als literarischer Text wirkt sie kunstvoll, ja raffiniert.

Wir haben es mit einem Meisterstück exemplarischen, lehrhaften Erzählens zu tun. Ob Goethes Darstellung von seiner eigenen Rolle faktisch zutrifft, wird man vermutlich nie mehr endgültig feststellen können; in den Augen nüchterner Historie, die alle Quellen vergleichend nebeneinanderlegt, muss sie für im höchsten Grade unwahrscheinlich gelten.[48] Aber angesichts der kunstvollen Konstruktion verliert diese Frage auch an Gewicht. Goethe hat seine autobiographisch-historische Darstellung literarisiert und mit großer Wahrscheinlichkeit an dieser

Architektonisches Paradies:
Die Dompropstei in Mainz von François-Ignace Mangin.

Stelle mit einem Element der Fiktion angereichert. Dadurch konnte er sie gegen die zeitgenössischen rechtlichen und politischen Diskussionen abdichten und zu einem Exempel für alle Zeiten machen, zu einem Besitz für immer. Der Gang durch das zerstörte Mainz am 26./27. Juli gehört wieder zu den beeindruckendsten Prosa-Seiten, die Goethe überhaupt geschrieben hat. [13] Nun ist keine Rede mehr davon, die Gebäude der Stadt hätten «nicht so viel gelitten als man glaubte», wie in dem Brief an Geheimrat Voigt von 1793. 1820 herrscht ein Ton vollendeter Trostlosigkeit.[49] «Den 26sten gelang es uns schon mit einigen Freunden zu Pferd in die Stadt einzudringen; dort fanden wir den bejammernswerthesten Zustand. In Schutt und Trümmer war zusammengestürzt was Jahrhunderten aufzubauen gelang, wo in der schönsten Lage der Welt Reichtümer von Provinzen zusammenflossen, und Religion das was ihre Diener besaßen zu befestigen und zu vermehren trachtete. Die Verwirrung die den Geist ergriff war höchst schmerzlich, viel trauriger als wäre man in eine durch Zufall eingeäscherte Stadt geraten.» Diese Bemerkungen nehmen nach der Zerstörung der deutschen Städte im Zweiten Weltkrieg eine Wucht an, von der Goethe keinen Begriff haben konnte. In seiner Welt gab es entweder verheerende Brände oder die nichtzufälligen Kriegszerstörungen. Es ist nicht die Zerstörung allein, die so schmerzlich stimmt, es sind die kriegerischen und politischen Ursachen, das Handeln der Menschen, die dazu führten.

Unter diesem Vorzeichen stehen die folgenden drei Seiten, die einen Abgesang auf die Kunstschönheiten aus der letzten Phase der kurfürstlichen Regierung enthalten, die Dompropstei, die zum Rhein absteigenden Gärten des Sommerschlosses «Favorite», beides nach Ausweis der Abbildungen einzigartig schöne Hervorbringungen des späten Rokoko und des frühen Klassizismus. [18] Zu der verwüsteten Zivilisation aus alter und neuer Zeit – der Dom ist mittelalterlich – kommen die zu Schanzzwecken verbrauchten Obstkulturen und die niedergetretenen Weinstöcke. Dass es nicht der Krieg allein, «sondern der durch Unsinn aufgelös'te bürgerliche Zustand» war, der «ein solches Unglück bereitet und herbeigeführt» hatte [20], zeigen Gespräche und Anekdoten vom Wegrand. Jeder redet von seinem «gränzenlosen Elend». Die am 24. Juni zwischen den Fronten verlassenen Ausgewanderten erzählen davon, aber auch eine alte Frau, die in einem niedrigen, fast in die Erde gegrabenen Häuschen den Schrecken überdauert hat; auch zu ihr, so berichtet sie, «sind die Hanswürste gekommen mit ihren bunten Scherpen» – den trikoloren Abzeichen der neuen Zeit, über die sich auch der Geheimerat von S. in den «Unterhaltungen deutscher Ausgewanderten» lustig gemacht hatte –, «haben mir befohlen und gedroht; ich habe ihnen aber tüchtig die Wahrheit gesagt: Gott wird mich arme Frau in dieser meiner Hütte lebendig und in Ehren halten, wenn ich euch schon in Schimpf und Schande sehen werde. Ich hieß sie mit ihren Narreteyen weiter gehen.» [16] Soll man es gespenstisch oder komisch finden, dass man in den Wirtshäusern von den Musikanten die Marseillaise und das «Ça ira» verlangt und die Gäste erheitert einstimmen und mitsingen? Solcher grölende Hohn ähnelt den umgestürzten Freiheitsbäumen, die nach dem Abzug der Franzosen überall in Stücke zerhackt wurden. Goethe nennt es «wundersam». [17]

Der Abschluss der «Belagerung von Maynz» und damit der Kriegs- und Revolutionsschriften Goethes deutet voraus auf die künftigen Weltschicksale bis 1806, «bis wir von ebendenselben Fluten uns überschwemmt, wo nicht verschlungen gesehen». Näher noch lagen die Nachrichten vom Schluss des Jahres 1793 und dem Anfang des folgenden: Sie ließen nur «Greueltaten einer verwilderten und zugleich siegberauschten Nation vernehmen».[50]

KAPITEL 7

MIT EINER ART
VON WUT

Es bleibt nun noch die Aufgabe, den so oft zitierten und so unterschiedlich gedeuteten Satz aus der in diesem Buch dargestellten Situation zu verstehen oder besser, ihn in ihren Zusammenhang zu stellen: «Es liegt nun einmal in meiner Natur, ich will lieber eine Ungerechtigkeit begehen als Unordnung ertragen.»

Zunächst muss festgehalten werden, wovon Goethe bei der Darstellung seines angeblichen Eingreifens, überhaupt in der «Belagerung von Maynz», schweigt: Die Diskussion über Bestrafung der Clubbisten ist ihm hier kaum ein Wort wert und auch nicht die Frage, ob die abziehenden Franzosen die moralische Pflicht gehabt hätten, ihre politischen Gefolgsleute zu schützen, mitzunehmen oder sich wenigstens für sie einzusetzen. 1793 scheint Goethe, wie wir festgestellt haben, von einer Geheimabsprache mit den Preußen, die sie zu Geiseln machte, keine Kenntnis gehabt zu haben, vielmehr registrierte er, dass die Franzosen sie verlassen hätten. Dieses Problem stand ihm auch vor Augen, als er die Rahmenhandlung der «Unterhaltungen deutscher Ausgewanderten» schrieb. Spätestens der Rechenschaftsbericht des Generals d'Oyré zu seinen Verhandlungen mit der preußischen Führung über die Kapitulation von Mainz, der seit Ende 1793 in französischer und deutscher Sprache gedruckt vorlag, könnte es ihm bewusst gemacht haben.[1] Außerdem hatte er im Sommer 1794 d'Oyré während dessen Festungshaft in Erfurt zu einem Gespräch aufgesucht.[2] In Anton Hoffmanns «Darstellung der Mainzer Revolution», Goethes Quelle im Jahr 1820, ist von einer solchen Absprache die Rede.[3] Umso auffälliger also ist, dass Goethe diesen Aspekt – offenbar bewusst – nicht zur Sprache bringt.

Rechtlich gesehen waren die Clubbisten nach dem Sachstand von 1793 entweder Geiseln oder Hochverräter. In beiden Rollen hätten sie selbstverständlich nicht einer wilden Rache oder «Pöbeljustiz» ausgesetzt werden dürfen; darüber gab es in der gleichzeitigen öffentlichen Meinung auch keinerlei Dissens. Goethes Briefäußerung vom 27. Juli, es sei gut, die Sache dem Zufall zu überlassen und die Gefangennehmung von unten herauf zu bewirken, ist in ihrer Zeit ganz isoliert – es mag sein, dass viele so gedacht haben, geschrieben wurde es kaum irgendwo. Wir müssen es als Zeugnis der Erregung eines Moments zur Kenntnis nehmen. Als Geiseln wie als Hochverräter hatten die Clubbisten Anspruch auf zivilisierte Behandlung und auf geordnete Verfahren, denn selbst eine strenge Bestrafung konnte nur nach Prüfung jedes einzelnen Falles vollzogen werden. Damalige Festungs- oder Todesstrafen waren nach heutigen Begriffen gewiss barbarisch, aber sie setzten gerichtliche Untersuchung und Entscheidung voraus.

Doch solche Rechtsfragen blendet Goethes späte Darstellung eben aus, und das ist kein Zufall, denn sie setzt elementarer an. Mit fast überdeutlicher Insistenz beharrt sie auf drei Gesichtspunkten: Erstens: die Opfer der Mainzer Revolution, also der Clubbisten und Comitisten, wurden grenzenlos beleidigt, ihr Zorn ist gerecht, ihre Wut höchst verzeihlich.[4] Zweitens: Hass, Rache, Selbsthilfe dürfen trotzdem nicht ihren Lauf nehmen, denn das würde das Unglück verewigen und neue Schuld hervorbringen.[5] Drittens: Die Bestrafung der Schuldigen, die gleichwohl notwendig ist, hat durch die legitime Obrigkeit zu erfolgen.[6] Das sind einfache Feststellungen, die sich eigentlich von selbst verstehen. Schreckliches war geschehen, es konnte nicht ungesühnt bleiben, doch Strafe konnte nur im Zeichen eines Gewaltmonopols verhängt und ausgeführt werden, sonst würde der Bürgerkrieg sich unabsehbar fortsetzen.

Goethe hat also auch seine Haltung gegenüber Jakobinern und Clubbisten zwischen 1793 und 1820 nicht geändert. Wir wissen zwar, dass er schon 1795 in den «Unterhaltungen deutscher Ausgewanderten» in Gestalt des jungen Barons einen erhitzten, aber nicht unsympathischen Anhänger der Revolution zeigte. Auch im Gesang «Klio» von «Herrmann und Dorothea» war 1797 überraschend einfühlsam «Von der begeisternden Freiheit und von der löblichen Gleichheit» die Rede und von den französischen Nachbarn, denen die Seele erhöht war: «Sie pflanzten

Bürgerliche Ehe statt Umsturz:
Herrmann und Dorothea, Illustration von Daniel Chodowiecki.

die munteren Bäume der Freiheit, / jedem das Seine verprechend und jedem die eigne Regierung; / Hoch erfreute sich da die Jugend, sich freute das Alter, / Und der muntere Tanz begann um die neue Standarte.»[7] Und der erste Freund Dorotheas gehörte zu denen, die sich von der Begeisterung anstecken ließen, er ging nach Paris, fand dort aber, wie so viele, einen schrecklichen Tod – Goethes Gedicht nennt die Guillotine nicht, doch jeder Zeitgenosse wusste, was gemeint war, wenn von einem edlen Jüngling die Rede war, der «im ersten / Feuer des hohen Gedankens nach edler Freiheit zu streben, / Selbst hinging nach Paris und bald den schrecklichen Tod fand».[8]

Man hat immer wieder vermutet, dass sich in dieser Gestalt eine melancholische Referenz auf die Mainzer Republik verbirgt. Der erste Verlobte, an den Dorothea noch im Moment ihrer neuen Verbindung

Adam Lux: philosophischer Bauer und Jakobiner.

mit Herrmann denkt, ist der sympathischste Vertreter der Revolution in Goethes Werken überhaupt. Er nimmt aus Liebe zur Freiheit wissend die Gefahr des Todes und damit für Dorothea den Verlust ihrer Liebe in Kauf: «Alles sah er voraus», so spricht trauernd diese, «als rasch die Liebe zur Freiheit, / Als ihn die Lust, im neuen veränderten Wesen zu wirken, / Trieb nach Paris zu gehn, dahin, wo er Kerker und Tod fand.» Seine Abschiedsworte an Dorothea formulieren das eine Prinzip des Zeitalters wie Herrmanns Schlussansprache das andere, entgegengesetzte.[9] So wurden die beiden großen Reden des Epenschlusses seit Humboldt verstanden. Ein reales Vorbild für diese idealische Gestalt könnte Adam Lux gewesen sein, der junge hübsche Mainzer Deputierte, der zusammen mit Georg Forster nach Paris ging, um den Anschluss der linksrheinischen Lande vor die Nationalversammlung zu bringen. Lux war in Paris bald entsetzt vom jakobinischen Terror und nahm Partei für Charlotte Corday, die Mörderin Marats. Das wurde ihm zum Verhängnis, er wurde verhaftet und starb am 4. November 1793 unter der Guillotine. Georg Forster, sein Gefährte, war bei der Hinrichtung unter den Zuschauern. An seine Frau Therese schrieb er am 27. November 1793: «Adam Lux hat sein Märtyrertum für Charlotte Corday mutig vollendet. Er soll vor dem Tribunal sehr unbefangen gewesen sein und gesagt haben, daß er nach den Gesetzen des Todes schuldig sei und wolle ihn gern leiden. Auf das Schafott ist er *gesprungen*.» Das Schicksal von Lux, der als «philosophischer Bauer» galt, weil er es als Sohn eines Landmannes zum Doktor der Philosophie gebracht hatte, bewegte die deutsche Öffentlichkeit ungeheuer, sogar Jean Paul widmete ihm in seiner Schrift über Charlotte Corday ergriffene Seiten. Zu diesem sentimentalen Geist passen die Worte, die Goethe den Verlobten von Dorothea sprechen lässt: «Heilig sei dir der Tag; doch schätze das Leben nicht höher / Als ein anderes Gut, und alle Güter sind trüglich.»[10]

Doch solches unparteiisches Wahrnehmen hat Goethes politische Haltungen im Kern nicht berührt. Das «Mädchen von Oberkirch», das Goethe 1795/96 entwarf, hätte die jakobinische Schreckensherrschaft in deutlich schärferer Weise auf die Bühne gebracht als die Posse des «Bürgergenerals».[11] Und hätte er nach 1802 die Trilogie vollendet, die mit der «Natürlichen Tochter» begann, dann hätte es mehr als nur Anspielungen auf die Zeit der *Terreur* gegeben.[12]

Dazu kam Goethes ebenso lebenslang beibehaltene Ablehnung des Revolutionsexports von Frankreich nach Deutschland. Hier lag und blieb der Hauptpunkt seiner Ablehnung der Revolution. Im «Bürgergeneral» sah das, vor der Belagerung von Mainz, noch wie eine fast läppische Maskerade aus. Nach dem Ende der Revolutionsepoche wurde er unversöhnlicher. In den «Tag- und Jahresheften» schrieb er um 1818 über seine Revolutionsdichtungen in den 1790er Jahren: «Man wird ihm [dem Verfasser Goethe] beistimmen wenn es ihn verdrießt, daß dergleichen Influenzen sich nach Deutschland erstrecken, und verrückte, ja unwürdige Personen das Heft ergreifen. In diesem Sinne war der *Bürgergeneral* geschrieben, ingleichen die *Aufgeregten* entworfen, sodann *die Unterhaltungen der Ausgewanderten*.»[13] Unwürdig, verrückt, Influenzen nach Deutschland – das ist deutlich.

Die «Campagne in Frankreich» wird niemand für ein antifranzösisches Buch halten können, es ist im Gegenteil ein gemessen an den nachnapoleonischen Umständen seiner Entstehungszeit geradezu provozierend unpatriotisches Werk; doch zugleich ist es skandiert von düsteren Bemerkungen über das gleichzeitig zum Kriegsgeschehen fortschreitende «Unheil der französischen Staatsumwälzung»[14] und seine Resonanz in Deutschland. «Was mir aber noch mehr auffiel», heißt es dort schon gegen Ende, nach dem misslungenen Feldzug, «war daß ein gewisser Freiheitssinn, ein Streben nach Demokratie sich in die höheren Stände verbreitet hatte; man schien nicht zu fühlen was alles erst zu verlieren sei, um zu irgend einer Art zweideutigen Gewinnes zu gelangen.» Büsten von Lafayette und Mirabeau wurden in solchen Kreisen fast göttlich verehrt! «So seltsam schwankte schon die Gesinnung der Deutschen; einige waren selbst in Paris gewesen, hatten die bedeutenden Männer reden hören, handeln sehen und waren, leider nach deutscher Art und Weise, zur Nachahmung aufgeregt worden, und das gerade zu einer Zeit, wo die Sorge für das linke Rheinufer sich in Furcht verwandelte.»[15] Damit hat Goethes Darstellung einige der mentalen Voraussetzungen des jakobinischen Experiments in Mainz notiert, von dessen näheren politischen Umständen seine Darstellung der Belagerung dann eisern schwieg.

Dass diese zunächst vor allem literarische Rezeption der Revolution auch Voraussetzungen in Stimmungen lange vor ihrem Beginn hatte, davon handelt eine selten zitierte Passage im zwölften Buch von «Dichtung und Wahrheit». Dort beschreibt Goethe, wie in einer Zeit des Friedens – die Jahre nach dem Frieden von Hubertusburg, der den Siebenjährigen Krieg beendete – eine Verbindung von Empfindsamkeit, Freiheitssinn und Gerechtigkeitsstreben eine neue Reizbarkeit in der öffentlichen Meinung erzeugt: «Im Frieden hingegen tut sich der Freiheitssinn der Menschen immer sehr hervor, und je freier man ist, desto freier will man sein. Man will nichts über sich dulden; wir wollen nicht beengt sein, Niemand soll beengt sein, und dieses zarte, ja kranke Gefühl erscheint in schönen Seelen unter der Form der Gerechtigkeit. Dieser Geist und Sinn zeigte sich damals überall, und gerade da nur wenige bedruckt [sic] waren, wollte man auch diese von zufälligem Druck befrein, und so entstand eine gewisse sittliche Befehdung, Einmischung der Einzelnen ins Regiment, die mit löblichen Anfängen, zu unabsehbar unglücklichen Folgen hinführte.» Hier erwähnt der Text jene Affäre um den zu Unrecht verurteilten, von Voltaire geretteten Calas, die Heinrich Mann dann gegen Goethe und für Voltaire ins Feld führen sollte. Aus solchen Beispielen, fährt Goethe fort, «entstand eine halb eingebildete halb wirkliche Welt von Wir-

kung und Gegenwirkung, in der wir späterhin die heftigsten Ange-
bereien und Verletzungen erlebt haben, welche sich die Verfasser von
Zeitschriften und Tagblättern, mit einer Art von Wut, unter dem
Schein der Gerechtigkeit erlaubten, und umso unwiderstehlicher dabei zu Werke gingen, als sie das Publikum glauben machten, vor ihm
sei der wahre Gerichtshof».

Ein gewisser Freiheitssinn, eine Art von Wut unter dem Schein der
Gerechtigkeit: Was vor Beginn der Revolution noch unschädlich war,
vor allem in dem «zerstückten Deutschland», in dem die «öffentliche
Meinung Niemanden nutzte oder schadete»[16], das wurde, seit die Revolution von Frankreich auf Deutschland übergriff, eine reale Gefahr, wie
die «Campagne in Frankreich» feststellt: «So ergriff mich nun die Revolution selbst als die gräßlichste Erfüllung; den Thron sah ich gestürzt
und zersplittert, eine große Nation aus ihren Fugen gerückt und nach
unserm unglücklichen Feldzug offenbar auch die Welt schon aus den
Fugen. Indem mich nun dies alles in Gedanken bedrängte, beängstigte,
hatte ich leider zu bemerken, daß man im Vaterlande sich spielend mit
Gesinnungen unterhielt, welche eben auch uns ähnliche Schicksale vorbereiteten.» Und dann folgt, was sich wie eine Beschreibung des deutschen Jakobinismus liest, ohne dass dieses Wort fällt: «Ich kannte genug
edle Gemüter, die sich gewissen Aussichten und Hoffnungen, ohne
weder sich noch die Sache zu begreifen, phantastisch hingaben; indessen ganz schlechte Subjekte bittern Unmut zu erregen, zu mehren und
zu benutzen strebten.»[17] Das ist ein Bild von einer folgerichtigen Ent-
wicklung, die von Neugier und Sympathie zur Nachahmung und zur
Ambition führte. Erst stellt man Mirabeau-Büsten auf, dann Freiheitsbäume und Galgen, am Ende herrscht bürgerlicher Krieg. So jedenfalls
stellte sich für Goethe unter literarischen Auspizien die Aufnahme der
Revolution in Deutschland dar; die kriegerische Rolle der Franzosen
und ihrer Armee ist dabei vorausgesetzt, denn jeder deutsche Zeitgenosse hatte sie erlebt.

Die verheerende Abfolge von Revolutionsbegeisterung und Revolutionskrieg hatte schon «Herrmann und Dorothea» mit hinreichen-
der Deutlichkeit dargestellt, und wer unserer Darstellung vor allem im
dritten Kapitel gefolgt ist, mag in den Versen des sechsten Gesangs
von Goethes kleinem Epos die Meisterschaft der Verknappung be-
wundern:

Da begann der Krieg, und die Züge bewaffneter Franken
Rückten näher; allein sie schienen nur Freundschaft zu bringen.
Und die brachten sie auch: denn ihnen erhöht war die Seele
Allen; sie pflanzten mit Lust die munteren Bäume der Freiheit,
Jedem das Seine versprechend, und jedem die eigne Regierung.
Hoch erfreute sich da die Jugend, sich freute das Alter,
Und der muntere Tanz begann um die neue Standarte.
So gewannen sie bald, die überwiegenden Franken,
Erst der Männer Geist, mit feurigem, muntern Beginnen,
Dann die Herzen der Weiber, mit unwiderstehlicher Anmut.
Leicht selbst schien uns der Druck des vielbedürfenden Krieges;
Denn die Hoffnung umschwebte vor unsern Augen die Ferne,
Lockte die Blicke hinaus in neueröffnete Bahnen.

Doch bald ändert sich die Szenerie, aus freundlichem Revolutionsexport wird ein Eroberungskrieg:

Aber der Himmel trübte sich bald. Um den Vorteil der Herrschaft
Stritt ein verderbtes Geschlecht, unwürdig, das Gute zu schaffen.
Sie ermordeten sich und unterdrückten die neuen
Nachbarn und Brüder und sandten die eigennützige Menge.
Und es praßten bei uns die Obern und raubten im großen,
Und es raubten und praßten bis zu dem Kleinsten die Kleinen;
Jeder schien nur besorgt, es bleibe was übrig für morgen.
Allzu groß war die Not, und täglich wuchs die Bedrückung;
Niemand vernahm das Geschrei, sie waren die Herren des Tages.

Die edle Begeisterung für die neuen Ideale macht ganz anderen, hässlichen Affekten Platz, der Wut, dem Streben nach Rache. Darauf wird der Krieg auf allen Seiten grausam und unedel. Von Vergewaltigungen ist die Rede (selbst Dorothea muss sich bekanntlich in einer von Wilhelm von Humboldt zu Goethes Verdruss geschmäcklerisch angefochtenen Passage gegen sexuelle Gewalt wehren):[18]

Da fiel Kummer und Wut auch selbst ein gelassnes Gemüt an,
Jeder sann nur und schwur, die Beleidigung alle zu rächen,
Und den bittern Verlust der doppelt betrogenen Hoffnung.

Und es wendete sich das Glück auf die Seite der Deutschen,
Und der Franke floh mit eiligen Märschen zurücke.
Ach, da fühlten wir erst das traurige Schicksal des Krieges!
Denn der Sieger ist groß und gut; zum wenigsten scheint ers,
Und er schonet den Mann, den besiegten, als wär' er der seine,
Wenn er ihm täglich nützt und mit den Gütern ihm dienet.
Aber der Flüchtige kennt kein Gesetz; denn er wehrt nur den Tod ab
Und verzehret nur schnell und ohne Rücksicht die Güter.
Dann ist sein Gemüt auch erhitzt, und es kehrt die Verzweiflung
Aus dem Herzen hervor das frevelhafte Beginnen.
Nichts ist heilig ihm mehr; er raubt es. Die wilde Begierde
Dringt mit Gewalt auf das Weib und macht die Lust zum Entsetzen.
Überall sieht er den Tod und genießt die letzten Minuten
Grausam, freut sich des Bluts und freut sich des heulenden Jammers.

Die Wut wird allgemein, sie ergreift nun auch die Deutschen:

Grimmig erhob sich darauf in unsern Männern die Wut nun,
Das Verlorne zu rächen und zu verteid'gen die Reste.
Alles ergriff die Waffen, gelockt von der Eile des Flüchtlings
Und vom blassen Gesicht und scheu unsicherem Blicke.
Rastlos nun erklang das Getön der stürmenden Glocke,
Und die künft'ge Gefahr hielt nicht die grimmige Wut auf.
Schnell verwandelte sich des Feldbaus friedliche Rüstung
Nun in Wehre; da troff von Blute Gabel und Sense.
Ohne Begnadigung fiel der Feind und ohne Verschonung;
Überall ras'te die Wut und die feige, tückische Schwäche.[19]

Was Goethe in diesen wenigen Dutzend Versen entwickelt, ist eine Psychohistorie der Revolutionszeit westlich des Rheins: von der Begeisterung zum Krieg, vom Krieg zum Bürgerkrieg, vom Edelmut zur Wut. Die Selbstzerfleischung der Revolution greift über auf das zunächst freundlich gesinnte Nachbarland, das sich nun selbst enthemmt, in einer Gegenwehr ohne Gnade. Das ist kein klassischer Krieg mehr, das ist ein Schlachten mit Gabeln und Sensen. Aus der literarischen Begeisterung der höheren, gebildeten Stände, so darf man diese Schilderungen aus «Campagne in Frankreich» und «Herrmann und Dorothea» zusammennehmen, war ein entfesselter Volkskrieg geworden. Und aus der zarten Wut eines überempfindlichen Gerechtigkeitssinnes war die elementare Wut geworden, die mit Sensen und Gabeln zu Werke ging. Das war der Weg, der zu den Jagdszenen im Hinterland von Mainz führte, von denen wir ausgingen.

So also sah Goethes historische Erfahrung im Winter 1792/93 aus, als ein zwanzigjähriges Kriegszeitalter begann. Absetzung und Prozess des französischen Königs Ludwig XVI. kennzeichnen die Epoche: «Die Welt erschien mir blutiger und blutdürstiger als jemals, und wenn das Leben eines Königs in der Schlacht für tausende zu rechnen ist, so wird es noch viel bedeutender im gesetzlichen Kampfe. Ein König wird auf Tod und Leben angeklagt, da kommen Gedanken in Umlauf, Verhältnisse zur Sprache, welche für ewig zu beschwichtigen sich das Königtum vor Jahrhunderten kräftig eingesetzt hatte.»[20] Die Absetzung des Königs war für Goethe kein Signal neuer Freiheit, sondern die Rückkehr zu überwundener Anarchie. Und dies führt zurück zur Clubbisten-Verfolgung am Ende der «Belagerung von Maynz». Der bürgerliche Krieg, der nun am Schluss einer eigentlich konventionellen, sogar in ritterlichen Formen ausgeführten Belagerung aufflammt, ist die zwangsläufige Folge der Wut, wenn das Gewaltmonopol außer Kraft gesetzt ist und, um es mit dem Begriff von Friedrich Gentz zusammenzufassen, eine Totalrevolution in Gang gesetzt wurde. Unrecht und Wut drohen zu einer endlosen Reaktionsschleife zu werden und das Unglück zu verewigen, wenn nicht eine legitime Obrigkeit dazwischentritt und dem Hass ein Ende setzt. Wie ernst Goethe dieses Problem nahm, zeigt der Umstand, dass seine Schriftstellerei zur Revolution mit der «Belagerung von Maynz» und den Bürgerkriegsszenen, auf die sie hinauslief, ihr Ende fand. Danach hat er zwar noch mündlich allerlei darüber geäußert, vor allem in langen Gesprächen mit Eckermann, aber nichts mehr zu ihr geschrieben. Auch die Gespräche mit Eckermann bekräftigten durchgehend lange gehegte Überzeugungen; dass die Revolution auch «wohltätige Folgen» hatte, konnte nach den napoleonischen Reformen und dem Abschluss der Kriegsperiode 1815 leichter eingestanden werden.[21]

Hatte Goethe 1820 bei Abfassung der «Belagerung von Maynz» noch im Kopf, dass er selbst den Affekt der Wut am 27. Juli 1793, im vielleicht beunruhigendsten Moment seiner politischen Biographie, geteilt und die regellose Verfolgung der Clubbisten nach der Kapitulation gutgeheißen hatte? Das wird sich nicht mehr feststellen lassen, gewiss ist nur, dass er die Wut der Clubbistenverfolger «höchst verzeihlich» fand, denn sie waren «gränzenlos beleidigt». Doch deren begreifliche Affekte mit irgendeiner Position von Gerechtigkeit zu identifizieren, die über das Verlangen nach persönlicher Genugtuung hinausginge, wäre ganz falsch. «Gerechtigkeit» war ja das meist irregeleitete Bestreben der Revolutionsanhänger und ihrer literarischen Vorläufer gewesen. Es ging um eine elementare, fast vorbegriffliche, umso schwerer abweisbare Reaktion auf unmittelbares Unrecht, nicht um theoretisch begründetes Handeln wie bei den Jakobinern.

Und doch stellt Goethe dar, dass er dieser Wut eine persönliche Grenze gesetzt habe, er setzt sich als Autor in ein Verhältnis zu dieser elementaren Wut. Für das Verständnis seiner Erzählung ist es nicht von Belang, ob er wirklich so gehandelt hat oder ob diese Episode eine nachträgliche fiktionale Ergänzung von sonst sehr plastischen und präzisen Erinnerungen darstellt, wie unsere Untersuchung es wahrscheinlich zu machen suchte. Im Gegenteil, wenn Goethe die Geschichte seines Eingreifens erfunden oder überhöht hätte, wäre das für sein Verständnis der damaligen Situation umso aufschlussreicher.

Goethe beschreibt sein Handeln als Notmaßnahme. Eine legitime Polizeigewalt oder sonstige Obrigkeit ist nicht in der Nähe; ein positives Recht außer dem Kriegsgebrauch, der freien Abzug gestattet, ist nicht abrufbar. Schreckliche Misshandlungen sind bereits vorgefallen und neue Untaten drohen. In diesem Augenblick übernimmt Goethe – das Subjekt der Erzählung – die Verantwortung an dem konkreten Ort, an den das Schicksal ihn gestellt hat: am Platz vor dem Chausseehaus an der Straße aus Mainz bei Marienborn. Er schützt den «Burgfrieden vor des Herzogs Quartier», «in dem blitzschnellen Gedanken, was der Fürst und General bei seiner Nachhausekunft sagen würde, wenn er über die Trümmer der Selbsthülfe kaum seine Thür erreichen könnte». [8] Mit dem Begriff des «Burgfriedens» ist Goethe in der Welt des Götz von Berlichingen, des «rohen, wohlmeinenden Selbsthelfers in wilder anarchischer Zeit», wie er in «Dichtung und Wahrheit» heißt.[22] Der Burgfriede bezeichnet einen geschützten Bereich, in dem Fehden von Privatleuten untersagt waren – hier gilt die Gewalt des Burgherren.[23] Im Zusammenbruch der staatlichen Ordnung, wie er nach der Kapitulation von Mainz eintrat, greift Goethe in seiner späten Erzählung also zum Mittel der Selbsthilfe gegen die Selbsthilfe. Er ruft «Halt!» und vollkommenste Stille tritt ein. Und fasst er den Kern seines Handelns in Worte: «Hier sey das Quartier des Herzogs von Weimar, der Platz davor sei heilig; wenn sie Unfug treiben und Rache üben wollten, so fänden sie noch Raum genug. Der König [von Preußen] habe freyen Auszug gestattet, wenn er diesen hätte bedingen und gewisse Personen ausnehmen wollen, so würde er Aufseher angestellt, die Schuldigen zurückgewiesen oder gefangen genommen haben; davon sey aber nichts bekannt, keine Patrouille zu sehen. Und sie, wer und wie sie hier auch seyen, hätten, mitten in der deutschen Armee, keine andere Rolle zu spielen, als ruhige Zuschauer zu bleiben, und ich litte ein für allemal an dieser Stelle keine Gewaltthätigkeit.» [9]

Das Volk staunt und es schwankt, also setzt Goethe noch einmal nach und redet öffentlich jenen Perückenmacher an, den er vor Beginn des Auszugs schon kennengelernt hat und warnt ihn davor, durch Selbstrache sich schuldig zu machen. Auf den Dank des Geretteten erklärt Goethe noch einmal, worauf es ihm ankam: er hat die «Sicherheit und Heiligkeit dieses Platzes behauptet». Dabei hat er sich hilfsweise zwar auch auf die Autorität des Königs von Preußen berufen, und mit dem «freien Abzug» wird auch ein öffentlich bekannter Teil der Kapitulation zitiert, ohne freilich auf die Clubbisten einzugehen; entscheidend aber ist das Moment der friedenssichernden Not- und Selbsthilfe an einem bestimmten, überschaubaren Ort. Und nun zeigt sich: Diese entschiedene Tat strahlt weiter aus. «Die Menge war nun einmal in ihrem Rachesinne irre gemacht, sie blieb stehen; dreißig Schritte davon hätte sie niemand gehindert. So aber ist's in der Welt», schließt der Absatz: «Wer nur erst über einen Anstoß hinaus ist, kommt über tausend. Chi scampa d'un punto, scampa di mille.» [10] Der ad hoc erklärte «Burgfriede» hat sich als behelfsmäßiger Ersatz für jene legitime Obrigkeit bewährt, die in diesem Moment nicht vorhanden und die durch die Revolution ganz grundsätzlich in Frage gestellt war. «Burgfriede», «Platzrecht», das sind die entscheidenden rechtlichen Begriffe dieser Episode; es sind archaische, konkrete Ordnungsbegriffe, weit vor einem ausgearbeiteten positiven Recht oder revolutionärer, gar utopischer Gerechtigkeit gelegen. Ordnung kann inselhaft bleiben, während Gerechtigkeit schnell einen Zug ins Grenzenlose annimmt, was sie mit der Rache gemeinsam hat.

Warum aber sollte solches Handeln eine «Ungerechtigkeit» darstellen? Der Zorn der beleidigten Mainzer war vielleicht gerecht, so wie das Christentum den gerechten Zorn Gottes oder der Frommen kennt, aber ihre Rache wäre gleichwohl ungerecht gewesen, also musste sie unterbunden werden. Allgemeiner gesagt: Ein Widerstreit zwischen Ordnung und Gerechtigkeit bestand an dieser Stelle und in diesem Moment gar nicht. Oder doch? Vielleicht hätte Goethe sogar anerkannt, dass es das Gerechtigkeitsempfinden von exportierten Mainzern verletzte, wenn einige von denen, die für ihr Unglück verantwortlich waren, ungeschoren davonkamen und dabei sogar noch geraubtes Beutegut mitnahmen. Sein Freund Gore hält ihm vor, daß er «mit eigner Gefahr, für einen unbekannten, vielleicht verbrecherischen Menschen so viel gewagt habe». [12] Wenn man Goethes Antwort darauf bezieht, dann hatte die «Ungerechtigkeit», die er der Ordnung zuliebe beging, zwei Seiten: Er entzog einen möglicherweise Schuldigen seinem verdienten, also gerechten Schicksal, und er brachte sein eigenes kostbares Leben dafür in Gefahr.

Doch das ändert ja nichts am Grundsätzlichen, auf dem Goethe mehrfach beharrt: Die Unterbrechung der Gewalt sichert überhaupt erst die Möglichkeit für Gerechtigkeit, und zwar noch vor dem positiven Recht, wie es in einer Kapitulationsbestimmung, einer Reichsacht oder dem Kriegsrecht niedergelegt sein mag. Goethes Erzählung ist viel elementarer, und darum lässt sie sich auf Debatten über die Kapitulation oder auf «rechtliches Bedenken» zu Schuld und Strafbarkeit der Clubbisten gar nicht näher ein. Ihr Sinn reicht über konkrete Umstände hinaus, sie ist exemplarisch in einem alteuropäischen Sinn, denn sie stellt eine immer gültige Maßgabe für ähnliche Umstände vor. Ob die Clubbisten den Fortschritt und die Zukunft vertraten, wie wir es heute gern sehen würden, und die verjagten Mainzer die Reaktion oder bedauerliche Opfer des Fortschritts, darf in einer solchen exemplarischen Erzählung keine Rolle spielen. Sie handelt vom Hier und Jetzt, von der menschlichen Verantwortung, die auch ohne Blick auf die Vergangenheit (die Untaten der Clubbisten) oder auf die Zukunft (die Ideale, für die die Clubbisten kämpften) gilt. Auch Sympathie oder Antipathie spielen keine Rolle – Goethes persönliche Sympathie galt eindeutig eher den leidenden Mainzern als den verprügelten Clubbisten, und dieser Affekt hatte ihn 1793 sogar zu einer unmenschlichen Äußerung verführt. «Es ist wahr, ich konnte kein Freund der Französischen Revolution sein, denn ihre Greuel standen mir zu nahe und empörten mich täglich und stündlich», sagte er zu Eckermann am 4. Januar 1824.[24] Gehörte nicht auch diese «Empörung», also Goethes eigene Wut, zu diesen Greueln? Diese ganz persönliche Wut hat er 1820 bewusst oder unbewusst zurückgenommen.

Es mag sein, dass die Goethe-Leser seit dem 20. Jahrhundert an seinem Rätselsatz so viel zu deuten haben, weil erst für uns Ordnung und Gerechtigkeit einen so tiefen Gegensatz bedeuten können. Das 20. Jahrhundert hat Unrechtsordnungen erlebt, von denen sich um 1800 selbst skeptische Zeitbeobachter keine Begriffe hätten machen können. Für uns ist ein Mindestmaß von Gerechtigkeit sogar die Voraussetzung einer Ordnung, die diesen Namen verdient, weil sie erst dann von allen akzeptiert werden kann. Goethes Satz artikuliert eine Spannung, nicht einen Gegensatz. Denn je länger man über das Problem nachdenkt, umso klarer erkennt man, dass Ordnung und Gerechtigkeit einander erst einmal bedingen, auch wenn sie sich dann auch wieder stören und wechselseitig aufheben können. «Es ist besser, es geschehe dir Unrecht, als die Welt sei ohne Gesetz. Deshalb füge sich jeder dem Gesetze.» «Es ist besser, daß Ungerechtigkeiten geschehen, als daß sie auf ungerechte Weise behoben werden.» Mit diesen Maximen[25] hat Goethe seine Präferenz für den Ordnungspol in dem Bedingungsverhältnis von Ordnung und Gerechtigkeit bekundet. Doch darin erschöpft sich der Sinn seiner exemplarischen Erzählung am Ende der «Belagerung von Maynz» nicht.

Denn diese ist als Selbstzeugnis angelegt, und so steht am Beginn des ominösen Satzes die Einleitung: «Es liegt nun einmal in meiner Natur.» Damit ist sogar eine gewisse Heftigkeit signalisiert, ein Beharren auf einer persönlichen Besonderheit, wie sie einer autobiographischen Darstellung durchaus ansteht. Und als solche hat sie eine Parallele in einem anderen Teil von Goethes Autobiographie, der «Italienischen Reise». Unter dem 14. Mai 1787 schildert Goethe dort eine Szene, die ähnlich chaotisch und bedrohlich war wie die vor dem Chausseehaus in Marienborn. Das Schiff, das ihn von Sizilien zurück nach Neapel bringen soll, gerät im Golf von Neapel nachts in Seenot, in eine Flaute, die es einer Strömung auf einen Felsen zu ausliefert und die eine Art klaustrophobischer Panik mit großer Unruhe, Schreien und Zetern bei den Passagieren auslöst. Auch hier wird die Menge immer lauter und wilder, auch hier drohen verwirrte Einzelne das ganze Schiff in Gefahr zu bringen, und auch hier tritt Goethe hervor und rettet die Situation mit einer Ansprache: «Mir aber, dem von Jugend auf Anarchie verdrießlicher gewesen als der Tod selbst, war es unmöglich zu schweigen.» Er redet die aufgeregte Menge an, um den Befugten, also den Steuerleuten, die allein das Schiff retten können, Ruhe zu verschaffen, und er versucht zugleich, die panischen Passagiere bei ihren eigenen Affekten zu packen, indem er sie auf die Muttergottes und ihren Sohn verweist, der die Apostel auf dem See Tiberias aus den Wellen zog, obwohl er selbst schlief. Und diese Worte tun die beste Wirkung, Ruhe kehrt ein, das Schiff kann gerettet werden.[26]

Dass ihm Anarchie immer verdrießlicher als der Tod selbst gewesen sei, ist eine ähnliche radikale Beschreibung des eigenen Wesens wie die, dass er lieber eine Ungerechtigkeit «begehen» wolle, als Unordnung ertragen. Goethes Abscheu vor unkontrollierbaren Situationen ließe sich noch vielfach belegen. Und natürlich reicht dieser Abscheu bis hinauf ins Politische. Goethes Kritik an der exportierten Revolution beruht auf einer nüchternen politisch-sozialen Analyse der Situation in Deutschland; seine Vorbehalte gegen die Revolution überhaupt – an ihrem Ursprungsort in Frankreich – aber reichen mutmaßlich noch in tiefere Schichten. Vor Chaos und Anarchie graute ihm regelrecht. Und auch von diesem Grauen ist viel in seiner späten Darstellung des Krieges im letzten Teil der Autobiographie zu spüren. Wovor graut einem am meisten? Vor dem, woran man selbst einen Anteil hat. Dass Goethe der Affekt politischer Wut zu Gebote stand, mag den seinerseits fast wütenden Ausbruch am Ende der «Belagerung von Maynz» über rationale Deutungen hinaus begreiflich machen: Er war im Stande, eine Ungerechtigkeit zu begehen, bevor das Chaos überhandnähme.

Daraus aber wurde ein großes Beispiel für etwas, das in Goethes Zeit noch keinen Namen hatte, dessen Bedeutung in modernen Gesellschaften aber seither immer sichtbarer geworden ist: Zivilcourage. Seltsamerweise hat noch kein Interpret diese naheliegende Nutzanwendung gezogen. Ein Mensch soll von einer Rotte verprügelt werden; ein anderer tritt dazwischen und rettet dem Bedrohten das Leben. Solche Heraus-

Goethe im Prophetenmantel.
Porzellanbild von Ludwig Sebbers 1826.

forderungen kennt jede Großstadt. Wenige Tage vor seinem Tod klagte Goethe in einem Gespräch mit Eckermann, dass all sein Wirken in den Augen gewisser Leute für nichts geachtet werde, weil er es verschmäht habe, sich in politische Parteiungen zu mengen. «Um diesen Leuten recht zu sein, hätte ich müssen Mitglied eines Jakobinerclubs werden und Mord und Blutvergießen predigen!» Eine gewisse Heftigkeit ist auch hier nicht zu überhören: «Doch kein Wort mehr über diesen schlechten Gegenstand, damit ich nicht unvernünftig werde, indem ich das Unvernünftige bekämpfe.»[27]

KAPITEL 8

SYMBOL DER

GLEICHZEITIGEN WELTGESCHICHTE

«Ein Volk muss seine Freiheit selbst erobern, nicht zum Geschenk erhalten»: Georg Friedrich Rebmanns Forderung von 1798 bringt das Problem der deutschen Revolutionsfreunde seit 1792 auf die kürzeste Formel.[1] Seit dem Einmarsch Custines wurden die Deutschen öfter erobert als befreit, und das verdammte die deutschen Jakobiner, all die Clubbisten und Publizisten und Amtsträger der Besatzungsregime, zur traurigen Rolle von Kollaborateuren. «In Deutschland stand die jakobinische Lösung nicht zur Erörterung», stellte Peter Hacks 1974 in einem Brief an Wolfgang Harich zu dessen Jean-Paul-Buch fest. «Die logische Konsequenz lautet: wer sie vertrat, dachte schlecht, die ästhetische: wer sie vertrat, schrieb schlecht. Das gilt nicht nur für Rebmann.» Hacks münzte dies auf Jean Paul, aber seine Frage lässt sich natürlich auch an den Forster der Revolutionsschriften mit ihrem übersteigerten Pathos richten. «Alle deutsche Jakobinerei», so Hacks, «war nichts besseres als Cohnbenditismus; nur so, übrigens, darf man den Bürgergeneral lesen.»[2]

Wie phantasmagorisch – cohnbenditistisch – die Episode der Mainzer Republik war, erwies sich, als die Franzosen am Jahreswechsel 1797/98 die längst zu einem Militärposten an den Grenzen der preußisch-österreichisch-französischen Einflusszonen degradierten, allen kurfürstlichen Residenzglanzes beraubte Festungsstadt wiedereroberten, um sie bald planmäßig dem erst konsularischen, dann kaiserlichen Empire Napoleons einzugliedern.[3] Aus dem Bollwerk der Freiheit wurde «le boulevard de l'Empire», mit allen teils vorteilhaften, teils schmerzhaften Modernisierungseffekten: egalitäre transparente Justiz und Verwaltung, Gewerbefreiheit, erbarmungsloser Steuerstaat, direkte Anbindung nach Paris, Wehrpflicht mit dem üblichen napoleonisch-hohen Blutzoll bei der männlichen Jugend, Krieg und Seuchen mit Tausenden auch ziviler Toter Ende 1814. Der Wohlstand der vom katholischen Hochadel und seinen europaweiten Pfründen lebenden kirchlichen Residenzstadt als «Centralort des Reiches» wich der öden Normalität einer vom Militär beherrschten strategischen Schlüsselposition im Aufmarschgebiet zweier Nationen, die bald viele Gründe fanden, sich bis aufs Blut zu hassen. Vorerst mussten die Freiheitsversprechen der erstickenden Atmosphäre einer Militärdiktatur mit gelenkter Öffentlichkeit, Spitzelwesen und überwachtem Briefverkehr weichen. Es gab schon Gründe, warum sich die deutsche Gesellschaft zwischen 1793 und 1814 nicht mehr so recht mit dem normativen Projekt des Westens anfreunden konnte – mit allen fatalen langfristigen Folgen, die sich daraus ergaben. Goethes Hauptpunkt, die Kritik an der von den einen mit Waffengewalt exportierten, von den anderen mit ideologischen Begriffen importierten Revolution, traf die Sache besser als alle geschichtsphilosophischen Raisonnements.

Als die Franzosen nach Mainz zurückkamen, hätten alte Rechnungen beglichen werden können, denn natürlich stellten sich etliche der 1793 so grausam traktierten Clubbisten wieder in den Dienst der altneuen Herren. Zu ihrer Ehre muss gesagt werden, dass es nicht alle waren – der hartleibige Völkerrechtsprofessor Andreas Joseph Hofmann verlor bald die Lust am neuen Bonapartismus.[4] Und andere wie Franz Konrad Macke (oder Macké) hatten die Größe, den Versuchungen neuer Macht nicht nachzugeben. Macke erließ gleich beim Einzug der Franzosen 1797 einen Aufruf an die geschundenen «Patrioten», der noch einmal an den grausamen 25. Juli 1793 erinnerte, dem Goethes ausführlichste Seiten zur selbsterlebten Zeitgeschichte gewidmet sind. «Wer von uns denkt nicht an diesen fürchterlichen Tag?», hieß es da. «Mit welchem Entsetzen müssen nicht erst unsere Quäler bei dieser Erinnerung desselben erbeben? Welche Beschämung, wieviel Reue und welche Verzweiflung in dem Bewußtsein finden, an diesem mit so raffiniertem Gräuel geschändeten Tage sich selbst so entehrt, die ganze Menschheit beleidigt und mit so vielem Rechte den Vorwurf des schwärzesten Terrorismus und der zügellosesten Anarchie verdient zu haben?» Macké rief dazu auf, es bei dieser Beschämung zu belassen und den Kreislauf der Gewalt nicht fortzusetzen, obwohl er selbst lange mit der kurfürstlichen Justiz hatte kämpfen müssen.[5]

Er selbst wurde «Maire», hochangesehen und hochdekoriert, der

Der Maire:
Franz Konrad Macké.

bei Napoleons Kaiserkrönung anwesend sein durfte, und dabei half, dass bei den Plebisziten die gewünschten überwältigenden Zustimmungen auch in dieser «bonne ville de l'Empire» (ein Ehrentitel, den Mainz nun erhielt) zustande kamen. Bis 1814 amtierte Macké, geschmeidig, professionell und konstruktiv fürs Wohl seiner Heimatstadt besorgt. In dieser Zeit, als Mainz säkularisiert und von Grund auf reformiert wurde – Kirchengut wurde in gewaltigem Ausmaß versteigert, die Kirchenbücher gingen in die öffentlichen Hände der Standesämter über –, entwickelte sich sogar ein neuer Patriotismus in der Stadt, deren Amtssprache offiziell das Französische wurde: Der Dialekt durchsetzte sich mit französischen Vokabeln, und noch lange nach dem Ende der napoleonischen Zeit sammelten sich die örtlichen Veteranen der Großen Armee in einem Verein zum Austausch von Erinnerungen – die deutsche Literatur und die deutsche Musik kennen diese napoleonische Nostalgie bis heute durch Heine und Schumann.

Goethe kam erst 1814 und 1815 zurück nach Mainz. Auf seinen Reisen an Main und Rhein traf er auch mit den Überlebenden beider Parteien von 1793 zusammen: Zwischen dem 21. und dem 24. Oktober 1814 verzeichnet sein Tagebuch drei Begegnungen in Hanau mit dem ehemaligen Mainzer Minister Albini, dem leitenden Staatsmann des Kurfürstentums, der im Sommer 1793 die politische Verfolgung der Clubbisten in geordnete, aber deswegen kaum weniger grausame Bahnen lenkte. Wir wissen nicht, worüber sich die Herren zwanzig Jahre später unterhielten, aber es werden schon auch Erinnerungen an die alten Tage gewesen sein. Dagegen ist gut bekannt, was der Gesprächsstoff ein Jahr später zwischen Goethe und Friedrich Lehne war, der inzwischen als Professor Lehné die Mainzer Stadtbibliothek leitete. Sulpiz Boisserée, der bei den Gesprächen dabei war, die am 11. August 1815 auch an der Table d'hôte der «Drei Kronen» – dem Gasthof, in dem sich Goethe und Carl August 1774 zum ersten Mal gesehen hatten – stattfanden, hat die Stichworte notiert: Es ging um die Mainzer Gemäldesammlung und um «Römische Altertümer, schön und klar geordnet, großer innerer Zusammenhang. – Die meisten Grabsteine von Kriegsleuten, aus den verschiedensten Teilen von Europa – die römische Herrschaft würkte hier ganz auf dieselbe Weise wie die französische.»[6] Lehne, der als junger Student 1792/93 ein glühender Mainzer Jakobiner, Mitglied im Wachsamkeitsausschuss und Sekretär der Konventskommissare Simon und Grégoire gewesen war, sich aber hatte retten können, mag damals nicht gewusst haben, dass sein berühmter Gast unter den Belagerungstruppen war, als er fliehen musste. Verstanden hat man sich jedenfalls gut, das Römische und womöglich sogar das Französische, bot eine gemeinsame Grundlage. «Goethes Vorliebe für das Römische ausgesprochen», so Boisserée weiter. «Er habe gewiß schon einmal unter Hadrian gelebt. Alles Römische ziehe ihn unwillkürlich an. Dieser große Verstand, diese Ordnung in allen Dingen sage ihm zu, das griechische Wesen nicht so.» Professor Lehne-Lehné, der schwerhörig geworden war und daher immer etwas zu laut sprach, dürfte verstanden haben, was Goethe meinte, jedenfalls bekam er im Jahr darauf eine lobende Erwähnung in der ersten Lieferung von «Ueber Kunst und Alterthum am Rhein und Mayn».[7]

Als sich Goethe dann wiederum drei Jahre später daran machte, seine Revolutionskriegserfahrungen darzustellen, hatte er deren beide

Valmy als Symbol:
Denkmal mit Goethe-Zitat in französischer Sprache.

zentralen Episoden in der annalistischen Lebensübersicht der «Tag-
und Jahreshefte» unterm Jahr 1793 bereits benannt: «Ein Tag im
Hauptquartiere zu Hans und ein Tag in dem wiedereroberten Mainz
waren Symbole der gleichzeitigen Weltgeschichte, wie sie es noch jetzt
demjenigen bleiben, der sich synchronistisch jener Tage wieder zu erinnern sucht.»[8] Der Ort Hans war das Hauptquartier bei jener Kanonade
von Valmy, die vielleicht nur durch Goethes berühmten Satz – «von
hier und heute geht eine neue Epoche der Weltgeschichte aus, und ihr
könnt' sagen, ihr seid dabei gewesen»[9] – einen so überragenden Rang in
den Geschichtsbüchern gewonnen hat.[10] Mit den beiden von Goethe
genannten Symbolen verbinden sich nicht zufällig seine zwei berühmtesten Sätze zur Zeitgeschichte, eben jener von der neuen Epoche der
Weltgeschichte und der von Ungerechtigkeit und Unordnung. Und in
beiden Fällen spricht viel dafür, dass wir es mit nachträglichen erzählerischen Ausgestaltungen zu tun haben.[11] Dass Goethe nicht abgeneigt

war, dem Historiker das Mittel der Fiktion zu erlauben, hat er im Widerspruch zu dem gleichzeitig aufkommenden Faktizitätsanspruch des Rankeschen Historismus in einer Aufzeichnung zu Walter Scotts Napoleon-Darstellung 1828 festgehalten: «Die Eigenschaft des Romans und die Form desselben begünstigt ihn, indem er durch fingierte Motive das Historisch-Wahre näher an einander rückt und zu einem Faßlichen vereinigt, da es sonst in der Geschichte weit aus einander steht, und sich kaum dem Geist am wenigsten aber dem Gemüt ergreiflich darstellt.»[12] Hier will jedes Wort ernst genommen sein: Das Historisch-Wahre wird erst durch fingierte Motive dem Geist und vor allem dem Gemüt *ergreiflich*. Das verweist auf jenes «gegenständliche Denken», das Goethe 1823, unmittelbar nach Abschluss seiner zeithistorischen Schriften, auch mit Blick auf seine lebenslange Befassung mit der Französischen Revolution für sich in Anspruch nahm.[13] Die Einheit von Denken und Anschauen, die sein «gegenständliches Denken» in den Naturwissenschaften zeige, erlaubt es auch von «gegenständlicher Dichtung» zu sprechen. «An eben diese Betrachtung», fährt Goethe fort, «schließt sich die vieljährige Richtung meines Geistes gegen die Französische Revolution unmittelbar an, und es erklärt sich die grenzenlose Bemühung, dieses schrecklichste aller Ereignisse in seinen Ursachen und Folgen dichterisch zu gewältigen.»

Hans und Mainz sind «Symbole gleichzeitiger Weltgeschichte», Geschichtsschreibung darf sich «fingierter Motive» bedienen, um dem Gemüt «ergreiflich» zu werden, und «gegenständliche Dichtung» dient der grenzenlosen Bemühung, das schrecklichste aller Ereignisse «dichterisch zu gewältigen» – der Zusammenhang dieser methodischen Bemerkungen gibt den Schlüssel für die beiden erzählerischen Hauptepisoden von Goethes später Zeitgeschichtsschriftstellerei. Es kann darin nicht um dokumentarische Treue gehen, sondern um die bedeutungsvolle Anschaulichkeit, die von der rhetorischen Tradition der europäischen Historiographie seit der Antike immer angestrebt wurde. Hier vertreten plastisch geschilderte Umstände und gnomische Sätze ganze Zeitalter, um das herzustellen, was Geschichtsschreibung vor ihrer positivistischen Epoche sein wollte: Besitz für immer.

Goethe brauchte für das Ende der «Belagerung von Maynz», der kahlen, verzweifelten Chronik von der Langeweile und Gewalt des Krieges, der Bösartigkeit des Bürgerkrieges und der Sinnlosigkeit von

Sinnlose Zerstörung:
Die Mainzer Dominikanerkirche nach der Bombardierung 1793.

Revolution und Gegenrevolution, eine große abschließende Szene. Und hier hat er sich selbst als moralisch Handelnden auftreten und bedeutende Sätze sagen lassen. Dabei ließ er die Wut, die auch ihn fast dreißig Jahre früher angefasst hatte, hinter sich und verwies auf ein sittliches Minimum in Situationen von Rechtlosigkeit und entfesselter Gewalt: Affektbeherrschung und Zivilcourage an dem Platz, auf den der Zufall den Einzelnen gestellt hat. Eine nüchternere, humanere Antwort auf die Epoche geschichtsphilosophischer Politik lässt sich kaum denken.

Besitz für immer – das hat sich sogleich bewahrheitet. Goethes Mainzer Szene wurde nicht nur zu einer der meistzitierten Passagen seiner Werke, sie wurde auch sofort Gegenstand einer bildlichen Darstellung. In der Ausgabe von Goethes Werken, die als Lizenz des Cotta'schen Verlags in Carl Armbrusters Buchhandlung in Wien herauskam, wurde für den 1822 gleichzeitig mit der Erstausgabe herausgekommen Band, der Goethes Kriegsschriften enthielt, als Titelkupfer sein Einschreiten beim Hauptquartier in Marienborn gestochen. Die Zeichnung dazu stammte von Ludwig Ferdinand Schnorr von Carolsfeld.[14] Der Satz von der Ungerechtigkeit, die Goethe lieber begehen wolle, als Unordnung zu ertragen aber wurde so sprichwörtlich, wie wir es hier einleitend vorgeführt haben. Wie immer man ihn versteht – als autoritäres Bekenntnis zur Ordnung um jeden Preis, als Ausdruck von kaltem Egoismus eines Privilegierten, als bürgerlich-positivistisches Rechtsdenken, als Einspruch gegen den Terror der Revolution und Plädoyer für soziale Freiheit oder als Selbstbekenntnis nach einem Akt der Zivilcourage im Ausnahmezustand, wie es hier vorgeschlagen wurde –, literarisch ist ihm gelungen, was sein Autor anstrebte: Er wurde zu einem Symbol für gleichzeitige Weltgeschichte. Dies aber setzt voraus, dass man Goethes Maßgabe für «gegenständliches Denken» folgt und den Satz nicht aus dem anschaulichen Zusammenhang löst, in den sein Erfinder ihn mit der ganzen Kraft seiner Erzählkunst gestellt hat.

ANHANG

TEXTE

Hessen-Darmstädtische Landzeitung

Heſſen - Darmſtädtiſche Landzeitung.

Samſtag, den 27. Jul. 1793. *No.* 77.

Mainz, vom 26. Jul.

Am 24ten marschirte die erste Kolonne der französischen Besazung und am 25ten die 2te Kolonne mit geschultertem Gewehr, klingendem Spiel und fliegenden Fahnen, jede mit 2 Kanonen und Munitionswagen und ihrer Bagage aus und preussische Truppen besezten die Stadt; nur die Kranken und die zum Lazareth und zum Transport der noch zurückgebliebenen Bagage, womit 8 Schiffe befrachtet werden, Kommandirte sind zurückgeblieben. Man könnte mancherlei Anekdoten von dem Abmarsch erzählen, welche den französischen Nationalcharakter bezeichnen: unter andern versicherten sie fast allgemein in vollem Ernst, daß sie binnen 3 Monaten wieder in Mainz einmarschiren würden. Nach der Angabe mehrerer französischer Offiziere betrug die Anzahl der abmarschirten Franzosen 13,000 Mann und ihr Verlust bei der Vertheidigung von Mainz in allem in 9000 Mann. Die Ausmarschirten sahen eben nicht sehr ausgehungert und auch ihre Pferde ziemlich gut aus. Nun sind bereits alle Lager um Mainz aufgebrochen und, was nicht zur Besazung hiesiger Stadt von Truppen erforderlich war, ist theils nach der Gegend von Landau, theils nach Lautern, theils nach Trier, theils nach den Niederlanden usw. auf dem Marsch. Die lange zurück-gehaltene Wuth der von den Klubbisten und auf deren Veranlassung so hart gedrückten Mainzer Einwohner erwachte bei dem Abmarsch der Franzosen auf eine fürchterliche Art: verschiedene dieser verrätheri-schen Teutschen (z. B. Böhmer) hatten sich in Nationalgarden-Uniform beim Abzug der Franzosen in die Glieder gestellt, um sicher aus der Stadt zu kommen; allein mit einer Wuth, die auf Nichts Rücksicht nimmt, stürzten die Mainzer in die Glieder und rissen sie unter gräßli-chen Verwünschungen heraus: und nachdem sie auf thätliche Art ihrer Rachsucht Genüge gethan hatten, übergaben sie dieselben der Wache; die Franzosen (auch ein National-Charakterzug) machten nicht die ge-ringste Mine, ihre Freunde zu retten, im Gegentheil schoben sie die-selbe lächelnd denen von Rache entbrannten Teutschen zu. Rüffel ritte bei der ersten Kolonne in Husaren-Uniform, da er als Hauptmann an-gestellt war, neben Merlin, der ihm gleich gekleidet war, aus Mainz; bei Marienborn stand ein Haufe Mainzer Emigranten und erwartete mit Sehnsucht den Augenblick, wo ihre Verweisung geendigt seyn würde; man seze sich an die Stelle dieser Leute, und man wird sich vorstellen können, was sie empfunden haben müssen, als sie den schändlichen Ver-räther mit trotziger frecher Mine und wahrscheinlich mit dem an ihnen gemachten Raub in den Taschen herankommen sahen; nichts konnte sie zurückhalten, sie rissen ihn aus der Kolonne und überhäuften ihn mit Schmähungen, seine mit Gold angefüllte Taschen waren in wenig Minuten ausgeleert und ausgetheilt. Nach dem Abmarsch der Franzo-sen waren die Einwohner von Mainz den ganzen Tag beschäftigt, die Klubbisten aus den Winkeln hervor zu suchen und in Arrest zu bringen; alle Augenblicke sahe man einen mit Kopfwunden bedeckt, mit zer-stoßener Nase, zerkraztem Gesicht, zerrissenen Haaren, mehr todt als lebendig durch die Straßen schleppen, und wann dem armen Schächter auf einen Augenblick Ruhe gelassen wurde, riß sich ein und der andere aus der Menge und ließ aufs neue seine Wuth an ihm aus. Raubsucht vereinigte sich mit der Wuth der Rache, und die Opfer kamen nicht leicht anders als im bloßen Hemd und leeren Hosen auf der Wache an. Unter den ausgefangenen Klubbisten befindet sich auch der Armenvater Rulff u. der berüchtigte Buchbinder Zech. Die meisten dieser Scenen fielen vor, während die teutsche Besazung einrückte, aber auch nachher konnten die Wachen ähnliche Auftritte nicht verhüten; manche Solda-ten wurden von der Wuth der Mainzer angesteckt und machten ge-meinschaftliche Sache mit ihnen. Gegen diejenigen Klubbisten, welche nicht anwesend waren (z. B. Patocki, Pithon usw.) wurde an den Häu-sern Rache ausgeübt, und dieselbe rein ausgeplündert, ja sie würden der Erde gleich gemacht worden seyn, wenn man es nicht ernstlich verhin-dert hätte. Die Scene bei Pithons Hause war komischgräßlich, während von innen alles losgerissen und weggebracht wurde, was losgerissen und weggebracht werden konnte, gossen andre aus einer Menge Gießkannen zum Fenster heraus unaufhörlich Wein in die aufgesperrten Mäuler ih-rer um das Haus stehenden Konsorten. Mit den Effekten wurde überall in den Strasen Handel getrieben und jeder bemühte sich Etwas von Klubbisten zum Andenken des Tags zu erhalten, noch einmal so gut schmeckte der Wein aus einem Klubbistenbecher! Das Ganze gab einen ziemlich anschauenden Begriff von einem Pariser Hohen Volksgericht, nur daß es diesmal nicht, wie sonst, von den Demokraten, sondern ge-gen die Demokraten gehalten wurde. Gestern gegen Abend kam der König unter lautem Jubel in unsre Stadt. Was den Schaden anbetrifft, den Mainz durch die Belagerung erlitten, so ist er zwar beträchtlich, aber lange nicht in dem Grad, als man geglaubt hatte. Die Mainzer be-haupten durchaus, daß die meiste Vewüstungen durchs Feuer nicht von teutschen Kugeln, sondern durch Anlegung entstanden seien, indem die Klubbisten hiezu Bösewichter aus dem französischen Troß gemietet hätten. Es ist wenigstens auffallend, daß fast blos geistliche und adeliche Häuser dieses Schicksal erlitten haben.

Samuel Thomas Soemmerring an Christian Gottlob Heyne

Frankfurt den 27. Juli 1793.

Auf die erste positive Nachricht von der Uebergabe von Mainz fuhr ich sogleich mit Freund Weidmann über Marienborn dahin, und kam glücklich ohngefragt noch vor unterzeichneten Punkten herein; versteht sich zu Fuß, denn der Herzog von Weimar und Goethe die voraus ritten, kamen nicht herein, weil sie zu Pferde waren. Unsere Bekannten, denen wir begegneten, stutzten für uns, als für Erscheinungen.

Außer entsetzliche Unreinlichkeit in meiner Wohnung, worüber sich Mad[ame] Böhmer so sehr gefreut hatte, fand ich nichts weggekommen, ja mein kleiner Vorrath von Lebensmitteln war noch unversehrt; eine Kugel hat das Haus von Außen, und eine Haubitze ein Bäumchen im Garten getroffen. – Auf keinem Zimmer meines Hauses entdeckte ich eine Brandstelle, sondern alles sieht in äußerer Gegend wie im vorigen Zustande aus, selbst in den Gärten rings um unsere Häuser ist alles gerade wie es war stehen geblieben – z. B. im Schönbornschen Garten ist kein Baum umgehauen. Die Sachen im Keller waren nur ein wenig von Schimmel angelaufen, doch lange nicht so viel, als wohl ehedem in meinen Zimmern des Klosters zu Altmünster.

Der Brand hat fast blos adliche große Häuser und Kirchen getroffen – doch traue ich mir inwendig im Dom alle Reparaturen in ein paar Tagen zu restituiren, so schrecklich er auch von Außen aussieht.

Theresens Sachen sind bei Diez. Mittwochs wurden die Thore besetzt; Donnerstag war der fürchterlichste Tag, wo die zurückgebliebenen Bürger die Clubbisten arretirten, und bis zur Wachtstube so gut sie vermochten mißhandelten. Die Franzosen sahen ruhig zu, und die Preußen halfen.

Auch in Forsters Wohnung war man um Clubbisten aufzusuchen; dem Maler Hikkel, dem Forster alles anvertraut hatte, that man nicht das mindeste. Nau, dessen Haus bis auf den Grund abgebrannt ist, ist nun schon eingezogen; nachdem der Generalreceptor die Bücher und Sachen in einem Zimmer zusammengethan und seine Siegel darauf gelegt hatte.

Böhmer ward als Sansculotte verkleidet vor dem Thore arretirt, geschlagen, seine Frau bei den Haaren aus dem Wagen gezogen.

Die Bürger spannten (denn hiervon war ich Augenzeuge) den aus dem Thor wollenden noch innerhalb der Stadt die Pferde, die sie als kurfürstlich erkannten, aus, – machten die Wagen umkehren, kurz thaten was sie wollten, ohngeachtet die französischen Officiers mit gezogenen Säbeln dabei ganz ruhig zu Pferde saßen.

Der erste Commandant d'Oyre und erste Commissair Blanchard bleiben als Geißeln für die Einwechselung der Assignate da; ich bin gewiß, daß beide zu uns übergehen.

Uebrigens waren noch vierzehn tausend streitbare Franzosen da, und sechzehn tausend zogen aus, – zweihundert Kranke blieben nur dort. Auch fehlte es weder an Proviant noch Munition. Diesen glücklichen Uebergang hat man der weisen Negotiation des General Kalckreuth zu danken. Die Treulosigkeit der Franzosen an ihren Anhängern, wird hoffentlich für's übrige Deutschland das warnendste Beispiel sein.

Wenn ich meine Sachen ein wenig rangirt habe, begebe ich mich weg, um kein Zeuge vom Auto-da-Fé zu werden, und wenn sich's ein wenig bei uns gesetzt hat, will ich meinen Plan für die Zukunft entwerfen – denn noch ist alles zu verwirrt, als daß ich's wagen darf, irgend etwas für mich zu entscheiden.

Ich bin froh, daß ich nun alle politica verlassen und mich in mein Museum zurückziehen kann. Werfe ich einen Blick über's Ganze, so scheint mir, daß alles, was bei uns vorgieng, nur geschadet – nichts gefruchtet hat. Behalten Sie mich ferner lieb.

Ihr nächster Brief wird mich in Mainz sicher treffen.

Soemmerring

(aus: Samuel Thomas Soemmerring: Briefwechsel. November 1792 bis April 1805 [Werke, Band 20]. Herausgegeben von Franz Dumont. Basel 2001.)

Johann Conrad Wagner
Meine Erfahrungen in den Jahren 1792. 1793. und 1794.
in den gegenwärtigen Kriege.

[Juli 1793]

20 /. diese Nacht um 12 Uhr war die Cannonade stärcker wie gewöhnl: biß gegen 1 Uhr, es fiel übrigens diesen Tag außer den gewöhnlichen, nichts sonderliches vor, außer daß die Herrn Fr: zu capituliren gedencken!

21 /. Mein Geschick führte mich heute in aller Frühe nach den Lager, es war wunderschön und kühle, ich verweilte lange daselbst, und wartete den Gottesdienst unter freyen Himmel mit ab. Wer einen solchen Gottesdienst noch nicht bey gewohnt hat, kan sich unmöglich etwas respectableres dencken, weiter will ich mich hierüber nicht ausdrücken; es scheint nicht anders als wenn Gott aus seiner heiligen Höhe selbst auf diese Krieger in stiller ernsthafter Stellung herab sähe. Der Feld Prediger ließ das erbauliche Lied: In dich hab ich gehoffet Herr, anstimmen, hielt an seine ernsthaften Schnurbärte eine erbaul: auf die Zeit und Umständte passende Predigt, ertheilte so dann den Seegen, und der lezte Vers gedachten Liedes, machte den Beschluß. Der Donner der Cannonen unter Gesang und Predigt, welcher die Feyerlichkeit vergrösterte, muß bey dieser Gelegenheit ja mit in Betrachtung kommen.

22 /. Die verwichne Nacht ist recht ruhig abgelaufen, man wolte wißen daß in aller Frühe das Regiment v Thadden, welches Regiment noch immer mit vielen Gefühl an Weimar denckt, und rühmt wie wohl es ihnen alda gegangen sey, die Citatelle besezt habe; H: Ober-Jägermeister v Stein schickte sogleich seinen Jäger ab, sich nach der Wahrheit zu erkundigen; als er zurück kam, war es zwar noch nicht biß dahin, allein er brachte doch die Trostvolle Nachricht daß um 9 Uhr der Commandant von Maynz nach den Haupt Quartier Marieborn beschieden sey. Ich konte mich nicht enthalten eiligst nach den Lager zugehen; der Commandant war schon alda als ich ankam; in den Lager des Königs wo derselbe war wimmelte alles von Menschen, Officiers, es wurde geritten, gefahren; alles hatte seine Neugier wie die Unterhandlungen wegen der Übergabe von Maynz ausfielen, gespannt, man erfuhr nichts gründliches! Indeßen profitirte jedermann von den 24 stündigen Waffenstillestandt; ein großer Theil Menschen lief biß vor Maynz, in Maynz hinnein, geängstete Bürger liefen bey dieser Gelegenheit noch aus Maynz, viele Fr: profitirten von den ofnen Thoren, gingen über, selbst Officiers, es war alles unter einander: Franzosen kauften ein Stück Speck einer Hand groß für 1 1/2 grosen Thaler, teutsche kauften Brandwein, es war

ein wahres untereinander! indeßen mag die Uneinigkeit der Fr: unter einander der Hauptsächl: Grund zur Veranlaßung der Übergabe seyn, auch, wer denckt sich wohl dieses: der Mangel an Flintensteinen! Der gröste Theil National Garden hat keine Strümpfe an, sondern lange Beinkleider, theils von Tuch, theils allerhand zeug, auch fehlt es vielen an Schuen, wie der Franzos aber erfinderisch ist, verschaft er sich solche von allerhand sachen, sieht toll aus! ich hielte mich lange im Lager, ging endl: nach Marieborn in das Hauß des H: Gen: Lieut: Gr: v Kalckreuth, auch hier war für die Neugierde nichts zu erwischen; der ganze Hof, alle Pläzgen hielt von Officiers und Ordonnance Pferden voll, einer fragte den andern, einer der mehr als der andere wißen wolte, kramte aus, einer log den andern an, man erfuhr, nichts gewißes; indeß wolte ich Mr D'oiré doch gerne sehen, verweilte daher lange, mir zu lange während ging ich endlich durch Marieborn durch, dißer Ort war völler als Auerbachs Hof in Leipzig zur Meßzeit ist; ich wandelte endlich müde und satt nach meinen alten Jägerhauße, bevor ich an leztern Ort, einigen plessirten Preußen nach meinen Vermögen eine Gabe abgereicht. Jezt bin ich gespannt, diß ist das Resultat des heutigen Tages für mich, höre ich heute Nacht, biß 11. Uhr ist der Waffenstillstand zu Ende, einen Cannonen Schuß, so ist alles rückgängig, höre ich nichts, so ist die Capitulation unterzeichnet, und nun will ich mich einmal auf diese Gefahr, ruhig auf meinen Strohsack nieterlegen. Wie werde ich mich Morgenfrüh freyen wenn es Ruhe geblieben ist!

Gottlob es blieb diese Nacht den 23. Ruhe, der Waffenstillestandt wurde biß heute morgen um 11. Uhr verlängert. Heute in aller Frühe kamen schon Bauern mit ihren Meubles, Weibern und Kindern gefahren, und zu Fuß, welche wieder in Brezenheim und Zahlbach einzogen, diese 2 Dörfer sind ganz zerschoßen, alle Fußböden und Keller aufgerißen und durchwühlt, kein Fenster, besonders in leztern Dorfe kein Ofen, Schloß oder Riegel mehr. Gestern kam ein Regierungs Rath aus Mannheim, ein Maynzer Hofrath, der 2 liebenswürdige Töchter in Maynz, welche die Belagerung ausgehalten, und einen Schwieger Sohn welcher als Geisel nach Landau abgeführt worden, ⟨hat,⟩ mit welchen ich die Zeit meines Hierseyns bekand worden, nebst einen Kaufmann aus Maynz zu mir, sie wünschten ins Lager, und wenn es mögl: wäre nach Maynz zu gehen, noch aber wurde lezteres nicht erlaubt, Gott waß hatten die Menschen für Freude, als sie von den Mannsteinischen Batterien auf die ich sie führte, die Besatzung abmarschieren sahen, die die vordern Wercke von Maynz, und deßen äusere Thore besezten; dieses geschahe deßhalb, daß die Preußen mit denen Francken in der Stadt keine Gemeinschaft haben sollen. Es ist bey jetziger Wärme ein außerordentl: Gestanck in diesen Wercken, weil alle die auf dieser Seite gebliebnen Francken alda sehr leicht eingescharrt liegen. Es ging von den innern Wercken der Stadt immer viel Pulver Rauch ohne Knall auf, man vermuthete daß sie ihre übrigen Patronen anzündeten. Es sind mit Mann und Mauß, Tross und Weiber mit gerechnet über 17 000 Seelen der Francken noch in Maynz, 10 000 sind diese Zeit gewiß Todt geschmißen worden. Lebens Mittel, so gar noch Vieh, hatten sie auf lange Zeit, auch Pulver genug. Heute geht unter Bedeckung der erste Transp: von 5000 Seelen nach Landau ab, morgen der 2te und so fort der dritte. Die Linien Trouppen behalten ihr Gewehr, aber ohne Munition; ihre Cannonen müßen sie sämtl: zurück laßen, der König hat Mr D'oiré zwey Stück geschenckt, nur diese gehen mit herauß, es muß ein groser Fund an Geschütz in Maynz gemacht werden. Der 2te Transp: wird nach Metz gebracht, ich weiß noch nicht wohin der 3te. Heute ist Maynz ganz auf, und es ströhmt alles dahin, auch werden schon LebensMittel hinnein gebracht, morgen will ich selbst hinne⟨i⟩n. Die Teutschen Clubbisten auch Deserteurs bleiben zurück, nichts als waß Franzos ist marchirt aus. Nun werden wir uns auch nicht lange mehr hier verweilen! wolte Gott es ginge nach Weimar.

24 / . Heute in aller Frühe machte ich nach den Lager, verschiedne Besorgungen zu machen, ich verweilte mich lange alda.

25 / . Ebenfalls in Lager verbracht, von den Chausseé Haußе, sahe ich die 2te Collonne der Francken aus Maynz aus, und vor daßelbe vorbey marchiren, Hiebey wäre erstaunent viel zu bemercken, viel lächerliches, schnurriges, trauriges, und spaßiges kam dabey vor; ich habe sogar richtig, und ganz genau bemerckt, daß unter denen Chasseurs ein Frauenzimmer als Chasseur gekleidet mit ritte, wie wohl viele Schönen aus Maynz, die sich von den Französ: Weibern recht sehr genau auszeichneten, und sich vermuthl: denen Francken ergeben haben, mit Vergnügen mit ihnen ab reißten; wie gesagt es wäre hiervon tausenderley zu bemercken.

Diesen Nachmittag 4 Uhr fuhr ich aus den Lager nach Maynz, auf diesen Wege passirte ich unsere Trenchéen, angelegte Wercke, der unsrigen und der Francken, wer dieses gesehen, wie die leztern, auch die Wercke von Mainz zerschoßen sind, bekomt allen Respect für die Preuß: sehr wohl bediente Artillerie; Ein Beweiß davon sahe ich weiter auf den Schloßplatz, hier standen die von uns demontirten Französ: Cannonen, allen war entweder in die Mündung, oder doch nahe an dieselbe geschoßen, und ganze Stücke davon gerißen, und dadurch dieselbe unbrauchbar gemacht. Der Franckfurther ZeitungsSchreiber gedenckt in seinen Stück 118. als eine grose Sonderheit, daß die lezte Französ: Cannonen Kugel welche aus Maynz geschoßen wurde, eben einen Oestereicher tödete; mir ist es aber noch wichtiger, daß die leztere von uns nach Maynz geworfene Haubitze den auf den Dohm Plaz stehenden Freyheits Baum, mitten aus einander schlug, welches ich selbst gesehen habe. Von den Dohm ist der Thurn aus, und das Dach abgebrannt, innen ist er aber noch ganz gut, weil das ganze Obertheil, oder beßer zu sagen die Decke, nur ein Gewölbe ist. Es lagen in denselben über 2000 grose Säcke mit Korn, und Waizen war Mannes hoch an verschiednen Flecken aufgeschüttet, wobey Preuß: Wache war. Auf den Dohm Plaz, den Freyheits Baum gegenüber stand ein von Custine verfügter, dahin gesezter Galgen, an denselben hing eine den Erz Clubbist Riffel, Wirth zum König von Engelland abgerißne Peruque, mit 3 Stück National Cocarden geziert. Die diesen Galgen gegenüber stehende Wache, war voller Clubbisten, die ohne diesen Schutz von gut gesinnten Maynzern gewiß erbärml: masacrirt worden wären, die aber ihren Richter nicht entgehen. Der gröste Spaß in herauß fahren war mir, ein Tzirskischer Dragoner brachte einen Kerl mit entblößten Seiten Gewehr in einer Französ: Montur, welchen der Kopf verbunden war, vor sich hergetrieben; auf Befragen wer er sey, war es der Erz Bösewicht, der Schulze von Ober Olm. Er wird seinen Cammeraden, der in Lager bey Marieborn an Weg gehenckt wurde, der auch auf ihn bekante, balde nachfolgen, Gott geleite ihn. Das ganze Schloß liegt noch voller blessirten, und Krancke, Krüppel sieht man genug. Ganz Maynz hat einen Fatalen Geruch, und so riegt jeder Franzos in freyen. Auf der Bley Aue, wo ihr Verlust sehr starck war, haben sie ihre Brüder so leicht eingescharrt, daß oft die Haare, Zehen, oder noch eine Hand herauß ragt, wenn man über sie hingeht so quatscht es als wenn sie antworteten. Ich ging nach Castel, dieses ist sehr befestigt; so gar in Grunde die Graben ausgemauert, vor denselben Wolfsgraben, und hinter demselben Verhaue angelegt.

Einige Pontons der Brücke sind dennoch von uns durchschoßen worden, welche ich mir selber weißen laßen. Maynz ist mehr zerschoßen, als verbrandt, freylich sind einige Kirchen und vorzügl: gute Häußer, worunter die Dohm Probstey gehört ein Raup der Flammen worden. Nach unterzeichneter Capitulation war I. M. der König mit ihrer Garde der erste so abmarschirte, dann gingen die Regimenter Tag und Nacht ab, wie sie entbehrt werden konten, von welcher Nation sie auch waren, jeder Weg geht nach Landau zu, Gott helfe uns alda Siegen und schütze den Herzog, den Gott biß daher auf mancherley Weise behütet und bewahret hat.

Transkription von Edith Zehm

Johann Lorenz Meyer
Mainz, nach der Wiedereinnahme durch die verbündeten Deutschen,
im Sommer 1793.

Uebrigens bestimt ein nicht öffentlich bekannt gemachter (und warum nicht bekannt gemacht?) Separatartikel der Kapitulation das Schicksal mehrerer ehemaliger Klubisten und Anhänger der
französischen Partei in Mainz dahin: «daß diejenigen unter ihnen welche sich erklärt haben, der französischen Partei folgen zu wollen, gegen
die von Mainz nach Landau von Cüstine und der Mainzer National-
Versammlung abgesandten Geißeln ausgeliefert werden sollen.» Hierdurch werden nun viele Arrestanten auf welche die meiste Schuld haften
soll, der Verlegenheit ihrer Richter und der Wuth des Pöbels, der ihre
schärfste Bestrafung laut fordert, entzogen werden.

Der 24ste Jul. der Tag des Auszugs der ersten Kolonne der Franzosen, würde vielleicht ein Tag der Erlösung für alle Klubisten gewesen
seyn, wenn sie dem Wink gefolgt wären, den man ihnen gleichsam

selbst in der Kapitulation dazu gab. Es war nehmlich stipulirt, daß die Emigranten erst nach dem gänzlichen Abzug der Franzosen, nach Mainz zurückkehren sollten. Der Pöbel sowohl, als die wenigen Emigrirten, welche sich am ersten Tage, dieser Weisung nach, nur erst in der Entfernung von Mainz bei Marienborn zeigten, würden sich solche Excesse nicht erlaubt haben, als sie sich am zweiten und dritten Tage, unter den Augen der deutschen Soldaten, erlaubten. Jene hatten sich am 24sten Julii nur einzeln versammelt und die Kolonne der ausziehenden Franzosen war 7000 Mann stark. Am zweiten und besonders am dritten Tage aber waren die Emigrirten haufenweise im Hauptlager zu Marienborn versammelt und lauerten dort auf ihren Raub. In der National-Uniform gekleidet und in den Gliedern rangirt, wurden die Klubisten von den Emigrirten angegriffen, herausgerissen, und nach erduldeten Mishandlungen aller Art den Preussen übergeben, ohne daß die Franzosen sich ihrer annehmen konnten, vielleicht in der Hoffnung, – und sie scheinen wenig Tage nachher diese Repressalien im benachbarten Zweibrückischen gebraucht zu haben, daß man für die Sicherheit dieser ihrer deutschen Glaubensbrüder sich schon anderswo würde Geisel verschaffen können. In den beiden ersten Tagen nach dem Abzug durchsuchten eben diese Emigranten, mit dem Pöbel verbunden, in Mainz die Häuser, und hier war es besonders, wo die unglücklichen Kubisten und auch die schuldlosesten unter ihnen, vor den Augen der eingezognen deutschen Truppen (!) aufs schrecklichste gemißhandelt wurden.

Am ersten Tage des Abzugs der französischen Besatzung entkam auch der berüchtigte Mainzer Gastwirth Riefel. Er war vermögend, und hatte Anfangs den größten Theil seines Geldes für die Revolution in Mainz verwendet. Nachher machte er sich der schändlichsten Bedrückungen und des Raubes schuldig. Mit geraubten Baarschaften seiner vormaligen Mitbürger, wie man behauptet, beschwert, ritt er in einer prächtigen Husarenuniform vor der Kolonne, zwischen dem mit ihm gleich gekleideten Merlin und dem Kommandanten von Kastel Dubayet. Merlin gab ihn für seinen Adjutanten aus, obgleich er in keiner Qualität als Deputirter eines Adjutanten bedurfte. Es war ein Vorgeben um seinen treuen Anhänger durchzuhelfen. – Durch die prächtige mit hohen Federn besetzte Mütze, welche Riefel trug, zog er die Aufmerksamkeit der Zuschauer auf sich. Ein Buchbinder, den er besonders hart gedrückt hatte, erkannte ihn bei Marienborn, «da ist der räuberische Bube!» rief er und drang mit einigen umstehenden Mainzern ein, um ihn aus dem Glied zu ziehen. Zitternd erwartete dieser sein Schicksal. Es entstand Unruhe und Lärm in der Kolonne, die wirklich Miene machte Gewalt mit Gewalt vertreiben wollen. Der Herzog von Waimar stand gerade an dem Platz. Der wilde Merlin schwenkte gegen den Herzog um und schrie: *Waimar! est ce ainsi qu'on tient la capitulation?* Dubayet aber wandte sich gegen die Kolonne und rief dreimal mit lauter Stimme: *je comte sur la lojauté du Roi de Prusse!* Der Herzog von Waimar versicherte ihn hierauf, es solle dem Riefel kein Leides geschehen, worauf Dubayet der Kolonne zurief: *Silence! pas ordinair! avancés!* – so wird die Ruhe wieder hergestellt und Riefel entkam glücklich.

Christoph Meiners
Bemerkungen auf einer Reise nach Mainz, in einem Briefe an einen Freund
Geschrieben im August 1793.

Kein Abwesender kann sich einen Begriff davon machen, mit welcher Wuth man schon in Frankfurt, und noch mehr in Mainz von den Clubbisten sprach. Die feinsten und gemäßigsten Leute trugen kein Bedenken, alle Arten von harten, und selbst niedrigen Schimpfworten gegen die Clubbisten auszustoßen. Der Abscheu gegen die Urheber der Gewaltthätigkeiten, und Räubereyen, die in Mainz verübt worden sind, ist gerecht: nur die Benennung, die man diesen Menschen gibt, ist durchaus unrichtig. Es war nicht der Clubb, welcher bald nach der Einnahme von Mainz errichtet wurde, sondern vielmehr das *Comité de surveillance*, welches die Einwohner von Mainz zwang den Eid der Treue zu schwören, und diejenigen, welche nicht schwören wollten, exportiren, ihre Sachen versiegeln, oder confisciren, und untersuchen ließ: unter welchen Vorwänden die größten Mißhandlungen und die schändlichsten

182

Diebereyen verübt wurden. Der Clubb wurde gleich beym Anfange der Blokade von dem *Comité de surveillance* aufgehoben, weil in Jenem mehrere rechtschaffene Männer waren, welche sich der Vollziehung des Decrets vom 15. December, und den daraus entstehenden gehäßigen Zwangsmitteln und Willkührlichkeiten widersetzten. Merlin beharrte bey dem Grundsatz: daß man die Menschen wider ihren Willen zwingen müsse, frey und nach Französischer Art glücklich zu seyn. Diesen Grundsatz hat Merlin in den letzten Zeiten im Convent selbst verworfen. Die Comitisten wandten diesen Grundsatz gegen ihre Mitbürger an, und daraus entstanden die Ungerechtigkeiten wodurch alle Gemüther, mann sollte nicht sagen, gegen die Clubbisten, sondern gegen die Comitisten so unversöhnlich aufgebracht sind. Viele dieser Werkzeuge einer willkührlichen Gewalt, machten sich eben so sehr bey den Franzosen, als bey ihren ehemaligen Mitbürgern verhaßt; und eben daher mag d'Oyré es gewagt haben, die so genannten Clubbisten nicht ausdrücklich in die Capitulation einzuschließen. Auch diejenigen, welche an den Clubbisten, oder vielmehr Comitisten die härteste Todesstrafe vollziehen sehen möchten, verabscheuen doch die Treulosigkeit, womit die Franzosen, oder vielmehr ihr General die meisten Teutschen Anhänger verlassen hat. Alle Comitisten, die mit der ersten Colonne ausmarschirten, kamen unangefochten durch: unter andern die Professoren Dorsch, und Hofmann, und der ehemalige Gastwirth Rüffel. Letzterer ritt in einer prächtigen Husarenuniform zwischen Merlin, und dem General Dübajet, der die erste Kolonne vom 7 bis 8000 Mann anführte. Als diese Kolonne in Marienborn vor den Preußen vorbeimarschirte, so machten eine Mainzer Bürger Mine, als wenn sie sich an dem Rüffel vergreifen wollten. Sogleich rief Dübajet mit einer äußerst imposanten Stimme, und einer eben so bedeutenden Schwenkung des Degens aus: *Je compte sur la loyauté du rol de Prusse*: Er wiederholte diese Worte dreymahl, und wandte sich dann zu seinen Soldaten mit den Worten: *pas ordinaire, pas lent, silence*. Hierauf trat der Herzog von Weimar hervor, und versicherte dem Dübajet, daß man die Capitulation in allen Puncten auf das genaueste halten werde: nach welcher Versicherung die Franzosen und ihre Clienten ungestört fortzogen. Auch mit der zweyten Colonne kamen noch manche Clubbisten durch. Erst bey der dritten Colonne stellten die Mainzer Bürger Glied vor Glied die genauste Untersuchung an, rissen alle Clubbisten, welche sie erkannten, aus der Mitte der Franzosen heraus, und mißhandelten sie auf die unbarmherzigste Art. Mehrere Clubbisten sollen von den Franzosen selbst mit Lachen ausgestoßen worden seyn. Einige blieben bis zum Abmarsch der letzten Colonne, weil sie, eine beyspiellose Verblendung! wähnten, daß sie gar nichts zu fürchten hätten, und daß man ihnen nichts von Bedeutung vorwerfen könne. Nach einem nicht unglaubwürdigen Gerücht sollen alle diejenigen, welche den Franzosen folgen wollten, vermöge eines geheimen Artikels gegen die Mainzischen Geißeln in Landau ausgeliefert werden. Bey dieser Voraussetzung kann man es begreifen, warum man viele Gefangene nach Ehrenbreitstein geschickt hat, da doch die zur Untersuchung der Clubbistensache errichtete Commission in Mainz sitzen soll. Auch läßt es sich dann erklären, warum man es dem Mainzer Pöbel erlaubte, nach Art des Pariser Pöbels Selbstrache zu üben: durch welches Verfahren man sonst fühlen muste, daß die Polizey verrufen, die nachherige Gerichtspflege verdächtig gemacht, Mitleid gegen die Schuldigen erregt, und viele Unschuldige in Gefahr gesetzt würden, Beschimpfungen und Mißhandlungen zu leiden, welche sie nicht verdient hatten. Gleich am Tage nach unserer Ankunft hieß es, daß man den zersägten und zerhauenen Freyheitsbaum mit Pomp verbrennen, und die Clubbisten unter allerley Hohn zu Zeugen dieser Handlung machen würde. Das Gerüst war wirklich errichtet, und das *corpus delicti* lag darneben. Am folgenden Tage dauerten Gerüst und Erwartungen des Publicums noch immer fort. In Frankfurt freute man sich darüber, daß die Cärimonie des Verbrennens des Freyheitsbaums, und die Ausstellung der Clubbisten am nächsten Tage vor sich gehen werde. Nach der Rückkehr in Göttingen wird es als gewiß erzählt, daß die Clubbisten unsichtbar geblieben, und Gerüst und Freyheitsbaum verschwunden seyen. Das Aufsuchen und Mißhandeln der Clubbisten ging während unsers Aufenthalts in Mainz noch immer seinen Gang fort; und es ist zu verwundern, daß bey den dadurch verursachten Aufläufen nur zwey Häuser geplündert worden sind. Eins dieser Häuser gehörte dem Herrn ..., der zwar einigemahl den Clubb besucht hatte, aber mit Vorwissen seiner rechtmäßigen Obern, und eines der vornehmsten Teutschen Heerführer, welchem er auch wirklich die wichtigsten Nachrichten mitgetheilt hatte. Dieser Mann, der nichts weniger, als ein Feind seiner Mitbürger gewesen war, erfuhr es, daß ein Pöbelhaufen gegen seine Wohnung im Anzuge sey.

Er gab hievon dem Herrn von … frühzeitige Nachricht, und bat sich zugleich Schutz gegen die Ruhestörer aus. Die angesehene Magistratsperson antwortete: daß sie keine Wache schicken könne, und daß man dem Volke für die Quaalen, welche es ausgestanden, die Genugthuung lassen müsse, sich selbst Recht zu verschaffen. Der Pöbel, unter welchen viele … Soldaten waren, drang heran, plünderte das Haus, mißhandelte den Besitzer, und nicht bloß diesen, sondern auch dessen Bruder, einen Trierischen Geistlichen, der erst kürzlich angekommen war, um seinen Anverwandten, wenn sie etwa in Verlegenheit seyn sollten, mit seinem geringen ersparten Vermögen auszuhelfen. Vergebens rief dieser, daß er ein neu angekommener Fremder, und während der Anwesenheit der Franzosen gar nicht in Mainz gewesen sey. Der räuberische Pöbel nahm ihm hundert Ducaten, eine goldene und silberne Uhr, ein Paar silberne Sporen, u.s.w. und führte ihn, wie den Bruder, unter beständigen Beschimpfungen fort. Glücklicher Weise begegneten die Gebundenen auf der Straße dem Mainzischen General, Herrn von … Der Trierische Pfarrer trug diesem Herrn seine, und seines Bruders Unschuld vor: worauf der Herr General die Volksrichter und ihre Gehülfen gefangen nehmen ließ, und die Gebundenen in Freyheit setzte. Man durchsuchte die Räuber, aber auf eine solche Art, daß von den entwandten Sachen gar nichts wiedergefunden wurde. – Die Pöbeljustiz ist sich allenthalben gleich.

Anton Hoffmann
Darstellung der Mainzer Revolution. Mainz 1793–1794.

Gleich nach der Unterzeichnung und Bestätigung der Kapitulation wurden sämmtliche Aussenwerker der Stadt Mainz und von Kassel, dann auch die Petersaue, in Gefolge des 11ten Artikels der Kapitulation, durch die deutsche Truppen besezt. (23ten Juli)

Nach dieser Besetzung bereiteten sich die Franzosen zum Abmarsch, zu dem ihnen jedoch die nöthigen Geldsummen fehlten. Um diese sich aber bald möglichst zu verschaffen, wurde ein Wechselagent, Ehrmann, nach Frankfurt geschikt, um daselbst auf die Gewährleistung des Kriegsrathes ein Anlehen von drei Millionen Livres an klingender Münze zu unterhandeln. In der Hoffnung, daß diese Summe als ein Darlehen geschossen würde, wurde den Bürgern bekannt gemacht, daß sie binnen vier und zwanzig Stunden ihre Belagerungsassignaten an den Kriegszahlmeister Herzog, entweder gegen baares Geld oder gegen Scheine, welche Auf Sicht ausgestellt und bei allen Zahlmeistern in den französischen Departements des Ober- und Niederrheins, der Meurthe und der Mosel zahlbar seyen, abzugeben; allein alles dieses mußte unterbleiben, weilen die Negotiationen in Frankfurt nicht glüklich ausfielen, und die Franzosen an einem andern Orte gerade nur so viel Geld erhalten konnten, als nothwendig war, die abziehenden Truppen bis auf die Grenzen zu unterhalten. Die erste Kolonne zog unter der Anführung des Konventskommissairs Merlin am folgenden Tage (24. Juli) und mit dieser mehrere Klubbisten, welche sich entschlossen hatten, künftig in Frankreich die von ihnen so hoch geschäzte Freiheit zu genießen.

Noch ehe diese Kolonne ausmarschiret war, wurden von dem Präsidenten der allgemeinen Administration mehrere Klubbisten, von denen man versichert war, daß sie mit den französischen Truppen ausziehen würden, eingeladen, auf der allgemeinen Administration zu erscheinen, wo sie sodann nach der Zusammenkunft anfiengen die gold- und silberne Borden auf den vielen Kirchenornaten, welche auf der Administration aufbewahret waren, abzutrennen, und am Ende die abgetrennte Borden, nebst noch einer Menge in verschiedenen Kirchen geraubten Silbers unter sich zu vertheilen, und so sich auf einige Zeit ein Auskommen, auf Kosten der ganzen Stadt verschafften. Die mit der ersten Kolonne ausgezogene Klubbisten waren glüklich genug fortzukommen, weilen nur sehr wenige Ausgewanderte oder Exportirte diese Kolonne ausmarschieren sahen. Nicht so glüklich waren jene Klubbisten, welche mit der zweiten Kolonne zu entwischen gedachten, weilen zu der Zeit, als diese Kolonne ausmarschirte, schon der größte Theil der Emigrirten und Exportirten vor der Stadt versammelt war. Die in den einzelnen Gliedern der Kolonne verstekte Klubbisten wurden mit Gewalt aus den Gliedern gerissen, und wirklich auf eine unverzeihliche Art von dem rasenden Pöbel mißhandelt. Viele von denselben wären vielleicht gar zu todte geschlagen worden, wenn nicht die preussische Patrouillen dazu gekommen und dem Unfuge ein Ende gemacht hätten. Ein anderer noch unverzeihlicherer Unfug ereignete sich in der Stadt: Viele der Exportirten und Emigrirten hatten sich schon am 24ten gegen den 10ten Artikel der Kapitulation in die Stadt eingeschlichen, und viele von diesen haben in Verbindung anderer, eben so unedeldenkender Stadteinwohner, welche die Belagerung ausgehalten, die einzelweis in die Stadt gekommenen deutschen Soldaten angefeuert, die Klubbisten zu plündern, und haben diese sogar in die Häuser der Klubbistern geführt; in manchem Klubbistenhaus blieb nichts, nicht einmal die Fenster und Thüren, bei manchen Klubbisten war die Plünderung nicht so groß, indem sich die Soldaten nur mit wenigem begnügten. Ein dritter Unfug wurde noch durch die Neufranken selbsten begangen, indem viele Soldaten noch kurz vor ihrem Auszug, den Keller des Stadtdirektors Heimes mit Gewalt erbrochen und den Wein getrunken haben. Die in zwei Kolonnen ausgezogene Franzosen waren 17 308 Mann stark, und an Kranken und Verwundeten blieben noch 3055 Mann zurück.

Nach dem völligen Auszuge der Neufranken wurde die Stadt durch hessische und preussische Völker besetzt, worauf alsbald der preussische Gouverneur und Generallieutenant von Wolframsdorf, und der Kommandant und Generalmajor von Grevenitz eine Verordnung bekannt machen ließen, in Gemäsheit welcher, im Namen des Königs von Preussen befohlen wurde, dem rechtmäsigen Landesherrn die schuldige Treue wieder zu leisten. Auch der Kurfürst Friedrich Karl hob in einer Proklamation alle von den Franzosen und ihren Anhängern mißbrauchte Gewalt und Herrschaft auf, und wies seine ihm wieder gegebene Unterthanen zum Gehorsam gegen die vaterländische Gesetze und gegen die rechtmäsige Obrigkeit an. Die Regierung, das Hofgericht, das Stadtgericht und das Vizedomamt eröffneten nun ihre Sitzungen wieder, und für die Untersuchung gegen die nach und nach alle in Arrest gebrachte Klubbisten, war ein besonderer Kriminalsenat angeordnet worden. Mehrere von diesen Klubsbrüdern, welche nach Frankreich verlangten, waren schon als Gegengeiseln für die von den Franzosen nach Belfort gebrachte Geißeln, nach Ehrenbreitstein auf die Festung gebracht worden. Auch das erzbischöfliche Generalvikariat fieng seine Sitzungen wieder an, und erklärte in einer Bekanntmachung, zur schleunigen Hebung der Sünden und Beseitigung aller Aergernisse, alle bei der Munizipalität oder auch vor einem nicht autorisirten Priester abgeschlossene Ehen, als null und nichtig, und verband dergleichen Eheleute unter schwerer Verantwortung, so lange getrennt von einander zu leben, bis sie in der gehörigen Ordnung das Sakrament der Ehe empfangen hätten. In einer andern Verordnung ertheilte es dem christkatholischen Volke in und um Mainz, einen beruhigenden und zurechtweisenden Unterricht, über die von unrechtmäßigen Priestern unternommene Ausspendung der h. h. Sakramente, der Taufe, der Buße und der Ehe. So war dann das alte Gebäude des Mainzer Staates, welches mit Gewalt von den Schwindelköpfen umgerissen worden war, in kurzer Zeit wieder hergestellt. Nur der Schade, den Mainz und die umliegende Gegend erlitten haben, wird noch nachkommende Generationen drücken.

Johann Wolfgang Goethe
Die Kapitulation von Mainz
(aus: Belagerung von Maynz).

Den 20. July. Der Commandant, General d'Oyre, überschickt eine Punctation, worüber verhandelt wird.

Nachts vom 21ten auf den 22sten July. Heftiges Bombardement, die Dominikaner-Kirche geht in Flammen auf, dagegen fliegt ein Preußisches Laboratorium in die Luft.

Den 22. July. Als man vernahm der Stillstand sey wirklich geschlossen, eilte man nach dem Hauptquartier um die Ankunft des französischen Commandanten d'Oyre zu erwarten. Er kam; ein großer wohlgebauter, schlanker Mann von mittlern Jahren, sehr natürlich in seiner Haltung und Betragen. Indessen die Unterhandlung im Innern vorging, waren wir alle aufmerksam und hoffnungsvoll; da es aber ausgesprochen ward daß man einig geworden und die Stadt den folgenden Tag übergeben werden sollte, da entstand in Mehreren das wunderbare Gefühl einer schnellen Entledigung von bisherigen Lasten, von Druck und Bangigkeit, daß einige Freunde sich nicht erwehren konnten aufzusitzen und gegen Mainz zu reiten. Unterwegs holten wir Sömmerring ein, der gleichfalls mit einem Gesellen nach Maynz eilte, freylich auf stärkere Veranlassung als wir, aber doch auch die Gefahr einer solchen Unternehmung nicht achtend. Wir sahen den Schlagbaum des äußersten Thores von fern, und hinter demselben eine große Masse Menschen die sich dort auflehnten und andrängten. Nun sahen wir Wolfsgruben vor uns, allein unsere Pferde, dergleichen schon gewohnt, brachten uns glücklich zwischen durch. Wir ritten unmittelbar bis vor den Schlagbaum; man rief uns zu: was wir brächten? Unter der Menge fanden sich wenig Soldaten, alles Bürger, Männer und Frauen; unsere Antwort, daß wir Stillstand und wahrscheinlich Morgen Freyheit und Oeffnung versprächen, wurde mit lautem Beyfall aufgenommen. Wir gaben einander wechselsweise so viel Aufklärung als einem jeden beliebte, und als wir eben von Segenswünschen begleitet wieder umkehren wollten, traf Sömmerring ein, der sein Gespräch an das unsrige knüpfte, bekannte Gesichter fand, sich vertraulicher unterhielt und zuletzt verschwand ehe wirs uns versahen; wir aber hielten für Zeit umzukehren.

Gleiche Begierde, gleiches Bestreben fühlten eine Anzahl Ausgewanderte, welche mit Victualien versehen erst in die Außenwerke, dann in die Festung selbst einzudringen verstanden, um die Zurückgelassenen wieder zu umarmen und zu erquicken. Wir begegneten mehreren solcher leidenschaftlichen Wanderer, und es mochte dieser Zustand so heftig werden, daß endlich, nach verdoppelten Posten, das strengste Verbot ausging, den Wällen sich zu nähern; die Communication war auf einmal unterbrochen.

Am 23. July. Dieser Tag ging hin unter Besetzung der Außenwerke sowohl von Maynz als von Kassel. In einer leichten Chaise machte ich eine Spazierfahrt in einem so engen Kreis um die Stadt als es die ausgesetzten Wachen erlauben wollten. Man besuchte die Trancheen und besah sich die nach erreichtem Zweck verlassene unnütze Erdarbeit.

[1] Als ich zurückfuhr, rief mich ein Mann mittleren Alters an und bat mich seinen Knaben von ungefähr acht Jahren, den er an der Hand mit fortschleppte, zu mir zu nehmen. Er war ein ausgewanderter Maynzer, welcher mit großer Hast und Lust seinen bisherigen Aufenthalt verlassend herbeylief den Auszug der Feinde triumphirend anzusehen, sodann aber den zurückgelassenen Clubbisten Tod und Verderben zu bringen schwor. Ich redete ihm begütigende Worte zu und stellte ihm vor: daß die Rückkehr in einen friedlichen und häuslichen Zustand nicht mit neuem bürgerlichen Krieg, Haß und Rache müsse verunreinigt werden, weil sich das Unglück ja sonst verewige. Die Bestrafung solcher schuldigen Menschen müsse man den hohen Alliirten und dem wahren Landesherrn nach seiner Rückkehr überlassen, und was ich sonst noch Besänftigendes und Ernstliches anführte; wozu ich ein Recht hatte, indem ich das Kind in den Wagen nahm und beyde mit einem Trunk guten Weins und Bretzeln erquickte. An einem abgeredeten Ort setzt' ich den Knaben nieder, da sich denn der Vater schon von Weitem zeigte und mit dem Hut mir tausend Dank und Seegen zuwinkte.

[2] Den 24sten July. Der Morgen ging ziemlich ruhig hin, der Ausmarsch verzögerte sich, es sollten Geld-Angelegenheiten seyn die man sobald nicht abthun könne. Endlich zu Mittag, als alles bey Tisch und

Topf beschäftigt und eine große Stille im Lager so wie auf der Chaussee war, fuhren mehrere dreyspännige Wagen, in einiger Ferne von einander, sehr schnell vorbey, ohne daß man sichs versah und darüber nachsann; doch bald verbreitete sich das Gerücht: auf diese kühne und kluge Weise hätten mehrere Clubbisten sich gerettet. Leidenschaftliche Personen behaupteten man müsse nachsetzen, andere ließen es beym Verdruß bewenden, wieder andere wollten sich verwundern: daß auf dem ganzen Weg keine Spur von Wache, noch Piquet, noch Aufsicht erscheine; woraus erhelle, sagten sie, daß man von oben herein durch die Finger zu sehen und alles was sich ereignen könnte dem Zufall zu überlassen geneigt sey.

[3] Diese Betrachtungen jedoch wurden durch den wirklichen Auszug unterbrochen und umgestimmt. Auch hier kamen mir und Freunden die Fenster des Chausseehauses zu Statten. Den Zug sahen wir in aller seiner Feyerlichkeit herankommen. Angeführt durch preußische Reiterey folgte zuerst die französische Garnison. Seltsamer war nichts als wie sich dieser Zug ankündigte; eine Colonne Marseiller, klein, schwarz, buntschäckig, lumpig gekleidet, trappelten heran als habe der König Edwin seinen Berg aufgethan und das muntere Zwergenheer ausgesendet. Hierauf folgten regelmäßigere Truppen, ernst und verdrießlich, nicht aber etwa niedergeschlagen oder beschämt. Als die merkwürdigste Erscheinung dagegen mußte jedermann auffallen wenn die Jäger zu Pferd heraufritten; sie waren ganz still bis gegen uns herangezogen, als ihre Musik den Marseillermarsch anstimmte. Dieses revolutionaire Te Deum hat ohnehin etwas Trauriges, Ahndungsvolles, wenn es auch noch so muthig vorgetragen wird; diesmal aber nahmen sie das Tempo ganz langsam, dem schleichenden Schritt gemäß den sie ritten. Es war ergreifend und furchtbar, und ein ernster Anblick als die Reitenden, lange, hagere Männer, von gewissen Jahren, die Miene gleichfalls jenen Tönen gemäß, heranrückten; einzeln hätte man sie dem Don Quichote vergleichen können, in Masse erschienen sie höchst ehrwürdig.

[4] Bemerkenswerth war nun ein einzelner Trupp, die französischen Commissarien. Merlin von Thionville in Husarentracht, durch wilden Bart und Blick sich auszeichnend, hatte eine andere Figur in gleichem Costum links neben sich; das Volk rief mit Wuth den Namen eines Clubbisten und bewegte sich zum Anfall. Merlin hielt an, berief sich auf seine Würde eines französischen Repräsentanten, auf die Rache die je-

der Beleidigung folgen sollte, er wolle rathen sich zu mäßigen, denn es sey das letztemal nicht daß man ihn hier sehe. Die Menge stand betroffen, kein Einzelner wagte sich vor. Er hatte einige unserer dastehenden Offiziere angesprochen und sich auf das Wort des Königs berufen, und so wollte niemand weder Angriff noch Vertheidigung wagen; der Zug ging unangetastet vorbey.

[5] Den 25. July. Am Morgen dieses Tags bemerkt' ich daß leider abermals keine Anstalten auf der Chaussee und in deren Nähe gemacht waren, um Unordnungen zu verhüten. Sie schienen heute um so nöthiger als die armen ausgewanderten, gränzenlos unglücklichen Maynzer, von entfernteren Orten her nunmehr angekommen, schaarenweis die Chaussee umlagerten, mit Fluch- und Racheworten das gequälte und geängstigte Herz erleichternd. Die gestrige Kriegslist der Entwischenden gelang daher nicht wieder. Einzelne Reisewagen rannten abermals eilig die Straße hin, überall aber hatten sich die Maynzer Bürger in die Chausseegraben gelagert, und wie die Flüchtigen einem Hinterhalt entgingen, fielen sie in die Hände des andern.

[6] Der Wagen ward angehalten, fand man Franzosen oder Französinnen, so ließ man sie entkommen, wohlbekannte Clubbisten keineswegs. Ein sehr schöner dreyspänniger Reisewagen rollt daher, eine freundliche junge Dame versäumt nicht sich am Schlage sehen zu lassen und hüben und drüben zu grüßen; aber dem Postillion fällt man in die Zügel, der Schlag wird eröffnet, ein Erz-Clubbist an ihrer Seite sogleich erkannt. Zu verkennen war er freylich nicht, kurz gebaut, dicklich, breiten Angesichts, blatternarbig. Schon ist er bey den Füßen herausgerissen; man schließt den Schlag und wünscht der Schönheit glückliche Reise. Ihn aber schleppt man auf den nächsten Acker, zerstößt und zerprügelt ihn fürchterlich; alle Glieder seines Leibes sind zerschlagen, sein Gesicht unkenntlich. Eine Wache nimmt sich endlich seiner an, man bringt ihn in ein Bauernhaus, wo er auf Stroh liegend zwar vor Thätlichkeiten seiner Stadtfeinde, aber nicht vor Schimpf, Schadenfreude und Schmähen geschützt war. Doch auch damit ging es am Ende so weit, daß der Offizier niemand mehr hineinließ; auch mich, dem er es als einem Bekannten nicht abgeschlagen hätte, dringend bat: ich möchte diesem traurigsten und ekelhaftesten aller Schauspiele entsagen.

[7] Zum 25. July. Auf dem Chaussehause beschäftigte uns nun der fernere regelmäßige Auszug der Franzosen. Ich stand mit Herrn Gore

daselbst am Fenster, unten versammelte sich eine große Menge; doch auf dem geräumigen Platze konnte dem Beobachtenden nichts entgehen.

Infanterie, muntere wohlgebildete Linientruppen kamen nun heran; Maynzer Mädchen zogen mit ihnen aus, theils nebenher, theils innerhalb der Glieder. Ihre eigenen Bekannten begrüßten sie nun mit Kopfschütteln und Spottreden: «ey Jungfer Lieschen, will Sie sich auch in der Welt umsehen?» und dann: «die Sohlen sind noch neu, sie werden bald durchgelaufen seyn!» Ferner: «hat Sie auch in der Zeit französisch gelernt? – Glück auf die Reise!» Und so ging es immerfort durch diese Zungenruthen; die Mädchen aber schienen alle heiter und getrost, einige wünschten ihren Nachbarinnen wohlzuleben, die meisten waren still und sahen ihre Liebhaber an.

Indessen war das Volk sehr bewegt, Schimpfreden wurden ausgestoßen, von Drohungen heftig begleitet. Die Weiber tadelten an den Männern, daß man diese Nichtswürdigen so vorbey lasse, die in ihrem Bündelchen gewiß manches von Hab und Gut eines ächten Maynzer Bürgers mit sich schleppten, und nur der ernste Schritt des Militairs, die Ordnung durch nebenhergehende Offiziere erhalten, hinderte einen Ausbruch; die leidenschaftliche Bewegung war furchtbar.

[8] Gerade in diesem gefährlichsten Momente erschien ein Zug der sich gewiß schon weit hinweggewünscht hatte. Ohne sonderliche Bedeckung, zeigte sich ein wohlgebildeter Mann zu Pferde, dessen Uniform nicht gerade einen Militair ankündigte, an seiner Seite ritt in Mannskleidern ein wohlgebautes und sehr schönes Frauenzimmer, hinter ihnen folgten einige vierspännige Wagen mit Kisten und Kasten bepackt; die Stille war ahndungsvoll. Auf einmal rauscht' es im Volke und rief: «Haltet ihn an! schlagt ihn todt! das ist der Spitzbube von Architekten, der erst die Dom-Dechaney geplündert und nachher selbst angezündet hat!» Es kam auf einen einzigen entschlossenen Menschen an und es war geschehen.

Ohne Weiteres zu überlegen, als daß der Burgfriede vor des Herzogs Quartier nicht verletzt werden dürfe, mit dem blitzschnellen Gedanken was der Fürst und General bey seiner Nachhausekunft sagen würde, wenn er über die Trümmer einer solchen Selbsthülfe kaum seine Thür erreichen könnte, sprang ich hinunter, hinaus und rief mit gebietender Stimme: Halt!

[9] Schon hatte sich das Volk näher herangezogen; zwar den Schlagbaum unterfing sich niemand herabzulassen, der Weg aber selbst war von der Menge versperrt. Ich wiederholte mein Halt! und die vollkommenste Stille trat ein. Ich fuhr darauf stark und heftig sprechend fort: hier sey das Quartier des Herzogs von Weimar, der Platz davor sey heilig; wenn sie Unfug treiben und Rache üben wollten, so fänden sie noch Raum genug. Der König habe freyen Auszug gestattet, wenn er diesen hätte bedingen und gewisse Personen ausnehmen wollen, so würde er Aufseher angestellt, die Schuldigen zurückgewiesen oder gefangen genommen haben; davon sey aber nichts bekannt, keine Patrouille zu sehen. Und sie, wer und wie sie hier auch seyen, hätten, mitten in der deutschen Armee, keine andere Rolle zu spielen als ruhige Zuschauer zu bleiben; ihr Unglück und ihr Haß gebe ihnen hier kein Recht, und ich litte ein für allemal an dieser Stelle keine Gewaltthätigkeit.

[10] Nun staunte das Volk, war stumm, dann wogt' es wieder, brummte, schalt; Einzelne wurden heftig, ein paar Männer drangen vor, den Reitenden in die Zügel zu fallen. Sonderbarer Weise war einer davon jener Perrückenmacher, den ich gestern schon gewarnt, indem ich ihm Gutes erzeigte. – Wie! rief ich ihm entgegen, habt Ihr schon vergessen, was wir gestern zusammen gesprochen? Habt Ihr nicht darüber nachgedacht daß man durch Selbstrache sich schuldig macht, daß man Gott und seinen Oberen die Strafe der Verbrecher überlassen soll, wie man ihnen das Ende dieses Elends zu bewirken auch überlassen mußte, und was ich sonst noch kurz und bündig aber laut und heftig sprach. Der Mann der mich gleich erkannte trat zurück, das Kind schmiegte sich an den Vater und sah freundlich zu mir herüber; schon war das Volk zurückgetreten und hatte den Platz freyer gelassen, auch der Weg durch den Schlagbaum war wieder offen. Die beyden Figuren zu Pferde wußten sich kaum zu benehmen. Ich war ziemlich weit in den Platz hereingetreten; der Mann ritt an mich heran und sagte: er wünsche meinen Namen zu wissen, zu wissen wem er einen so großen Dienst schuldig sey? er werde es zeitlebens nicht vergessen und gern erwiedern. Auch das schöne Kind näherte sich mir und sagte das Verbindlichste.

Ich antwortete, daß ich nichts als meine Schuldigkeit gethan und die Sicherheit und Heiligkeit dieses Platzes behauptet hätte; ich gab einen Wink und sie zogen fort. Die Menge war nun einmal in ihrem Rachesinn irre gemacht, sie blieb stehen; dreißig Schritte davon hätte sie niemand gehindert. So ist's aber in der Welt, wer nur erst über einen Anstoß hinaus ist kommt über tausend. Chi scampa d'un punto, scampa di mille.

[11] Als ich nach meiner Expedition zu Freund Gore hinaufkam rief er mir in seinem Englischfranzösisch entgegen: Welche Fliege sticht Euch! Ihr habt Euch in einen Handel eingelassen, der übel ablaufen konnte.

Dafür war mir nicht bange, versetzte ich; und findet Ihr nicht selbst hübscher, daß ich Euch den Platz vor dem Hause so rein gehalten habe? wie säh es aus wenn das nun alles voll Trümmer läge, die jedermann ärgerten, leidenschaftlich aufregten und niemand zu Gute kämen. Mag auch jener den Besitz nicht verdienen den er wohlbehaglich fortgeschleppt hat.

Indessen aber ging der Auszug der Franzosen gelassen unter unserm Fenster vorbey; die Menge die kein Interesse weiter daran fand verlief sich; wer es möglich machen konnte suchte sich einen Weg um in die Stadt zu schleichen, die Seinigen und was von ihrer Habe allenfalls gerettet seyn konnte, wiederzufinden und sich dessen zu erfreuen. Mehr aber trieb sie die höchst verzeihliche Wuth ihre verhaßten Feinde die Clubbisten und Comitisten zu strafen, zu vernichten, wie sie mitunter bedrohlich genug ausriefen.

[12] Indessen konnte sich mein guter Gore nicht zufrieden geben daß ich, mit eigener Gefahr, für einen unbekannten, vielleicht verbrecherischen Menschen soviel gewagt habe. Ich wies ihn immer scherzhaft auf den reinen Platz vor dem Hause und sagte zuletzt ungeduldig: es liegt nun einmal in meiner Natur, ich will lieber eine Ungerechtigkeit begehen als Unordnung ertragen.

[13] Den 26 und 27. July. Den 26sten gelang es uns schon mit einigen Freunden zu Pferd in die Stadt einzudringen; dort fanden wir den bejammernswerthesten Zustand. In Schutt und Trümmer war zusammengestürzt was Jahrhunderten aufzubauen gelang, wo in der schönsten Lage der Welt Reichthümer von Provinzen zusammenflossen, und Religion das was ihre Diener besaßen zu befestigen und zu vermehren trachtete. Die Verwirrung die den Geist ergriff war höchst schmerzlich, viel trauriger als wäre man in eine durch Zufall eingeäscherte Stadt gerathen.

Bey aufgelöster polizeylicher Ordnung hatte sich zum traurigen Schutt noch aller Unrath auf den Straßen gesammelt; Spuren der Plünderung ließen sich bemerken in Gefolg innerer Feindschaft. Hohe Mauern drohten den Einsturz, Thürme standen unsicher, und was bedarf es einzelner Beschreibungen, da man die Hauptgebäude nach einander genannt wie sie in Flammen aufgingen. Aus alter Vorliebe eilte ich zur Dechaney, die mir noch immer als ein kleines architektonisches Paradies vorschwebte; zwar stand die Säulen-Vorhalle mit ihrem Giebel noch aufrecht, aber ich trat nur zu bald über den Schutt der eingestürzten schöngewölbten Decken; die Drathgitter lagen mir im Wege, die sonst netzweise von oben erleuchtende Fenster schützten; hie und da war noch ein Rest alter Pracht und Zierlichkeit zu sehen, und so lag denn auch diese Musterwohnung für immer zerstört. Alle Gebäude des Platzes umher hatten dasselbige Schicksal; es war die Nacht vom 27sten Juny wo der Untergang dieser Herrlichkeiten die Gegend erleuchtete.

[14] Hierauf gelangt' ich in die Gegend des Schlosses, dem sich niemand zu nähern wagte. Außen angebrachte bretterne Angebäude deuteten auf die Verunreinigung jener Fürstlichen Wohnung; auf dem Platze davor standen, gedrängt ineinander geschoben, unbrauchbare Kanonen, theils durch den Feind, theils durch eigene hitzige Anstrengung zerstört.

Wie nun von außen her durch feindliche Gewalt so manches herrliche Gebäude mit seinem Inhalt vernichtet worden, so war auch innerlich Vieles durch Rohheit, Frevel und Muthwillen zu Grunde gerichtet. Der Pallast Ostheim stand noch in seiner Integrität, allein zur Schneiderherberge, zu Einquartirungs- und Wachstuben verwandelt: eine Umkehrung verwünscht anzusehen. Säle voll Lappen und Fetzen, dann wieder die gypsmarmornen Wände mit Haken und großen Nägeln zersprengt, Gewehre dort aufgehangen und umher gestellt.

Das Akademie-Gebäude nahm sich von außen noch ganz freundlich aus, nur eine Kugel hatte im zweiten Stock ein Fenstergewände von Sömmerrings Quartier zersprengt. Ich fand diesen Freund wieder daselbst, ich darf nicht sagen eingezogen, denn die schönen Zimmer waren durch die wilden Gäste aufs schlimmste behandelt. Sie hatten sich nicht begnügt die blauen reinlichen Papiertapeten so weit sie reichen konnten zu verderben; Leitern, oder über einander gestellte Tische und Stühle mußten sie gebraucht haben, um die Zimmer bis an die Decke mit Speck oder sonstigen Fettigkeiten zu besudeln. Es waren dieselbigen Zimmer wo wir vorm Jahr so heiter und traulich zu wechselseitigem Scherz und

Belehrung freundschaftlich beysammen gesessen. Indeß war bey diesem Unheil doch auch noch etwas Tröstliches zu zeigen; Sömmerring hatte seinen Keller uneröffnet und seine dahin geflüchteten Präparate durchaus unbeschädigt gefunden. Wir machten ihnen einen Besuch, wogegen sie uns zu belehrendem Gespräch Anlaß gaben.

[15] Eine Proklamation des neuen Gouverneurs hatte man ausgegeben, ich fand sie in eben dem Sinne, ja fast mit den gleichen Worten meiner Anmahnung an jenen ausgewanderten Perrückenmacher; alle Selbsthülfe war verboten; dem zurückkehrenden Landesherrn allein sollte das Recht zustehen zwischen guten und schlechten Bürgern den Unterschied zu bezeichnen. Sehr nothwendig war ein solcher Erlaß, denn bey der augenblicklichen Auflösung, die der Stillstand vor einigen Tagen verursachte, drangen die kühnsten Ausgewanderten in die Stadt und veranlaßten selbst die Plünderung der Clubbisten-Häuser, indem sie die hereinziehenden Belagerungssoldaten anführten und aufregten. Jene Verordnung war mit den mildesten Ausdrücken gefaßt, um, wie billig, den gerechten Zorn der gränzenlos beleidigten Menschen zu schonen.

Wie schwer ist es eine bewegte Menge wieder zur Ruhe zu bringen! Auch noch in unserer Gegenwart geschahen solche Unregelmäßigkeiten. Der Soldat ging in einen Laden, verlangte Taback und indem man ihn abwog bemächtigte er sich des Ganzen. Auf das Zetergeschrey der Bürger legten sich unsere Offiziere ins Mittel und so kam man über eine Stunde, über einen Tag der Unordnung und Verwirrung hinweg.

[16] Auf unseren Wanderungen fanden wir eine alte Frau an der Thüre eines niedrigen, fast in die Erde gegrabenen Häuschens. Wir verwunderten uns daß sie schon wieder zurückgekehrt, worauf wir vernahmen daß sie gar nicht ausgewandert, ob man ihr gleich zugemuthet die Stadt zu verlassen. Auch zu mir, sagte sie, sind die Hanswürste gekommen mit ihren bunten Scherpen, haben mir befohlen und gedroht; ich habe ihnen aber tüchtig die Wahrheit gesagt: Gott wird mich arme Frau in dieser meiner Hütte lebendig und in Ehren erhalten, wenn ich euch schon längst in Schimpf und Schande sehen werde. Ich hieß sie mit ihren Narreteyen weiter gehen. Sie fürchteten mein Geschrey möchte die Nachbarn aufregen und ließen mich in Ruhe. Und so hab' ich die ganze Zeit, theils im Keller, theils im Freyen zugebracht, mich von We-

nigem genährt und lebe noch Gott zu Ehren, jenen aber wird es schlecht ergehen. Nun deutete sie uns auf ein Eckhaus gegenüber, um zu zeigen wie nahe die Gefahr gewesen. Wir konnten in das untere Eckzimmer eines ansehnlichen Gebäudes hineinschauen, das war ein wunderlicher Anblick! Hier hatte seit langen Jahren eine alte Sammlung von Curiositäten gestanden, Figuren von Porzellain und Bildstein, Chinesische Tassen, Teller, Schüsseln und Gefäße; an Elfenbein und Bernstein mocht' es auch nicht gefehlt haben, so wie an anderem Schnitz- und Drechselwerk; aus Moos, Stroh und sonst zusammengesetzten Gemälden und was man sich in einer solchen Sammlung denken mag. Das alles war nur aus den Trümmern zu schließen: denn eine Bombe, durch alle Stockwerke durchschlagend, war in diesem Raume geplatzt; die gewaltsame Luftausdehnung, indem sie inwendig alles von der Stelle warf, schlug die Fenster herauswärts, mit ihnen die Drathgitter die sonst das Innere schirmten und nun zwischen den eisernen Stangengittern bauchartig herausgebogen erschienen. Die gute Frau versicherte, daß sie bey dieser Explosion selbst mit unterzugehen geglaubt habe.

[17] Wir fanden unser Mittagsmahl an einer großen Wirthstafel; bey vielen Hin- und Wiederreden schien uns das Beste zu schweigen. Wundersam genug fiel es aber auf, daß man von den gegenwärtigen Musikanten den Marseiller Marsch und das Ça ira verlangte; alle Gäste schienen einzustimmen und erheitert.

[18] Bey unserm folgenden Hin- und Herwandern wußten wir den Platz wo die Favorite gestanden kaum zu unterscheiden. Im August vorigen Jahrs erhub sich hier noch ein prächtiger Gartensaal; Terrassen, Orangerie, Springwerke machten diesen unmittelbar am Rhein liegenden Lustort höchst vergnüglich. Hier grünten die Alleen in welchen, wie der Gärtner mir erzählte, sein gnädigster Churfürst die höchsten Häupter mit allem Gefolge an unübersehbaren Tafeln bewirthet; und was der gute Mann nicht alles von damastnen Gedecken, Silberzeug und Geschirr zu erzählen hatte. Geknüpft an jene Erinnerung machte die Gegenwart nur noch einen unerträglichern Eindruck.

Die benachbarte Karthause war ebenfalls wie verschwunden, denn man hatte die Steine dieser Gebäude sogleich zur bedeutenden Weißenauer Schanze vermauert. Das Nonnenklösterchen stand noch in frischen kaum wieder herzustellenden Ruinen.

Die Freunde Gore und Krause begleitete ich auf die Citadelle. Da stand nun Drusus Denkmal, ohngefähr noch eben so wie ich es als Knabe gezeichnet hatte, auch diesmal unerschüttert, soviel Feuerkugeln daran mochten vorbey geflogen seyn, ja darauf geschlagen haben. Herr Gore stellte seine tragbare dunkle Kammer auf dem Walle sogleich zu rechte, in Absicht eine Zeichnung der ganzen durch die Belagerung entstellten Stadt zu unternehmen, die auch von der Mitte, vom Dom aus, gewissenhaft und genau zu Stande kam, gegen die Seiten weniger vollendet, wie sie uns in seinen hinterlassenen, schön geordneten Blättern noch vor Augen liegt.

[19] Endlich wendeten sich auch unsere Wege nach Cassel; auf der Rheinbrücke hohlte man noch frischen Athem wie vor Alters, und betrog sich einen Augenblick als wenn jene Zeit wiederkommen könnte. An der Befestigung von Cassel hatte man während der Belagerung immerfort gemauert; wir fanden einen Trog frischen Kalks, Backsteine daneben und eine unfertige Stelle; man hatte, nach ausgesprochenem Stillstand und Uebergabe, alles stehn und liegen lassen.

So merkwürdig aber als traurig anzusehen war der Verhau rings um die Cassler Schanzen; man hatte dazu die Fülle der Obstbäume der dortigen Gegend verbraucht. Bey der Wurzel abgesägt, die äußersten zarten Zweige weggestutzt, schob man nun die stärkeren, regelmäßig gewachsenen Kronen in einander und errichtete dadurch ein undurchdringliches letztes Bollwerk, es schienen zu gleicher Zeit gepflanzte Bäume, unter gleich günstigen Umständen erwachsen nunmehr, zu feindseligen Zwecken benutzt, dem Untergang überlassen.

[20] Lange aber konnte man sich einem solchen Bedauern nicht hingeben, denn Wirth und Wirthin und jeder Einwohner den man ansprach schienen ihren eigenen Jammer zu vergessen, um sich in weitläufigere Erzählungen des gränzenlosen Elends heraus zu lassen, in welchem die zur Auswanderung genöthigten Maynzer Bürger zwischen zwey Feinde, den innern und äußern, sich geklemmt sahen. Denn nicht der Krieg allein, sondern der durch Unsinn aufgelös'te bürgerliche Zustand hatte ein solches Unglück bereitet und herbey geführt.

Einigermaßen erholte sich unser Geist von alle dem Trübsal und Jammer, bey Erzählung mancher heroischen That der tüchtigen Stadtbürger. Erst sah man mit Schrecken das Bombardement als ein unvermeidliches Elend an, die zerstörende Gewalt der Feuerkugeln war zu groß, das anrückende Unglück so entschieden, daß niemand glaubte entgegenwirken zu können; endlich aber bekannter mit der Gefahr entschloß man sich ihr zu begegnen. Eine Bombe die in ein Haus fiel mit bereitem Wasser zu löschen, gab Gelegenheit zu kühnem Scherz; man erzählte Wunder von weiblichen Heldinnen dieser Art, welche sich und andre glücklich gerettet. Aber auch der Untergang von tüchtigen wackern Menschen war zu bedauern. Ein Apotheker und sein Sohn gingen über dieser Operation zu Grunde.

Wenn man nun, das Unglück bedauernd, sich und andern Glück wünschte das Ende der Leiden zu sehen, so verwunderte man sich zugleich daß die Festung nicht länger gehalten worden. In dem Schiffe des Doms, dessen Gewölbe sich erhalten hatten, lag eine große Masse unangetasteter Mehlsäcke, man sprach von andern Vorräthen und von unerschöpflichem Weine. Man hegte daher die Vermuthung daß die letzte Revolution in Paris, wodurch die Parthey wozu die Maynzer Commissarien gehörten sich zum Regiment aufgeschwungen, eigentlich die frühere Uebergabe der Festung veranlaßt. Merlin von Thionville, Reubel und andere wünschten gegenwärtig zu seyn, wo, nach überwundnen Gegnern, nichts mehr zu scheuen und unendlich zu gewinnen war. Erst mußte man sich inwendig festsetzen, an dieser Veränderung Theil nehmen, sich zu bedeutenden Stellen erheben, großes Vermögen ergreifen, alsdann aber bey fortgesetzter äußerer Fehde auch da wieder mitwirken und, bey wahrscheinlich ferner zu hoffendem Kriegsglück, abermals ausziehen, die regen Volksgesinnungen über andere Länder auszubreiten, den Besitz von Maynz ja von weit mehr wieder zu erringen trachten.

Für Niemand war nun Bleibens mehr in dieser verwüsteten öden Umgebung. Der König mit den Garden zog zuerst, die Regimenter folgten. Weiteren Antheil an den Unbilden des Krieges zu nehmen ward nicht mehr verlangt; ich erhielt Urlaub nach Hause zurück zu kehren, doch wollt' ich vorher noch Mannheim wieder besuchen.

DANK

Dieser Versuch, Goethes Haltung zur Französischen Revolution aus seiner wichtigsten persönlichen Erfahrung mit ihr zu begreifen, wäre ohne einen Aufenthalt am Wissenschaftskolleg zu Berlin im Winter 2012/13 nicht zustande gekommen. Ich danke von Herzen Luca Giuliani für sein großzügiges Entgegenkommen, Reinhart Meyer-Kalkus für unablässiges Mitdenken und Sonja Grund für bibliothekarische Brillanz und nachholende Medienerziehung. Den Teilnehmern eines Workshops am Wissenschaftskolleg im Juni 2013 zu Revolutionsexport und Republikanismus in Deutschland um 1800 verdanke ich wichtige begriffliche Klärungen; der Dank geht also auch an Iwan-Michelangelo D'Aprile, Dieter Grimm, Susanne Lachenicht, Jürgen Link, Avi Lifschitz und Hans-Jürgen Schings. Der ganze Fellow-Jahrgang im Grunewald von 2012, vermutlich einer der lustigsten in der Geschichte des Kollegs, hat mir überhaupt erst den Schwung verliehen, die teilweise etwas steinige Materie zu bezwingen: Es war doch so schön!

Für Auskünfte in Einzelfragen bin ich großherzigen Gelehrten in Frankfurt, Innsbruck, Mainz und Weimar verpflichtet: Bernhard Fischer, Dorothea Kuhn, Peter Lautzas, Klaus Müller-Salget, Sabine Schäfer, Irmtraut Schmid, Michael Stolleis. Ein besonders herzlicher Dank geht an Edith Zehm (München), die mir nicht nur ihre Transkription der Aufzeichnungen von Johann Conrad Wagner, des seinen Herzog Carl August in den ersten Koalitionskrieg begleitenden «Cämmeriers», zur Verfügung stellte (und dazu noch einen Teilabdruck in diesem Buch erlaubte), sondern seit Jahren eine geduldige, nie erlahmende Ratgeberin in philologischen Goethe-Fragen für mich ist. Bei der Beschaffung entlegenen Materials halfen mir Gisela Plaul von der Mainzer Stadtbibliothek und Nadine Meyer und Annette Goebel von der Deutschen Akademie in Darmstadt. Und ein Extra-Dank geht an Matthias Oehme von der Peter-Hacks-Gesellschaft für den energischen Hinweis auf den Anti-Jakobinismus seines Helden; dass sich mir am Ende trotzdem nicht das Bild von Goethe als einem Staatsdichter bestätigte, möge er verzeihen.

Schließlich muss ich bekennen, dass mein Autorenehrgeiz möglicherweise längst erlahmt wäre, wenn die Beck-Family, vor allem Detlef Felken und Ulrike Wegner, nicht eine so warmherzige und inspirierende Heimat wäre. In der enthusiastischen Selbstlosigkeit guter Verlagsarbeit verglühen Momente von Unlust und Zweifel, die jeder Autor durchleiden muss, und kein neues Medium kann die klassische Humanität ersetzen, die ein inspirierender Lektor bewährt. Danke!

Um das Register hat sich wieder Alexander Goller (Tübingen) sehr verdient gemacht.

Die angelsächsische Übung, nach einer langen Danksagungsliste die Schuld für alle Mängel auf sich zu nehmen, ist hier noch mehr als sonst kein Lippenbekenntnis. Goethe hatte so wenig Lust auf zackige Ansagen in politischen und moralischen Fragen, dass wohl keiner seiner Ausleger sicher sein kann, er habe das Rechte getroffen – um von den ganz normalen anderen Fehlern zu schweigen, die einem sowieso unterlaufen.

Berlin, 10. Juni 2014   G. S.

ANMERKUNGEN

Kapitel 1
Jagdszenen am Mittelrhein

1 Dies die zeitgenössische Schreibweise, der auch Goethe folgt, von der es allerdings allerlei Abweichungen gibt – «Klubisten», «Klubbisten» u. ä. –; sie wird hier und im Folgenden übernommen. Die unterschiedlichen Schreibungen der Quellen werden bei wörtlichen Zitaten beibehalten. Wir bleiben auch im Folgenden weitgehend bei den Bezeichnungen der zeitgenössischen Quellen. Die heute gestellte Frage, ob es sich bei den deutschen Anhängern der Revolution um «Jakobiner» in einem strengen Sinn gehandelt habe (vgl. Cottenbrune, «Deutsche Freiheitsfreunde» und Lachenicht, Information und Propaganda, S. 15–17) braucht uns hier ebensowenig zu bekümmern wie der neue Akzent der Forschung, die die Übernahme revolutionärer Ideale und Kommunikationsformen in Deutschland als «Kulturtransfer» beschreibt – die Mainzer Republik war gewiss auch das, aber eben im Kern doch mehr.

2 Laukhard, Leben und Schicksale, Dritter Theil (1796), S. 340 ff. Die Bemerkung zu den Pfarrern etc. S. 350.

3 Franz Dumont, Die Mainzer Republik, S. 462–66. Das Binger Beispiel dort S. 464, Anm. 20.

4 Girtanner, Historische Nachrichten, Band 12, S. 357 ff.

5 Girtanner, Historische Nachrichten, Band 12, S. 330 ff. Vgl. auch Tagebuch des Pfarrers Turin von St. Ignaz, S. 159, und Hochmuth, Klubistenverfolgung, S. 47 ff.

6 Soemmerring, Briefwechsel 1792–1805 (ed. Dumont), Nr. 650 (8. April 1793). Noch 1798 veröffentlichte der republikanische Jurist und Schriftsteller Georg Friedrich Rebmann empört den Augenzeugenbericht eines Leidensgenossen von Felix Anton Blau über diese Frankfurter Ausschreitungen. Die gefesselten oder in einer Kutsche gefangenen Clubbisten wurden von den preußischen Soldaten mit Erschießung bedroht, während die Frankfurter Volksmenge sie mit Dreck bewarf und johlend verhöhnte. Vor dem Bockenheimer Tor verprügelten hessische Soldaten die Gefangenen, die nach Königstein gebracht werden sollten, der Reihe nach mit Haselnussstöcken, nachdem sie während einer mehr-

tägigen Haft in Frankfurt teilweise unversorgt geblieben waren. Und noch eine besonders grausame Geschichte enthält dieser Bericht: Bei der Entgegennahme der Gefangenen durch einen Offizier in Königstein zeigte sich, dass es einen Gefangenen zuviel gab, der nicht auf der Liste der Abtransportierten verzeichnet war. Es handelte sich um einen alten Juden, der am Bockenheimer Tor vom Pöbel unter die Gefangenen gedrängt worden war und dessen Bitten und Beschwerden die Soldaten nicht erhört hatten. So wurde er auf dem vierstündigen Fußmarsch wie die anderen Gefangenen «braun und blau geschlagen», seiner silbernen Schuhschnallen beraubt und kam mit verwundeten Füßen in Königstein an. Der Königsteiner Offizier ließ den armen Greis auf einem Karren zurück nach Frankfurt bringen, wo er am selben Abend seinen Wunden erlag (Rebmann, Die Deutschen in Mainz, S. 98–102).

7 Blanning, Gegenrevolutionäre Kräfte, in: Deutsche Jakobiner, Band 1, Mainz 1982, S. 87.

8 Soemmerring, Briefwechsel 1792–1805, Nr. 651.

9 Laukhard, Leben und Schicksale, a. a. O., S. 391.

10 Unten S. 193 [6].

11 Faust. Der Tragödie zweyter Theil. Fünfter Akt. Tiefe Nacht. Verse 11 350 ff. («… es ging nicht gütlich ab.»)

Kapitel 2
Lieber eine Ungerechtigkeit als Unordnung

1 Goethes Briefe nach der Weimarer Ausgabe (WA), Vierter Teil, Bände 9 und 10, jeweils mit dem Datum.

2 Die Formulierung «politischer Vorgang» ist mit Bedacht gewählt. Denn es gibt ein Erlebnis zeitgenössischer Geschichte, das Goethe mit großer Ausführlichkeit beschreibt, nämlich die Frankfurter Krönung von 1764, das Thema des fünften Buches von «Dichtung und Wahrheit». Doch dieser weitläufige Fest- und Staatsakt war eine die alte Ordnung bekräftigende, wenn auch in Goethes Sicht schon fatal gebrochene Zeremonie. Als solche gehört sie in einen anderen Zusammenhang, der von seinen höfischen Maskenzügen über «Das römische Carneval» von 1789 bis zu den Kaiserhofszenen im zweiten Teil des «Faust» reicht und zu dem auch das «Sankt Rochus-Fest zu Bingen» von 1816 gehört.

3 MA 14, S. 541–549.

4 Thomas Mann, Betrachtungen eines Unpolitischen (Große kommentierte Frankfurter Ausgabe, 13.1), S. 314.

5 Heinrich Mann, Goethe und Voltaire. In: Macht und Mensch (Fischer TB, 1989), S. 22 f. Dort S. 25: «Frei sein heißt, gerecht und wahr sein; heißt, es bis zu dem Grade sein, daß man Ungleichheit nicht mehr erträgt.» Das ist der revolutionäre Begriff von Gerechtigkeit.

6 Romain Rolland, L'âme enchantée, Band 3, Mère e fils, Paris 1927, S. 239: «Maman, n'essaie pas de reprendre pour ton compte le mot du génial égoïste, qui aimait mieux l'ordre de l'univers que le bien du prochain, et la tranquillité de sa contemplation que l'action dangereuse contre le mal présent! Ce qui est permis à Goethe ne nous l'est pas, à nous. L'ordre éternel ne nous suffit pas. Nous respirons dans celui d'ici-bas. Et quand il est vicié par l'injustice, le devoir est de briser le vitrage, pour respirer.» Bereits vor dem Ersten Weltkrieg hatte Rolland in seinem Theaterstück «Le 14 Juillet» zu diesem Thema einen seiner bis heute berühmtesten – in Frankreich gern zum Anlass von Schulaufsätzen gewählten – Sätze geprägt: «Quand l'ordre est l'injustice, le désordre est déjà un commencement de justice.» (Romain Rolland, Le 14 Juillet. In: Théatre de la Révolution, Paris 1909, S. 36) Vgl. auch Hermann Fähnrich, Romain Rollands Weg zu Goethe. In: Goethe, Neue Folge des Goethe-Jahrbuchs 13 (1951), S. 186 f.

7 Martin Walser, In Goethes Hand. Szenen aus dem 19. Jahrhundert, S. 59 f.

8 Der Kommentar der Hamburger Ausgabe (Waltraud Loos) zitiert ihn S. 723 explizit, die späteren Kommentare in der Münchner und der Frankfurter Ausgabe schlüsseln nur Namen und Umstände auf. Wilhelm Mommsen repoduzierte 1949 in seiner Übersicht zu den politischen Anschauungen Goethes (S. 98) den von Amann bestimmten Stand. Hans Reiss stützt sich in seinen Überlegungen zur «Belagerung von Mainz» (Formgestaltung und Politik. Goethe-Studien, Würzburg 1993, S. 250–271, als Aufsatz zuerst 1986 erschienen) dann schon auf T. W. C. Blannings Studie «Reform and Revolution in Mainz 1743–1802» von 1974. Der Prachtband von Oliver Kemmann und Hermann Kurzke, Untergang einer Reichshauptstadt. Johann Wolfgang von Goethe. Belagerung von Mainz, bietet zusätzliches Bildmaterial, das in seiner Aussagekraft einen ganz eigenen Kommentar darstellt.

9 Maximen und Reflexionen 832 und 833 (Zählung von Max Hecker, MA 17, S. 866 f. [dort umgestellt], «Aus dem Nachlaß», also der letzten Lebenszeit Goethes).

10 Hans Mayer, Goethe. Versuch über den Erfolg, S. 42 ff. Nicht anders ist das Verständnis von Klaus-Detlef Müller, «Auch ich in der Champagne» (S. 108), der von «legalistischen Praktiken» spricht.

11 Peter Hacks, der autoritäre Anhänger des napoleonischen Goethe, ließ noch im Jahre 2000 verlauten: «Es zeugt von mehr Güte, einer Provinz einen unbestechlichen Gouverneur zu geben, als einem Dutzend Unschuldiger die Bastonnade zu erlassen.» (Peter Hacks, Der Bischof von China. Ein Dramolett. In: Neue Deutsche Literatur 48 [2000], 529. Heft, S. 29. Hinweis von Matthias Oehme).

12 Hans-Jürgen Schings, Zustimmung zur Welt, S. 368 f.

13 Michael Jaeger, Fausts Kolonie, S. 123 f.

14 So hatte ich 2007 noch ohne Kenntnis von Jaegers bedeutendem Werk den

Satz in einem Nachwort zu Goethes Kriegsschriften interpretiert, jetzt in Gustav Seibt, Deutsche Erhebungen, S. 63.

15 Karl Otto Conrady, Goethe, Leben und Werk. Fischer-TB, Frankfurt am Main 1988, Bd. 2, S. 79 f. [zuerst 1982]. Ähnlich ders. in Goethe und die Französische Revolution, S. 77 ff. Paul Amann, Plutôt und injustice qu'un désordre, verwendet wie die ältere Historiographie zur Mainzer Republik Goethes Berichte, den frühen und den späten, als zusammenhängende, gleichermaßen glaubwürdige Zeugnisse und bemerkt zu dem harschen Kommentar im Brief an Jacobi: «Im Billigen der zufälligen, wider formales Recht und alle Ordnung verstoßenden Lynchjustiz spricht nur der Staatsdiener in Goethe, der nie versuchen wird, Politik als angewandte Ethik zu betreiben» (S. 90). Dass dies in krassem Widerspruch zur Darstellung in «Belagerung von Maynz» steht, scheint ihm nicht aufzufallen. Der Kommentar der Münchner Ausgabe (Band 14, S. 826, von Reiner Wild) erklärt 1986, die Szene von Goethes eigenem Eingreifen sei «mit hoher Wahrscheinlichkeit eine Fiktion». Der Kommentar von Klaus-Detlef Müller in der Frankfurter Ausgabe (Band I, 16, S. 1000) verweist zu dieser Passage nur auf die auch von Hans Mayer zitierte Maxime Nr. 833 (Heckersche Zählung). Nicholas Boyle lässt im zweiten Band seiner monumentalen Goethe-Biographie (S. 215) die Frage offen, ob Goethe eingeschritten sei, aber er sagt: «Die heimliche Sympathie mit einem Angehörigen seiner Klasse gegenüber dem Mob – die er am 24. zweifellos empfand – spricht für die Echtheit des Vorfalls.» Diese Motivation darf man füglich bezweifeln. Kemmann und Kurzke, Untergang einer Reichshauptstadt, drucken kommentarlos Goethes Brief vom 27. Juli 1793 neben den Text der «Belagerung von Maynz». Milden Zweifel formuliert Safranski in seiner Goethe-Biographie: «Vielleicht war er damals doch nicht so besonnen und souverän.» (S. 380).

16 Der geistreiche Jurist Klaus Lüderssen behandelt Goethes Diktum mit Blick auf Goethes Verhältnis zum Recht überhaupt. Dies ist durchaus legitim, doch unsere Untersuchung unterwindet sich eines so hohen Amtes bewusst nicht (vgl. Klaus Lüderssen, «Ich will lieber eine Ungerechtigkeit begehen als Unordnung ertragen.» Notizen über Goethes Verhältnis zum Recht). Wolfgang Wittkowskis Versuch, Goethes Erzählung in der «Belagerung von Maynz» als «teilweisen Widerspruch» zu Kleists «Verlobung von St. Domingo» zu lesen, krankt an dem mangelnden Nachweis von Goethes Lektüre gerade dieses Textes (vgl. Wolfgang Wittkowski, Gerechtigkeit und Loyalität, Ethik und Politik). Klaus Müller-Salget hat mich darauf hingewiesen, dass es sogar einen positiven Beleg dafür geben könnte, dass Goethe Kleists «Verlobung von St. Domingo» *nicht* gekannt hat. In einem Brief an Christian Gottfried Körner bedankt sich Goethe am 23. [recte 22.] April 1812 für die Übersendung von zwei Stücken von dessen Sohn Theodor. Eines davon, «Toni», das Goethe dann bis 1816 am Weimarer Hoftheater spielte, ist eine Dramatisierung von Kleists Novelle, allerdings verändert es deren Schluss ins Positive.

Dass Goethe auf diese Veränderung nicht zu sprechen gekommen sein sollte, hätte er Kleists Text gekannt, erscheint äußerst unwahrscheinlich.

Kapitel 3
Freiheitsbaum und Galgen

1 MA 4.1, S. 436.
2 Der vollständige Text des sogenannten «Décret du 22 mai 1790, concernant le droit de faire la paix et la guerre» der Assemblée constituante von 1789 findet sich z. B. in der französischen Wikipedia im Artikel «Le décret de Déclaration de paix au monde». Der entscheidende Satz lautet: «La nation française renonce à entreprendre aucune guerre dans la vue de faire des conquêtes et (déclare) qu'elle n'emploiera jamais la force contre la liberté d'aucun peuple.»
3 Hansen II, S. 601. Übersetzung nach der deutschen Ausgabe von Soboul, Die Große Französische Revolution, S. 252 f. François Furet hat darauf hingewiesen, dass sich der Übergang von der Vaterlandsverteidigung zum Kreuzzug für die Freiheit der Völker und dann zum Eroberungskrieg fast nahtlos vollzogen und frühzeitig angekündigt habe; er zitiert aus einer Rede des Abgeordneten Brissot vor dem Jakobinerklub vom 16. Dezember 1791, also noch vor dem Ersten Koalitionskrieg: «Ein Volk, das seine Freiheit nach zehn Jahrhunderten Sklaverei errungen hat, braucht den Krieg. Der Krieg ist notwendig, um die Freiheit zu befestigen.» Und aus den Diskussionen zur Erklärung vom 19. November 1792 zitiert Furet die Prophezeiung des Abgeordneten Chaumette: «Das Gebiet zwischen Paris, Petersburg und Moskau wird bald französisiert und jakobinisiert sein». Vgl. Fischer Weltgeschichte (Band 26), S. 88 f. Dass der erste Koalitionskrieg auf Seiten der alliierten Mächte des Alten Europa nicht als reiner Gegenrevolutionskrieg verstanden werden kann, sondern immer noch der überkommenen Logik des Mächtesystems gehorchte, betont Eckhard Buddruss, Der Krieg 1792 – ein Krieg gegen die Revolution? In: Thomas Middell (Hrsg.), Widerstände gegen Revolutionen 1789–1989, S. 193 ff.
4 Klein, Geschichte von Mainz, S. 134.
5 Hansen II, S. 468 f., Klein, Mainz, S. 163 f.
6 Bothe, Goethe und seine Vaterstadt Frankfurt, S. 66 ff.
7 Kracauer, Frankfurt und die Französische Revolution, S. 244 f. Eine ähnliche Abfuhr holte sich Custine am 19. November 1792 von den Speyrer Zünften: «Die Einladung, der französischen Nation beizutreten, verdienet allerdings unsern warmen herzlichen Dank; allein wir sehen bei der reifesten Überlegung der Sache nicht ein, was dieser Beitritt uns frommen und wie wir dadurch glücklicher werden könnten, als wir wirklich sind, da wir alles schon besitzen, was ein freier Bürger des Staats nur immer sich wünschen kann. Seit der Mitte des 14. Jahrhunderts haben wir das Joch der Aristokraten abge-

schüttelt. Wir werden nicht erst – sondern wir und unsere Kinder sind geborene Republikaner, und als solche wollen wir leben und sterben.» Dieses bemerkenswerte Dokument findet sich ausgerechnet in dem DDR-öffiziösen, streng marxistisch-leninistisch angelegten dreibändigen Forschungswerk von Heinrich Scheel zur Mainzer Republik (Band 2, S. 93).

8 Dumont, Mainzer Republik, S. 231. Vgl. ders., Liberté und Libertät. Dokumente deutsch-französischer Beziehungen im Jahre 1792/93. Zur Verfassung Frankfurts in Goethes Jugendzeit vgl. Voelcker, Die Stadt Goethes, S. 51–82.

9 Unüberholbar ausführlich, gründlich und ausgewogen bleibt Franz Dumont, Die Mainzer Republik von 1792/93. Dieser Darstellung folge ich in den meisten Einzelheiten. Die großangelegte dreibändige, vor allem die Protokolle des Mainzer Jakobinerklubs heranziehende und auch sonst viel Material aufbereitende Konkurrenz von Heinrich Scheel aus der späten DDR wurde vergleichend und oft dankbar benutzt. Über ihren bärbeißigen ideologischen Tonfall muss man sich nach 1989 – aus diesem Jahr stammt der Darstellungsband, der ausdrücklich zum 200. französischen Revolutionsjubiläum fertiggestellt wurde – nicht mehr aufregen. Es ist bezeichnend, dass die beiden modernen, ein reiches Archivmaterial auswertenden Darstellungen aus West und Ost für wesentliche Dokumente immer noch auf die erste, auch Goethe bekannte Darstellung von Anton Hoffmann (1793/94) zurückgreifen müssen, ebenso wie auf Karl Kleins Buch von 1861. So sehr die mit der Mainzer Republik verbundenen politischen Leidenschaften – pro- und antirevolutionär, franzosenfreundlich oder -feindlich – schwankten, so wenig hat sich das grundlegende Bild, das schon den Zeitgenossen vor Augen stand, verändert. Die Mainzer Republik spielte sich mit einer Publizität ab, die für politische Vorgänge bis dahin in Deutschland ungewohnt war. Dies sollte auch den historischen Erkundern von Goethes Reaktion darauf immer bewusst bleiben.

10 Erheiternd die Bemerkungen Scheels zur «Massenbasis», die – Lenin zufolge – keine Frage der Zahl sei (Mainzer Republik, Band 3, S. 89).

11 Dumont, Mainzer Republik, S. 127. Ausdrückliche Grenzen der Meinungs- und Pressefreiheit waren «die öffentliche Sicherheit der Person und des Eigentums», die «allgemeine Ordnung und Sicherheit», das «allgemeine Wohl als höchstem Gesetz des Staates». Ausgeschlossen waren alle Schriften, die «das Volk über seine so lang geraubten Rechte oder auch über seine Pflichten aufrührerisch irreführen könnten» (vgl. Scheel, Mainzer Republik, Band 2, S. 144). Ein beeindruckendes Panorama der von der Mainzer Republik ausgelösten publizistischen Explosion bietet der Katalog der Mainzer Jubiläums-Ausstellung von 1993 über «Die Publizistik der Mainzer Jakobiner und ihrer Gegner». Der seit der Jahreswende von 1792/93 anwachsende deutsche Debattensturm dürfte überhaupt der bedeutendste nachwirkende Freiheitsgewinn sein, den die Mainzer Republik erbrachte. Vgl. auch Lachenicht, Information und Propaganda.

12 Neugebauer-Wölk, Das Rote und das Schwarze Buch, S. 52. Weitere Einzel-

heiten bei Hoffmann, Darstellung der Mainzer Revolution, S. 228 ff. Die Diskussion dazu im Jakobinerklub dokumentiert Scheel, Mainzer Republik, Band 1, S. 145 ff. Der Vorschlag, mit dem Roten Buch von Haus zu Haus zu gehen und so jeden einzelnen Einwohner der Stadt zur Entscheidung zu zwingen, fand keine Gegenliebe.

13 Forster, Werke, Band 3 (ed. Steiner), S. 686 f.

14 Hoffmann, Darstellung der Mainzer Revolution, S. 233. Forsters spätere Kritik an der Bücher-Prozedur steht zudem in Widerspruch zu seinen Empfehlungen am Ende einer weit ausgreifenden Rede «Über das Verhältnis der Mainzer gegen die Franken», die er am 15. November 1792 im Jakobiner-Klub hielt. Dort erklärte er, dass die Franzosen ihre «brüderliche Schonung» nur dann gewähren würden, wenn die Mainzer ihre Verfassung wie sie auf «Freiheit und Gleichheit» bauen würden; sonst hätten sie die üblichen Rechte des Eroberers, etwa auf einen Huldigungseid, «den niemand den Überwindern verweigern kann, der im siebenjährigen und in anderen Kriegen so oft den Überwundenen abgefordert und ohne Widerrede geleistet worden ist. Aus diesem Gesichtspunkt betrachtet», schließt Forster daraus, «hat man nicht Unrecht gehabt zu sagen, daß diejenigen, die sich nicht für die Freiheit erklären, so anzusehen wären, als wären sie für die Beibehaltung der Knechtschaft gestimmt, da denn die Behandlung, welche sie von den Eroberern zu gewärtigen haben, nicht ausbleiben kann, daß die Franken sie nämlich nicht für freie Menschen halten, sondern für solche, denen der Sieger seine Gesetze vorschreiben darf.» Wer sich also für die Freiheit nicht explizit ausspricht, darf automatisch als Unfreier behandelt werden und unterliegt dem Kriegsrecht – damit hat Forster bereits einen Monat vor dem Konvents-Dekret vom 15. Dezember 1792 dessen Logik vorweggenommen. «So eilt, strömt hinzu, so drängt Euch heran, und zeichnet Eure Namen in das Buch, das die Wünsche freier Männer enthält!», rief Forster fast am Ende seiner langen Rede aus (Werke, Band 3, S. 604–607).

15 Dumont, Mainzer Republik, S. 202. Ein nachträglicher Druck einer wesentlich kürzeren Namensliste diente dann schon denunziatorischen Zwecken gegen die Clubbisten: Vgl. Das Mainzer Rothe Buch oder Verzeichniß aller Mitglieder des Jakobiner-Klubs in Mainz. Im zweiten Jahr der Freiheit. 1793.

16 Zur allgemeinen Kriegsgeschichte vgl. Blanning, The French Revolutionary Wars.

17 Am 26. November erklärte der Abgeordnete Brissot: «Wenn wir unsere Grenze bis zum Rhein zurücknehmen [zu diesem Zeitpunkt stand die französische Armee noch in Frankfurt und am Taunus], wenn die Pyrenäen nur noch freie Völker trennen [damit war auch der Umsturz in Spanien schon ins Auge gefasst], dann ist unsere Freiheit gefestigt.» Vgl. Soboul, Die Französische Revolution, S. 252 ff. Soboul weist auch darauf hin, dass die Güter des Klerus und der «Feinde der neuen Ordnung» in den besetzten Gebieten als Sicherheit für die Assignaten dienen sollten. Dass die Idee der «Natürlichen

Grenzen» – oder die konkurrierende Konzeption, Frankreich im Norden und Osten mit einem Kranz von «Schwesterrepubliken» zu umgeben – zwar eine Grundlage in der Beschreibung Galliens in Caesars «De bello Gallico» hatte, aber im Übrigen erst ein Produkt des Winters 1792/93 ist (und nicht ans monarchische Machtstreben der absolutistischen Zeit anknüpft wie früher behauptet wurde), zeigt Denis Richet im Beitrag «Natürliche Grenzen» des «Kritischen Wörterbuchs der Französischen Revolution» von Furet und Ozouf (Band 2, S. 1239–1252).

18 Mit diesem bald umgesetzten Vorhaben erledigten sich die vorweihnachtlichen Versuche der Mainzer Munizipalität, durch Volksbefragungen im Umland von Mainz, die Verfassung der französischen Republik «annehmen» zu lassen, um so unter das Schutzversprechen der französischen Nation vom 19. November 1792 zu gelangen. Vgl. zu diesem wenig bekannten Vorgang Scheel, Mainzer Republik, Band 2, S. 156–162 und 172–180 sowie Band 2, S. 143 ff.

19 Der gesamte Text bei Klein, Mainz, S. 314–317 und Scheel, Mainzer Republik, Band 1, S. 427 ff. Das Original bei Hansen II, S. 645 ff.

20 Vgl. die klassischen Studien von Walter Grab und die große Edition der Protokolle des Klubs von Heinrich Scheel (Band 1 seines Werks zur Mainzer Republik).

21 Zum Personal der Mainzer Republik bleibt lesenswert Bockenheimer, Die Mainzer Klubisten der Jahre 1792 und 1793 (1896), fürs intellektuelle Milieu, aus dem es stammt, neuerdings gut lesbar: Schweigard, Die Liebe zur Freiheit ruft uns an den Rhein (2005). Eine Kollektivbiographie der deutschen Jakobiner im Wandel der Regime bis in den Vormärz wäre eine reizvolle Aufgabe – etliche von ihnen dienten später in den französischen Verwaltungen des Rheinlands, in den Rheinbundstaaten und bis zur Juli-Revolution auch noch im bayerischen Beamtenapparat der Pfalz. Wie ernüchternd klein diese intellektuelle Avantgarde war, verdeutlicht eine Zahl, die Walter Grab (Zwei Seiten einer Medaille, S. 46) nennt: «Diese jakobinischen Intellektuellen, deren Anzahl nach dem bisherigen Forschungsstand im gesamten deutschen Sprachraum etwa dreihundert betrug...». Vgl. auch Lachenicht, Information und Proganda (2004), die beste neuere Studie zu den deutschen Jakobinern (mit umfassender Bibliographie).

22 Dumont, Mainzer Republik, S. 374.

23 Vgl. Norbert Lammert, Sie gingen voran. Allen inneren Widersprüchen zum Trotz: Die Mainzer Republik von 1792/93 bleibt der mutige erste Versuch, in Deutschland die Demokratie zu wagen. In DIE ZEIT, 21. 3. 2013, S. 21.

24 Klein, Mainz, S. 318.

25 Auf deutschem Boden zum ersten Mal am 30. September 1792 in Speyer (Dumont, Mainzer Republik, S. 63).

26 Soemmerring, Briefwechsel 1792–1805 (ed. Dumont), S. 59 ff (hier Nr. 631 an Melchior von Birkenstock).

27 Zusammenfassend Dumont, Mainzer Republik, S. 253 ff.

28 Dumont, Mainzer Republik, S. 317.

29 Alle Einzelheiten zu den Wahlvorgängen, den Zahlen und der sozialen Zusammensetzung des so entstandenen Konvents enthält mit unübertrefflicher Genauigkeit Dumonts Darstellung zur Mainzer Republik, S. 315 ff. Dort S. 332 f. auch die ähnlich niedrigen Zahlen aus Speyer und Worms. Die hohe Geistlichkeit in Worms bat um Befreiung vom Eidzwang, versprach aber, «der fränkischen Republik, so lange derselben beliebig sein wird, Worms in Besitz zu halten, redlich zu bleiben und nichts in den Weg zu legen» – man unterschied also auch hier zwischen der Loyalität zur vorübergehenden Obrigkeit der Besatzer nach Kriegsrecht und der neuartigen Gesinnungsprobe, die ein Eid auf die Volkssouveränität mit Freiheit und Gleichheit darstellte. Weiteres Material zur Wahlprozedur bei Scheel, Mainzer Republik, Band 2, S. 263 ff.

30 «Die Zumuthung dieses Eides würden wir für eine Verletzung der schätzbarsten Freiheit, und des edelsten Menschenrechtes, der Freiheit des Gewissens halten müssen, welche eine jede vernünftige Staatsverfassung auf das feierlichste sichert, und die darinn bestehet, daß man blos seiner, nicht aber eine fremden Überzeugung folgen müsse.» (Hoffmann, Darstellung der Mainzer Revolution, S. 707). Ein frommer und etwas nervenschwacher Mainzer hatte solche Angst vor der Eidleistung und der Drohung, abgeschoben zu werden, dass sein Arzt in einem Attest um Schonung für ihn einkam, weil er fürchtete, sein Patient könne blödsinnig werden (zitiert bei Hochmuth, Klubistenverfolgungen, S. 30). Dort S. 31 der Text des «fränkischen Eidschwurs» in voller Länge.

31 Dumont, Mainzer Republik, S. 373.

32 Hoffmann, Darstellung der Mainzer Revolution, S. 471 f. («wodurch nun jeder, wenn auch noch ein ganz verborgener Hang zur neufränkischen Freyheit in ihm gekeimt haben sollte, alle Lust und Liebe nach einer solchen republikanischen Staatsverfassung vollends verlohren hatte...»).

33 Tagebuch des Pfarrers Turin von St. Ignaz, S. 156. Soemmerring hatte am 15. Januar von «fünf Galgen» gehört (Briefwechsel, Nr. 641).

34 Das findet völlig in Ordnung Heinrich Scheel, der auch hier den Standpunkt klassenbewusster Härte gegen «Wahlsabotage» vertritt (Mainzer Republik, Band 3, S. 179, mit Verweis auf Band 2, S. 268).

35 Text bei Hoffmann, Darstellung der Mainzer Revolution, S. 851 ff.

36 Hoffmann, Darstellung der Mainzer Revolution, S. 827 und S. 861.

37 Ebda. S. 854.

38 Den Forster-Text vom 8. März (vgl. Forsters Werke, Band 10 [Revolutionsschriften], S. 374–377) zitiert Girtanner 1796 im zwölften Band seiner «Historischen Nachrichten» (S. 322). Haasis, Morgenröte der Republik, S. 67–69 druckte 1984 Forsters Text als «Verteidigung harter Maßnahmen» (mit dem Datum 6. März) beifällig ab. Forsters Text bleibt memorabel, weil er zeigt, wie

sehr er sich das totalitäre, jakobinische Verständnis von «Volk» und «Volks-souveränität» zu eigen gemacht hatte (vgl. zum allgemeinen Zusammenhang Talmon, Die Ursprünge der totalitären Demokratie, S. 82 – «Die Idee des Volkes».)

39 Zitiert nach Dumont in Mainz, Die Geschichte einer Stadt, S. 337.

40 Details bei Scheel, Mainzer Republik, Band 3, S. 215. Band 2 enthält die Sitzungsprotokolle des Konvents (S. 399 ff.).

41 Er bildet sich ab in dem Katalogband «Deutsche Jakobiner. Mainzer Republik und Cisrhenanen 1792–1798» zur Ausstellung des Bundesarchivs und der Stadt Mainz im Mainzer Rathaus von 1981, allgegenwärtig ist er in vielen polemischen Bemerkungen der Darstellungen von Dumont und vor allem Scheel gegen den jeweiligen Konkurrenten. Vgl. auch Werner Heun, Die Mainzer Republik. Eine verfassungsrechtliche Studie.

42 Das rhetorisch beeindruckende Dekret wurde oft abgebildet, z. B. in Dumont u. a. (Hrsg.), Mainz, Geschichte einer Stadt, S. 336.

43 Scheel, Mainzer Republik, Band 2, S. 462.

44 Forster, Werke III, S. 621–628, hier S. 625.

45 Zu Forsters letzter Lebenszeit Harpprecht, Forster, S. 547 ff. und Forsters Briefe an seine Frau Therese vom November und Dezember 1793.

46 Wieland, Meine Antworten, S. 113.

47 Über den Zusammenhang der Argumentation von Gentz vgl. Seibt, Goethes Autorität, S. 115 ff.

Kapitel 4
Rechtliches Bedenken

1 Der Text des Mandatum Avocatorium von Kaiser Franz II. vom 19. Dezember 1792 bei Hansen II, S. 668 f. Die schwerfällige, aktendeutsch verschraubte Formulierung dieses Dokuments erschwert seine Zitierbarkeit in einem modernen Text. Der Kontrast zu den rhetorisch brillanten, immer knapp und schlagend formulierten französischen Proklamationen ist schneidend.

2 Die Erweiterung des Mandatum Avocatorium vom 18. Februar und die Bestätigung durch den Kaiser vom 12. Mai 1793 bei Hansen II, S. 728 ff. und 848 f.

3 Scheel, Mainzer Republik, Band 1, S. 665 ff. ediert ein lustiges Spottgedicht des Jura-Studenten Georg Schlipp gegen das kaiserliche Avocatorium: «Und greift wie dieser Ehrenmann / Mit alten rost'gen Waffen, / Respekt sich zu verschaffen, / Den Riesen Freiheit an. (…) Die Reichsacht ist / Wie ehmals so noch heuer / Ein Gotenungeheuer, / Das Roß so Reuter frißt; / Wir würden mutig sterben: / Doch unsern Geist – vererben.»

4 Hansen II, S. 669, wo dieser systematisch hochbedeutende Text in der Anmerkung 1) versteckt ist.

5 Hansen II, S. 741 f. (Bericht von Simon und Grégoire über den «décret de

Ratisbonne contre tous les Allemands nés, qui entrent dans le service militaire ou civil de la République française»): «Ce décret, très authentique, a été inséré dans toutes le feuilles publiques de l'Allemagne, et a intimidé beaucoup d'âmes timorées. Plusieurs administrateurs provisoires dans notre arrondissement ont donné leur démission.» Sie verlangen einen Beschluss der Pariser Assemblée, «par lequel elle assure au nom de la nation entière une protection particulière à tous les étrangers, qui sont entrés ou entreront encore au service de la nation.» «Il serait infiniment avantageux, si nous pouvions annoncer ce décret au moment des élections, qui commenceront le 24 du courant.»

6 Text bei Walter Grab (Hrsg), Die Französische Revolution. Eine Dokumentation, S. 108–111. «Haß und Verachtung des revolutionären Frankreichs, durch die Manifeste des Herzogs von Braunschweig ausgesprochen, zeigten sich ohne Ausnahme bei Preußen, Österreichern und Emigrierten», notierte Goethe später in seinem Bericht von der Campagne in Frankreich (MA 14, S. 346).

7 Die Texte sind am ausführlichsten wiedergegeben bei Klein, Mainz, S. 393–400 und S. 481–484 sowie bei Hoffmann, Darstellung der Mainzer Revolution, S. 679–700.

8 Klein, Mainz, S. 395.

9 Ebda., S. 398 und 484.

10 Ebda., S. 399.

11 Hansen II, S. 732.

12 Klein, Mainz, S. 482 ff., nach Hoffmann, Darstellung, S. 679 ff.

13 Er ist zu unterscheiden von der Figur des Partisanen, dessen Theorie Carl Schmitt, dabei von der späten napoleonischen Zeit ausgehend, entwickelt hat.

14 Dort S. 28–42. Die wörtlichen Zitate S. 38 ff.

15 Annalen der leidenden Menschheit in zwanglosen Heften. Zweites Heft 1796, S. 72 ff. Zitate S. 115 ff. und 131.

16 Zu Umständen und Chronologie der Entstehung vgl. z. B. den Kommentar von MA 4.1, S. 1040 f. Das Manuskript der Rahmenhandlung bis zum Eklat sandte Goethe am 27. November 1794 an Schiller.

17 MA 4.1, S. 440 f.

18 Über «Auswanderungen in Goethes dichterischer Welt» hat der Germanist Walter Müller-Seidel einen großflächigen Aufsatz verfasst, der einen Beitrag «Zur Geschichte einer sozialen Frage» verspricht. Der politische Hintergrund der Mainzer Republik – die dort unabhängig von Kriegshandlungen geübte Politik erzwungener Auswanderungen – kommt dabei allerdings mit keinem Wort zur Sprache. Wie fremd der Germanistik die konkreten historischen Umstände sind, zeigt auch der Eintrag zum Wort «Exportation» im Goethe-Wörterbuch, der die «Belagerung von Maynz» zitiert und von einer «sarkastischen Übertragung» spricht. Doch «Exportation» war der damals allgemein gebräuchliche, durchaus nicht sarkastisch verwendete Terminus technicus für solche Zwangsausweisungen. Ebenso unergiebig für den konkreten Bezug auf die Mainzer Revolutionsgeschichte ist Joachim Müller, Zur

Entstehung der deutschen Novelle, der eigentlich verspricht, die Rahmenhandlung der «Unterhaltungen deutscher Ausgewanderten» in Bezug auf die
Thematik der Französischen Revolution zu untersuchen. Vgl. dagegen Gassner, Goethe und Mainz, S. 131 ff.
19 MA 4.1, S. 448. Goethes zeithistorische Konkretheit dürfte Teil seiner Reaktion auf Schillers «Briefe zur ästhetischen Erziehung» sein. Vgl. Gaier, Soziale
Bildung gegen ästhetische Erziehung.
20 MA 4.1, S. 438 f.
21 Ebda., S. 440 f.
22 Ebda., S. 442–445.
23 An die Mainzer, ein Wort zu seiner Zeit. Mainz 1793. 24 S.

Kapitel 5
Bürgerlicher Krieg

1 Die Einzelheiten mit aller wünschenswerten Ausführlichkeit gibt es in West-
wie Ostsicht der achtziger Jahre: Franz Dumont, Das Ende der Mainzer
Republik in der Belagerung (1980) und Heinrich Scheel, Mainzer Republik,
Band 3 (1989), S. 241 ff. («Die Tätigkeit der revolutionären Staatsorgane unter
Belagerungsbedingungen»).
2 Seltsamerweise wird dieser wichtige Umstand nur von dem Militärhistoriker
Peter Lautzas erwähnt (Die Festung Mainz, S. 61).
3 Unten S. 190.
4 Am 16. Juli 1794, mit Anspielung auf die französische Attacke auf das preußische Hauptquartier in Marienborn, deren Augenzeuge Goethe geworden war
(s. u.). Im Kommentar des Briefwechsels Goethe-Soemmerring (ed. Manfred
Wenzel) wird ein falscher Todeszeitpunkt für d'Oyré angegeben: Er starb
nicht 1807, sondern schon 1799.
5 Nach der Transkription von Edith Zehm.
6 Unten S. 192 [4].
7 Scheel, Mainzer Republik, Band 2, S. 602 f., Dekret der Allgemeinen Administration vom 4. Mai 1793 zu weiteren Exportationen: «... in Erwägung, daß
unsere belagerte Stadt schleunige innere Sicherheit erhalten müsse...». Abge-
druckt schon bei Klein, Geschichte von Mainz, S. 527.
8 So Dumont und Scheel in west-östlichem Einvernehmen.
9 Kalendarium in der auch von Goethe benutzten «Darstellung» Hoffmanns:
15. 4. (S. 910 und 955 – Merlin plante eine Exportation persönlich mit Hilfe
von Ochsenziemern durchzuführen, wovon dann aber doch Abstand genommen wurde), 21. 4. (S. 915), 24. 4. (S. 921), 26. 4. (S. 922 f., gerichtet gegen «ge-
fährliche Familien», denen angeblich geraten wurde, ihre Kinder «in den
Rhein zu werfen»), 29. 4. (S. 928, Exportation der Stadtarmen, die so ihre
regelmäßigen Almosen verlieren; immerhin erhalten sie zwei Raten auf die

Hand), 4. Mai (S. 933, Verwandte von «Privilegierten» und Ungeschworenen; diese dürfen nur Handgepäck mitnehmen).

10 Dumont, Ende der Mainzer Republik, S. 169.
11 Scheel, Mainzer Republik, Band 3, S. 249 und 251. Die Zahlen S. 250 f.
12 Hoffmann, Darstellung, S. 891 f. Scheel, Mainzer Republik, Band 3, S. 251 f. Dass für Feinde der Freiheit kein Mehl bereitgestellt werden solle, wurde ebenfalls erwogen (ebda. S. 264).
13 Dumont, Ende der Mainzer Republik, S. 166. Zu den Mainzer Juden vgl. den Beitrag von Friedrich Schütz in Mainz, Geschichte einer Stadt (hrsg. von Franz Dumont). S. 679 ff., hier vor allem 690–92. Walter Grab hat, in allgemeiner These, demokratische Revolution und Judenemanzipation als «zwei Seiten einer Medaille» bezeichnet: «Die Forderung nach Gleichberechtigung der jüdischen Minderheit ist ein wichtiges Merkmal der deutschen Jakobinerbewegung. Judenfeindschaft und Jakobinismus sind kontradiktorische, unvereinbare Begriffe.» (Grab, Zwei Seiten einer Medaille, S. 39). Das mag der Idee nach zutreffen – allerdings fällt die Zuerkennung der Bürgerrechte an die Juden in Frankreich 1791 noch in die vorjakobinische Phase der Revolution –, doch zeigt die historische Erfahrung, dass ein radikales Gleichheitsdenken sich immer auch gegen Minderheiten wenden kann, worauf vor Jahrzehnten schon Hans Mayer in seiner berühmten Studie zu den Außenseitern (zuerst 1975) hingewiesen hat. Jakobinisch-rousseauistisch codierte Demokratien sind generell religionsfeindlicher als angelsächsische, vor allem amerikanische Modelle des Verfassungsstaates – dieses Problem wird durch die Notwendigkeit, in multikulturellen Gesellschaften angeblich zurückgebliebene Religionen wie den Islam zu integrieren, derzeit wieder aktuell. Und ein völkischrassisch kodiertes Gleichheitsdenken, wie es sich seit den Freiheitskriegen in Deutschland verbreitete, war von Anfang an antisemitisch.
14 Hoffmann, Darstellung, S. 904 sowie S. 886 (Verweis auf das jüdische Ostern).
15 Klein, Geschichte von Mainz, S. 512 f.
16 MA 14, S. 531. Scheel (Mainzer Republik, Band 3, S. 251) rechnet mit 1200 Personen, davon ein Viertel Männer, der Rest Frauen und Kinder. Hoffmann, Darstellung, S. 952 f., Goethes späte Quelle nennt die Zahl 1500, die die meisten Historiker übernehmen, erwähnt aber keine Greisen und Kranke wie Goethe.
17 Hoffmann, Darstellung, S. 923–924.
18 Klein, Geschichte von Mainz, S. 525.
19 Soemmerring, Briefwechsel (ed. Dumont), Nr. 651. Siehe oben S. 13.
20 In Tag- und Jahreshefte zu 1795, MA 14, S. 36.
21 Unten S. 200 [20].
22 Die beste neue Darstellung der Kriegshandlungen bei Lautzas, Festung Mainz, S. 54–79. Damit werden die farbigen und detailreichen Schilderungen des 19. Jahrhunderts (Klein, Bockenheimer, Chuquet) nicht überflüssig, aber doch präzisiert.

23 Der Weimarer Kämmerer Wagner notierte am 14. April in seinem Tagebuch: «In denen bedeckten Wägen würden sie sicher ihre Jacobiner mit nehmen.»

24 Bockenheimer, Die Wiedereroberung von Mainz, S. 61.

25 MA 14, S. 541.

26 Bockenheimer, Wiedereroberung von Mainz, S. 27 f. («esclaves», «mercenaires») und S. 67 f.

27 Laukhard, Leben und Schicksale, 3. Theil, S. 380 ff.

28 Hoffmann, Darstellung, S. 1026. Dazu kamen 3055 Verwundete, die zurückblieben. Dieselben Ziffern nennt Daniel Dumont in seiner «Belagerung der Stadt Mainz» von 1793, S. 280, der sich auf ein «Nachzehlen nach geschlossener Kapitulation» beruft. Es scheint also ein offizielles Dokument gegeben zu haben. Die Zahlen bei Chuquet, Mayence (S. 273, Anm. 3) sind minimal höher: Chuquet, der sich auf Pariser Material bezieht, kommt auf eine Gesamtzahl von 18 675 Mann, doch sind in diesen Angaben auch die Verwundeten und Kranken in den Hospitälern enthalten. Da die Zahl der Franzosen bei Beginn der Blockade an der gleichen Stelle mit genau 22 653 angegeben wird, hätten sie, so Dumont, insgesamt 5345 Mann verloren, darunter 1959 Tote und 322 Deserteure. Damit erübrigen sich die vielen Spekulationen etlicher anderer Zeitgenossen: Das Tagebuch des Mainzer Professors Schaber etwa spricht von 15 000 Mann, davon 4000 Kranken (Schaber, Mein Tagebuch, S. 92). In der Literatur wird meistens summarisch von 18 000 Mann und 2–3000 Verwundeten gesprochen.

29 Scheel, Mainzer Republik, Band 2, S. 650 f.

30 D'Oyré, Mémoire, S. 16: «À ces considérations [sie waren militärischer Natur], se joignoit celle du sort des commissaires de la Convention-Nationale & du pouvoir exécutif, & de ceux des habitans de la ville & du pays, qui avoient professé ouvertement nos principes politiques.»

31 Lautzas, Festung Mainz, S. 75 f. Dumont, Ende der Mainzer Republik, S. 176 zitiert einen gleichlautenden Beschluss des Kriegsrats vom 20. Juli.

32 Ebda. S. 28 f.: «indifférent au sort d'hommes, qui fatigués d'une autorité, que la nature du gouvernement rend nécessairement variable & arbitraire, ont suivi avidement l'occasion de se livrer aux élans de la liberté.» Er wolle sich nicht der Schmach aussetzen «en abandonnant des hommes, dont le crime est d'avoir adopté, ou pour parler plus franchement, d'avoir été forcé d'adopter les principes pour les quels nous combattons».

33 Vgl. Friedrich Gentz, Über die Moralität in den Staatsrevolutionen, in: Gentz/Burke, Über die Französische Revolution (ed. Hermann Klenner), S. 431–459, hier S. 443 und 454.

34 D'Oyré, Mémoire, S. 32.

35 Die Namen der Geiseln hat Hoffmann, Darstellung, S. 829 f.

36 D'Oyré, Mémoire, S. 29.

37 Dumont, Ende der Mainzer, Republik, S. 177, Anm. 142: «Qu'aussitôt après la reddition, les otages allemands, détenus sur le territoire de la République,

seraient échangés contre les habitans de Mayence et du pays du Rhin, qui professant les principes de la République, désireront entrer en France.»

38 Text z.B. bei Hoffmann, Darstellung, S. 1016 f. Hier konnte Goethe ihn nachlesen.

39 In der französischen Fassung (d'Oyré, Mémoire, S. 25) als Artikel 11.

40 Wie unklar wenigstens in der breiten Öffentlichkeit die Informationslage war, zeigt der Bericht der sonst gut unterrichteten, in unmittelbarer Nähe herauskommenden «Hessen-Darmstädtischen Landzeitung» (Nr. 76 von Donnerstag, dem 25. Juli), wo es unter dem Datum 23. Juli in der Rubrik «Aus der Gegend von Mainz» heißt: «Heute Nachmittag um 3 Uhr ist die Kapitulation völlig abgeschlossen worden. (…) Auch die Klubisten erhalten freien Abzug, nur 12 Personen werden als Geisel zurückbehalten, bis die aus Mainz weggeführten Geisel zurückgegeben worden sind.» Es ist leicht vorstellbar, dass diese Meldung vertriebene, auf Gerechtigkeit hoffende Mainzer unzufrieden machte. Ich danke Nadine Meyer und Annette Goebel von der Deutschen Akademie in Darmstadt für ihre Hilfe bei der Beschaffung dieser Quelle.

41 Scheel, Mainzer Republik, Band 2, S. 654–657. Die Liste nennt nur die, die sich auf die Zusage des preußischen Schutzes verlassen mochten (unter den 84 Namen gibt es einige Mehrfachnennungen und die Namen von bereits Inhaftierten), aber keineswegs alle, die sich bedroht fühlen mussten; Dumont, Ende der Mainzer Republik, S. 176 spricht von «150 Demokraten», die «völlig im Unklaren» darüber gewesen seien, «was in den streng geheimen Kapitulationsverhandlungen über die vereinbart worden war». Auch Reubell hatte der Administration preußischen Schutz versprochen (Dumont, a. a. O., S. 177).

42 Dumont, Ende der Mainzer Republik, S. 178 mit Anm. 158 (Briefwechsel Kalckreuth-d'Oyré).

43 Zahlen und Einheiten bei Chuquet, Mayence, S. 273 f.

44 Von Czettritz-Neuhaus, Zeitschrift für Kunst, Wissenschaft und Geschichte des Krieges 1844, S. 251 f.

45 Unten S. 192 [3].

46 Meiners' «Bemerkungen auf einer Reise nach Mainz, in einem Briefe an einen Freund, geschrieben im August 1793» ist facsimiliert bei Horst Reber (Hrsg.), Die Belagerung von Mainz, S. 311 ff., hier S. 317. Meyers anonym erschienene Schrift «Mainz nach der Wiedereinnahme durch die verbündeten Deutschen im Sommer 1793» deckt sich in vielen Beobachtungen mit Meiners, der darauf auch hinweist. Beide Autoren waren nach eigenen Angaben wenige Tage nach der Wiedereroberung von Mainz in der Stadt. Zu Christoph Meiners (1747–1810) und Friedrich Johann Lorenz Meyer (1760–1844), zu ihrer Zeit vielgelesenen Schriftstellern der gemäßigten, revolutionsfreundlichen Aufklärung, gibt es solide Artikel in der deutschen Wikipedia, die auch auf die Einträge in der «Allgemeinen Deutschen Biographie» verlinken. Vgl. die Auszüge unten S. 179–185.

47 Plastisch schildert das verzweifelte Schwanken in der zurückgelassenen Administration deren Sekretär Friedrich Lehne in seiner Erinnerungsschrift «Die Patrioten bei der Wiedereroberung der Stadt Mainz durch die Deutschen (1793)», in Friedrich Lehne's Gesammelte Schriften, Band 5, Mainz 1839, S. 305–312.

48 Samstag 27. Juli (Nr. 77), auf den ersten beiden Seiten. Siehe unten S. 167–169. Wichtig bleibt festzuhalten, dass in dieser Quelle Böhmer nicht aus einem Wagen geholt, sondern aus der Marschkolonne gerissen wird.

49 Hoffmann, Darstellung, S. 826. Dasselbe behauptet die «Hessen-Darmstädtische Landzeitung» vom 30. Juli (Nr. 78). Auch das in Frankfurt schon im Juni 1793 gedruckte alphabetische Namensverzeichnis der Clubbisten erwähnt Riffels Denunziation – sie hatte sich also auch außerhalb von Mainz herumgesprochen (vgl. Getreues Namensverzeichniß der in Mainz sich befindenden 454 Klubbisten mit Bemerkung derselben Charakter. Frankfurt, gedruckt im Juny, 1793), was das Interesse der Preußen bzw. ihrer französischen Militärberater an seiner Verhaftung erklärt.

50 Meiners, a. a. O., S. 320, rechte Spalte. Unten S. 183.

51 [Meyer], Mainz nach der Wiedereroberung, S. 33 f. Unten S. 181.

52 Dieser bekanntermaßen fanatisch revolutionsfeindliche adelige Diplomat könnte ein Vorbild des «Geheimerats von S.» Goethes «Unterhaltungen deutscher Ausgewanderten» sein. Goethe erwähnt ihn verschiedentlich in seinen Kriegsberichten.

53 Czettritz-Neuhaus, a. a. O., S. 253. Die «Hessen-Darmstädtische Landzeitung» meldete am 30. Juli (Nr. 78) unter dem Datum des 26. Juli Riffels Arrettierung. Dass Merlin ihn nicht herausgeben wollte, war offenbar nicht bekannt geworden. Das Zeugnis des bei den Verhandlungen beteiligten preußischen Offiziers dürfte aber schwerer wiegen.

54 Von Rebmann (1768–1824), dem knorrigen Republikaner und frühen Verteidiger des bürgerlichen Rechtsstaates, hat die späte DDR noch eine dreibändige Werkausgabe auf die Beine gestellt, deren erster Band auch eine gründliche biographische Einleitung enthält (siehe Bibliographie); richtig begeisternd ist seine durchweg weitschweifige Prosa aber selten. Ich zitiere nach den Originaldrucken, die als Scans für jedermann im Netz verfügbar sind.

55 Rebmann in: Neues graues Ungeheuer, Zweites Stück, 1795, S. 21 ff.

56 Dieses Detail bei Meiners, a. a. O., S. 313, linke Spalte.

57 Tagebuch des Pfarrers Turin, S. 163.

58 Dies das Datum über dem Bericht in der Ausgabe vom 27. Juli. Unten S. 168.

59 Ob das preußische Militär sich überhaupt auf das spezielle Clubbistenproblem nach der Kapitulation einstellte, wird sich nicht mehr feststellen lassen, denn die preußischen Militärarchivalien wurden im Zweiten Weltkrieg vernichtet (vgl. Lautzas, Festung Mainz, S. 65, Anm. 51).

60 Rebmann, Die Deutschen in Mainz, S. 49 (Vergewaltigung) und S. 54 ff. (Haft und Verhöhnung).

61 Den Text dieser Proklamation, deren Sinn sich Goethe in der «Belagerung von Maynz» (unten S. 198 [15]). ausdrücklich zu eigen macht, konnte er bei Hoffman, Darstellung, S. 1028 ff. finden.

62 Dorthin hatten die Preußen 41 Clubbisten überführt (vgl. Hansen II, Nr. 382 mit summarischer Übersicht zu den Prozessen und Strafen). Noch im Februar 1795, vor den letzten Entlassungen, zählte man 47 Häftlinge in Königstein und 35 in Erfurt.

63 Die nur in Maschinenschrift vorliegende Würzburger Dissertation von Karl Hochmuth, die 1957 bei Michael Seidlmayer, vielleicht noch unter dem Eindruck der amerikanischen Reeducation, entstand, ist nicht ohne Verdienste, doch entspricht sie nicht entfernt heutigen wissenschaftlichen Kriterien.

64 Neues graues Ungeheuer, Zweites Stück, S. 6. Mit gleichem Tenor und fast durchweg denselben Beispielen argumentiert die Schrift von K. J. S. Boost, Antwort der Mainzer mishandelten Patrioten auf die von dem Erthalschen Tyrannen- und Despoten-Klub gegen sie ausgespiene Lästerungen, nebst Darstellung der Gründe zur Entschädigungsklage usw. Mainz im siebenten Jahre der französischen Republik (= 1798). Nicht zufällig erschienen solche Abrechnungen nach der erneuten Besetzung von Mainz durch die Franzosen 1797.

65 Die Geschichte der Kriegsgefangenschaft und ihrer rechtlichen Ausgestaltung in vormodernen Zeiten scheint kaum erforscht zu sein, was daran liegen mag, dass in früheren Jahrhunderten die logistischen Möglichkeiten für den Unterhalt großer Massen von Gefangenen fehlten – Lager sind eine moderne Erfindung. Die barbarischen Praktiken von Versklavung, zwangsweiser Eingliederung in die eigene Armee, gar Folter und Abschlachten der Feinde oder Auslösung gegen Geld waren im späten 18. Jahrhundert aber nicht mehr akzeptabel (vgl. die summarische Materialsammlung von Scheidl, Die Kriegsgefangenschaft, S. 29–37). Den Standard der Epoche setzte der preußisch-amerikanische Freundschaftsvertrag von 1785, der erstmals die Rechte von Kriegsgefangenen im Voraus festlegte, v. a. im berühmten 24. Paragraphen, der u. a. bestimmte, «que les officiers seront rélâchés sur leur parole d'honneur dans certains districtes qui leur seront fixés [eine in der napoleonischen Zeit übliche Praxis] […], que les simples soldats seront distribués dans cantonnements ouverts assez vastes pour prendre l'air et l'exercise» usw. – das Gegenteil zu den schmutzigen Löchern, in die man die Clubbisten steckte. Verschickung der Soldaten in klimatisch ungesunde Kolonien wurde ausdrücklich ausgeschlossen. Text der Bestimmungen bei Scheidl, S. 39, der Vertrag vollständig im amerikanischen Druck von 1786 auf www.archive.org (A Treaty of Amity and Commerce between the United States of America and His Majesty the King of Prussia, Boston 1786). Ich danke Michael Stolleis für Hinweise zu diesem Themenkomplex.

66 Jakob Talmon, Die Ursprünge der totalitären Demokratie, Band 1 (deutsch Köln 1961) behandelt vornehmlich die Jakobiner in Frankreich, bringt aber

alle auch in Mainz zu beobachtenden Züge von Terror und Gewissenszwang in einen systematischen Zusammenhang.

67 Vgl. Franz Dumont, Die Mainzer Republik 1792/93 – Französischer Revolutionsexport und deutscher Demokratieversuch. Schriftenreihe des Landtags Rheinland-Pfalz 2013.

Kapitel 6
Belagerung von Maynz

1 Von Dalberg verabschiedete Goethe sich vor der Abreise nach Frankreich persönlich. Vgl. seinen Brief an Dalberg vom 19. Juli 1792. Den Mainzer Kurfürsten, um dessen Residenz damals der Krieg geführt wurde, lernte Goethe bei dessen Besuch in Weimar am 19. April 1793 kennen, als er ausweislich des Fourierbuches an der Hoftafel saß. Der befehlshabende preußische General von Kalckreuth hatte Goethe bei seiner Durchreise zum Kriegsschauplatz in Weimar am 9. Januar 1793 besucht (Goethe, Gespräche [Grumach] IV, S. 9 und S. 1). Diese Nähe des Weimarer Dichters zu den Handelnden auch der großen Politik sollte man sich stets vergegenwärtigen. Dass man mit Blick auf Goethes Verbindungen zu Mainz fast eine Biographie schreiben kann, zeigt August Gassner, Goethe und Mainz. Die Stadt gehörte eben zu Goethes Heimat, und ihre Rolle im Alten Reich hat ihn bis zum vierten Akt des Zweiten Teils von «Faust» beschäftigt.

2 Zu den vielschichtigen Beziehungen zu Forster und seiner Umgebung vgl. Detlef Rasmussen (Hrsg.), Goethe und Forster, v. a. den knappen und umfassenden Beitrag von Gerhard Steiner (S. 7–19). Goethe hoffte in Forster nicht zuletzt einen Mitstreiter für seine naturwissenschaftlichen Vorhaben zu finden. Sein Kummer über dessen Ende, der sich noch in der Sorge für dessen Nachruf in der Jenaer «Allgemeinen Literatur-Zeitung» (vgl. Hahn, Im Schatten der Revolution, S. 47 f.) bewies, galt auch einer in politischen Abenteuern verschleuderten wissenschaftlichen Begabung.

3 MA 14, S. 337 f. und 590. Dazu in den Tag- und Jahresheften ebda., S. 21 (zu 1792). Die Publikation von Hubers Brief an Körner über diese Begegnung im Jahre 1806 hat Goethe ziemlich geärgert, wie noch ein Brief an Cotta vom Weihnachtstag 1806 und ein Brief an Knebel vom 3. 1. 1807 erkennen lässt. Darauf reagieren die beschönigenden Formulierungen am Beginn von «Campagne in Frankreich».

4 Goethe, Gespräche (Grumach) III, S. 433 (21./22. 8. August).

5 Faszinierend sind die von Rasmussen (Goethe und Forster, S. 80–150) ausgebreiteten Bezüge zwischen «Georg Forsters Mainzer Zirkel und Goethes ‹Wahlverwandtschaften›». Die Rezeption von Therese Forster-Hubers 1806 publizierter Biographie ihres zweiten Mannes wäre demnach eine Hauptquelle der Vierer-Konstellation in Goethes Roman, die dieser bereits 1792

in Mainz habe beobachten können. Über das neue Scheidungsrecht entsteht eine direkte Verbindung zwischen der Handlung von Goethes Roman und der Französischen Revolution. Für Rasmussens Hypothese spricht auch die enthusiastische Reaktion von Therese Huber auf Goethes Roman (a. a. O., S. 83 ff. Vgl. Ludwig Geiger, Therese Huber über Goethe 1783–1824. In: Goethe Jahrbuch 18 [1897], S. 120–134 und 24 [1903], S. 93–96.

6 Brief an Goethe vom 14. Dezember 1792.

7 Vgl. Gustav Seibt, Goethe und Napoleon, S. 173 f.

8 «Daß es hir gar kein Spaß ist», schrieb sie am 14. Dezember 1792 an ihren Sohn, um ihn davon abzuhalten, dem Verlangen Carl Augusts zu folgen und nach Frankfurt zu kommen: «Wir leben hier in täglicher Angst und Gefahr (…) So lange Maintz noch nicht wieder in deutschen Händen ist, schweben wir imer noch in Furcht und Unruhe.» Und am 15. März, kurz vor der Einschließung von Mainz heißt es: «Den andern Monath wird es nun wahrscheinlich über das bedauerungs würdige Maintz hergehen! Wir können Gott nicht genug dancken, daß wir noch so zu rechter Zeit von den Freiheitsmännern sind befreit worden! Wenn wir sie nur nicht wieder zu sehen kriegen!» (Zitiert nach der Ausgabe von Ludwig Geiger)

9 Dazu Wilson, Das Goethe-Tabu, S. 129 und S. 331, Anm. 52.

10 Zitiert nach dem Text in MA 4.1, S. 94–130. Dort im Kommentar weiteres Material zur zeitgenössischen Rezeption.

11 Diskussion der Datierung bei W. Daniel Wilson im Beitrag zu den Revolutionsdramen im Goethe-Handbuch, Band 2, S. 267 f. Wilson kommt zu dem Schluss, das Stück müsse vor Beginn des Feldzugs nach Frankreich begonnen worden sein, weil die Gräfin unbehelligt aus Paris zurückreisen kann und auch sonst kriegerische Verwicklungen nicht erwähnt sind. An der politischen Ausrichtung ändert aber auch ein früherer Entstehungszeitpunkt nichts.

12 MA 4.1, S. 160 f.

13 MA 19, S. 493 f.

14 Carl August hatte Goethes Mutter unmittelbar nach der Wiedereinnahme von Frankfurt gezwungen, in diesem Sinne an ihren Sohn zu schreiben, was diese widerwillig tat, nicht ohne Goethe vor einem Aufenthalt in Frankfurt zu warnen (Briefe vom 4. und 14. Dezember 1792); am 18. Februar 1793 forderte Carl August Goethe persönlich zur Teilnahme an der Belagerung von Mainz auf (Briefwechsel Goethe – Carl August, Band 1, S. 171). Zu Carl August in dieser Zeit die bekannten Biographien von Hans Tümmler und Friedrich Sengle, die hier weitgehend auf der Akademie-Abhandlung von Willy Andreas, Goethe und Carl August während der Belagerung von Mainz (München 1956) fußen, die sowohl die ältere Literatur als auch den Politischen Briefwechsel Carl Augusts berücksichtigt. Polemische Ergänzungen dazu brachte erst Wilson (Das Goethe-Tabu, v. a. S. 117 ff.), der die Auswirkungen der französischen Ereignisse auf Thüringen untersucht.

15 Das erwähnt Kämmerer Wagner am 19. April in seinem Tagebuch. Er selbst, schreibt er, sei so weit von seinem Herzog entfernt wie Ober-Weimar von Weimar (drei Kilometer). Auch Wagner war also in diesen Wochen ein fußläufig naher Augenzeuge.

16 MA 14, S. 541.

17 Willy Andreas, Goethe und Carl August während der Belagerung von Mainz, S. 31. Unter dem Eindruck der Hinrichtung von Ludwig XVI. hatte Herder die ursprünglich deutlich republikanisch gesinnten Erstfassungen der «Briefe» verwerfen und in unverfängliche umschreiben müssen. Vgl. Einleitung und Kommentar der Ausgabe von Heinz Stolpe und Hans Joachim Kruse (2 Bände, Berlin 1971), die die Urfassungen der ersten zehn Stücke bringt. Zu Herders Verhältnis zur Revolution präzise: Arnold, Die Wiederspiegelung der Französischen Revolution in Herders Korrespondenz.

18 An Charlotte von Kalb schrieb Goethe am 28. Juni 1794: «Hier, liebe Freundin, kommt Reinecke [sic] Fuchs der Schelm und verspricht sich eine gute Aufnahme. Da dieses Geschlecht auch zu unsern Zeiten bei Höfen, besonders aber in Republiken sehr angesehn und unentbehrlich ist; so möchte nichts billiger sein, als seinen Ahnherrn recht kennen zu lernen.» Republiken waren in Deutschland damals keine Demokratien, sondern die ständische Angelegenheit von hervorragenden Familien und von Zünften. Der Fuchs bewegt sich also in einer Welt, die eher den «Abderiten» von Wieland gleicht als den Pariser Massendemokratien. Täuschende Beredsamkeit ist hier wie dort von Nutzen.

19 Reineke Fuchs VIII, 152–163 (MA 4.1, S. 371).

20 Verse 88 ff.

21 Vgl. Meiners, Bemerkungen auf einer Reise nach Mainz, S. 313 rechte Spalte, und Meyer, Mainz nach der Wiedereinnahme, S. 20 und 24 f. Diese beiden Autoren waren wenige Tage nach der Kapitulation in Mainz.

22 Unten S. 197 f. [14]–[15].

23 Hrsg. von Manfred Wenzel, S. 67.

24 Soemmerring, Briefwechsel, Nr. 666, vgl. unten S. 170–172.

25 Hier gibt es eine bemerkenswerte Übereinstimmung mit der «Belagerung von Maynz», die die Genauigkeit von Goethes Erinnerung belegt, denn Goethe lag der Brief Soemmerrings bei der Abfassung seines Textes ja nicht vor. Dieser schreibt an Heyne: «Die Sachen im Keller [also seine wissenschaftliche Sammlung] waren nur ein wenig von Schimmel angelaufen, doch lange nicht so viel, als wohl ehedem in meinen Zimmern des Klosters zu Altmünster.» [Dort hatte Soemmerring seit 1784 Anatomie betrieben.] Bei Goethe wird in der «Belagerung» am 26./27. Juli ausführlich Soemmerrings zersprengtes Quartier beschrieben, das auch unter Einquartierung schwer gelitten hatte und regelrecht besudelt war. Doch im Keller ist alles gut: «Indes war bei diesem Unheil doch auch noch etwas Tröstliches zu zeigen; Sömmerring hatte seinen Keller uneröffnet und seine dahin geflüchteten Präparate durchaus unbeschädigt gefunden.» Vgl. unten S. 197 [14].

26 Siehe den Abdruck im Anhang unten S. 174–178.

27 Am auffälligsten ist dies in der seither an Ausführlichkeit nicht mehr über-
troffenen Darstellung des ohnehin sehr Goethe-gläubigen französischen His-
torikers der Revolutionskriege, Arthur Chuquet (hier im siebten Band,
Mayence, Paris 1892, S. 269 ff.), es gilt aber auch für Klein, Bockenheimer und
zuletzt Franz Dumont. Dass bisher auch keine archivalischen Zeugnisse für
ein Eingreifen Goethes aufgetaucht sind, hat mir Peter Lautzas, der gründliche Erforscher der Geschichte der Festung Mainz, auf meine Anfrage
ausdrücklich bestätigt (Brief vom 12. Januar 2014). Die erste faktische Über-
prüfung der «Belagerung von Maynz», die Valentin Pollak 1898 im 19.
Goethe-Jahrbuch vorlegte (S. 272: «Wir sind in der Lage, Goethe selbst in
den geringsten Details an Hand fremder Quellen zu kontrollieren») hat gerade zu dieser Stelle gar nichts zu bieten, zweifelt aber auch nicht an ihr. Immerhin notiert Pollak Goethes Abneigung, hier Namen zu nennen.

28 Daten nach Mommsen, Entstehung von Goethes Werken, Band 2, S. 23–25.
Sogar die Niederschrift des Berichts über die Tage vom 23. bis 25. Juli 1793
lässt sich datieren: 18. Februar 1820. Goethe hat den Arbeitsprozess in seinem
Tagebuch im Februar 1820 ebenso genau festgehalten wie für die meisten anderen Abschnitte dieses Teils seiner Autobiographie.

29 Diese Enstehung und Machart ist seit 1919 in allen Einzelheiten, ja Zeile für
Zeile, bekannt durch Gustav Roethe, Goethes Campagne in Frankreich.
Eine philologische Untersuchung aus dem Weltkriege [!]. Trotz des Unter-
titels und der damit verbundenen unangenehmen Tonlage bleibt Roethes
Studie ein Meisterwerk philologischer Analyse, das jeder Nachprüfung
glänzend standhält. Auch die übersichtlichen und vollständigen Zusammen-
stellungen bei Mommsen, Entstehung von Goethes Werken, Band 2, S. 23–
57 führen nicht darüber hinaus. Zu den damit aufgeworfenen Interpreta-
tionsfragen bleibt lesenswert Gisela Horn, Goethes autobiographische
Schriften «Kampagne in Frankreich» und «Belagerung von Mainz». Historische Tatsachen und ästhetische Struktur (1981). Den autobiographisch-
historiographischen Standpunkt von Goethes Kriegsschriften hat Klaus-
Detlef Müller so knapp wie zutreffend zusammengefasst: «Es handelt sich
um die Zusammenschau von Weltgeschichte und Biographie im Sinne einer
prägenden Epochenerfahrung. Nicht die Ereignisgeschichte des Krieges ist
wichtig, sondern seine Innenansicht.» (Müller, Goethes «Campagne in
Frankreich», S. 116.)

30 Vollständige Übersicht im Kommentar der Frankfurter Ausgabe (FA I. 16,
hrsg. von Klaus-Detlef Müller), S. 908–910.

31 Der vollständige Titel des anonym erschienenen Werks, dessen Verfasser aber
bekannt war, lautet: «Darstellung der Mainzer Revolution oder umständliche
und freymüthige Erzehlung aller Vorfallenheiten so sich seit dem entstandenen französischen Revolutionskrieg zugetragen, und die einen Bezug auf den
Krieg, auf die Übergabe der Festung, oder auf den Klub und dessen grau-

sames Verfahren gegen die anders Gesinnten haben, mit allen nöthigen Beylagen.» Damit ist der Themenkreis des Berichts, der Revolutions- und Kriegsgeschichte verbindet, zutreffend gekennzeichnet.

32 Zu ihm und seinem Werk gebührend polemisch Scheel, Mainzer Republik,
Band 3, S. 298 f.

33 Dies hat zuerst, mit ausführlichen, orthographisch bereinigten Zitaten Roethe
1919 gezeigt. Die heute maßgebliche Studie zu Wagner stammt von Edith
Zehm: Der Frankreichfeldzug von 1792. Formen seiner Literarisierung im
Tagebuch Johann Conrad Wagners und in Goethes «Campagne in Frankreich» (1985). Allerdings betrachtet diese Studie die «Belagerung von Maynz»
nicht. Dazu bleibt maßgeblich Roethe, v. a. S. 129–157. Ich danke Edith Zehm
dafür, dass sie mir ihre vollständige Transkription der Urschrift des Tagebuchs
von Wagner zur Verfügung gestellt hat und mir erlaubt, daraus zu zitieren.

34 Edith Zehm hat bei ihrer Untersuchung der literarischen Form von Wagners
Aufzeichnungen, die dieser kaum einmal «Tagebuch», sondern «meine Erfahrungen», «diese Nachrichten», «meinen Aufsatz», «mein Werck» nennt,
gezeigt, dass die vorliegende Ausarbeitung zwar ohne Zweifel auf gleichzeitige Notizen und Aufzeichnungen zurückgeht und insofern die Authentizität
von Augenzeugenschaft aufweist; dass aber zugleich etliche Textmerkmale –
wie Vorausweisungen auf künftige Ereignisse, Kommentare, episodische Ein-
lagen – darauf hinweisen, dass der Text nachträglich durchgreifend überar-
beitet wurde, also Züge von Memoiren aufweist. Den Zeitpunkt dieser
Ausarbeitung vermutet Zehm in der Mitte der 1790er Jahre, also immer noch
nah an den Erlebnissen Wagners. Dazu kommt eine für unsere Untersuchung
wichtige zusätzliche Wahrnehmung: Im letzten Teil, etwa vom 1. März 1793
an, verlieren sich die Spuren solcher sorgfältigen Nachbearbeitung, sogar das
Manuskript wirkt weniger elaboriert. Schon Gustav Roethe (Campagne in
Frankreich, S. 130) stellte fest: «Das Tagebuch verwandelt sich vom 1. März
1793 an mehr und mehr in eine trockne kalendarische Materialsammlung.»
Zehm spricht von «Notizen». Dieser vergleichsweise ungeformte Textzustand
verbürgt dem Historiker eine erhöhte Glaubwürdigkeit der Wahrnehmun-
gen, die wohl überwiegend gleichzeitig zu den Ereignissen notiert worden
sein dürften (Zehm, Der Frankreichfeldzug, S. 73–109, v. a. S. 100 f.).

35 WA 33, S. 373 f.

36 Roethe, Campagne, S. 252 ff.

37 Zur Verwendung von Hoffmann in der «Belagerung» Roethe, Campagne,
S. 133 ff.

38 Ein Repertorium von Goethes-Briefhandschriften ist bequem digital erreich-
bar: http://ora-web.swkk.de/swk-db/goerep/index.html.

39 Der folgende Durchgang verweist mit Ziffern in eckigen Klammern [1 usw.]
auf den Abdruck des Textes im Anhang S. 190–201. Diesem Abdruck liegt die
unter Goethes Augen hergestellte Erstausgabe der «Campagne in Frankreich» zugrunde: «Aus meinem Leben. Zweyter Abtheilung Fünfter Theil.

Auch ich in der Champagne! Suttgart und Tübingen in der Cotta'schen Buchhandlung 1822». Wir reproduzieren den Text mit seiner orthographischen Patina, lediglich einige offenkundige Druckfehler wurden nach den Texten der Frankfurter Ausgabe (Band I.16, hrsg. von Klaus-Detlef Müller) und der Münchner Ausgabe (Band 14, hrsg. von Reiner Wild) korrigiert. Im Übrigen werden in dieser Untersuchung Goethes Texte durchgehend nach der Münchner Ausgabe (MA) zitiert. Der Leser macht sich den folgenden Durchgang leichter, wenn er den Text unten auf S. 191–201 vorher durchliest.

40 Dass Goethe 1793 über die Marseillaise anders dachte, zeigt sein Brief vom 23. Oktober an Fritz von Stein. Dort sagt er mit Blick auf einen reichen Revolutionssympathisanten (Sieveking, bei Goethe Sibeking, Inhaber eines Hamburger Handelshauses), dieser möge «ein reicher und gescheuter Mann seyn, so weit ist er aber noch nicht gekommen, einzusehen, daß das Lied: Allons, enfans etc. in keiner Sprache *wohlhabenden* Leuten ansteht, sondern blos zum Trost und Aufmunterung der armen Teufel geschrieben und komponirt ist». Vgl. dazu Conrady, Goethe und die Französische Revolution, S. 78 f.

41 Vgl. dazu oben Anm. 26 mit dem Zitat des Briefs von Juliane Böhmer vom 25. Juli 1793.

42 Mario Keller hält sich in seiner Dissertation über Metternich (Rund um den Freiheitsbaum, S. 253 ff.) an die Mitteilungen aus dem «Neuen grauen Ungeheuer». Ob möglicherweise Metternich Spuren von Blattern zeigte, wissen wir ebensowenig wie bei Böhmer. Von Metternich existiert ein gutes Porträt, aber damalige Bildnisse pflegten solche krankheitsbedingten Enstellungen nicht wiederzugeben.

43 Der englische Kaufmann und späte Hobby-Maler Charles Gore (1729 – 1807) lebte seit 1791 dauernd in Weimar und begleitete Carl August und Goethe nach Mainz, wo er die von Goethe erwähnten malerischen und zeichnerischen Studien vom Kriegsgeschehen mit Hilfe einer Camera obscura verfertigte. Die «Belagerung von Mainz» erwähnt Gore am 14. und 28. Juni, dann am 15. und 25. Juli (bei der Szene am Chausseehaus) sowie beim Besuch in Mainz am 26./27. Juni. Wir haben es mit einem nahestehenden, um Goethe besorgten Weimarer Freund zu tun.

44 S. 1024 behauptet Hoffmann, die Clubbisten hätten sich vor dem Auszug noch kostbare Kirchenornate und goldene Borten angeeignet. Siehe unten S. 187.

45 Getreues Namensverzeichniß der in Mainz sich befindenden 454 Klubbisten mit Bemerkung derselben Charakter. Frankfurt, gedruckt im Juny, 1793.

46 Abbildungen bei Reber, Belagerung von Mainz. Zu Mangin gibt es eine kuriose Verwechslungsgeschichte, die erst 1954 aufgeklärt wurde. Friedrich Dorst nennt ihn in einer kunsthistorischen Studie noch «Charles» und gibt ihm die Lebensdaten 1721–1807 (Charles Mangin und seine Bauten in den Trierer und Mainzer Landen [1779–1793], v. a. S. 99 ff.). Dieses relativ hohe Alter ließ Goethes Erwähnung eines Architekten lange Zeit unglaubhaft erscheinen. Doch zu einem Mann von fünfzig Jahren (geboren am 31. Juli 1742) passt

Goethes Erzählung durchaus. Dass Mangin nach der Kapitulation die Stadt verlassen hatte, belegt ein bei Dorst S. 100 zitierter Aktenvermerk, in dem ein jüdischer Gläubiger Anspruch auf seinen zurückgelassenen Besitz erhebt. Vgl. zu dem «richtigen» Mangin, Pierre Du Colombier: Die wahrhafte Geschichte des französischen Architekten Mangin in Mainz. In: Antares 2 (1954), H. 3, S. 15–23. Er war gelernter Bildhauer aus der Gegend von Metz und arbeitete seit 1779 als Architekt im Rheinland, auch für den Kurfürsten von Mainz – hier treffen Dorsts kunsthistorische Darlegungen zu. Vor der Besetzung von Mainz durch die Franzosen hatte er gegen die Anordnungen des Kurfürsten französische Emigranten aufgenommen (also Feinde der Revolution). Während der Belagerung arbeitete er dann für den General d'Oyré, u. a. indem er vom Turm der Mainzer Stephanskirche aus einen Plan der feindlichen Schanzarbeiten erstellte. Im Zug der Belagerung verlor er alle seine Besitztümer, die in Gründstücken im Glacis vom Mainz-Kastel bestanden. Mit dem Abzug der Franzosen floh er – was zu Goethes «Architekten» passen würde – und versuchte als Genie-Offizier in der französischen Armee Fuß zu fassen, in der sein Sohn regulärer Offizier war. Seine archivarische Spur verliert sich mit trostlosen Bittschriften an Napoleon im Jahre 1809. Die Goethe-Kommentare haben bis heute nicht von der Verwechslung zweier Mangins (Charles vs. François-Ignace) Kenntnis genommen. Erst der Wikipedia-Artikel zu dem «richtigen» Mangin brachte mich auf die Spur des ausgezeichneten kleinen Aufsatzes von Du Colombier, der an sehr versteckter Stelle erschienen ist.

47 Kein seltener Beruf damals: Das oben zitierte Clubbisten-Verzeichnis führt fünf Perückenmacher auf.

48 Mit ungewohnter Entschiedenheit nannte Eberhard Mannack 1983 die berühmte Episode eine «offensichtlich erdichtete Szene» (Mannack, Goethes Belagerung von Mainz – eine Korrektur von Mißverständnissen, S. 114).

49 Die eindringlichste Interpretation dieser Zerstörungsschilderungen hat Michael Jaeger in seiner Studie «Fausts Kolonie» gegeben (S. 134 ff. mit Verweis auf den fünften Akt von Faust II).

50 MA 14, S. 557.

Kapitel 7
Mit einer Art von Wut

1 D'Oyré, Mémoire sur la défense de Mayence, et sa reddition.

2 Am 16. Juli 1793 schrieb Goethe, er habe «vor einigen Tagen» mit d'Oyré in Erfurt gesprochen (Briefwechsel Goethe und Soemmerring, S. 80).

3 Hoffmann, Darstellung, S. 1016 f. (Kapitulation, Artikel II).

4 «Mehr aber trieb sie die höchst verzeihliche Wut ihre verhassten Feinde die Clubbisten und Comitisten zu strafen, zu vernichten, wie sie mitunter bedroh-

lich genug ausriefen.» «Jene Verordnung [die Proklamation der Festungskommandanten vom 26. Juli] war mit den mildesten Ausdrücken gefaßt, um, wie billig, den gerechten Zorn der gränzenlos beleidigten Menschen zu schonen.»

5 Goethe stellt dem Perückenmacher vor Beginn der Ausschreitungen vor, «daß die Rückkehr in einen friedlichen und häuslichen Zustand nicht mit neuem bürgerlichen Krieg, Haß und Rache müsse verunreinigt werden, weil sich das Unglück sonst verewige». «Habt ihr nicht darüber nachgedacht, daß man durch Selbstrache sich schuldig macht?»

6 «Die Bestrafung solcher schuldigen Menschen müsse man den hohen Alliierten und dem wahren Landesherrn nach seiner Rückkehr überlassen.» «Daß man Gott und den Oberen die Strafe der Verbrecher überlassen soll.» «Alle Selbsthülfe war verboten; dem zurückkehrenden Landesherrn allein sollte das Recht zustehen zwischen guten und schlechten Bürgern den Unterschied zu bezeichnen.»

7 Herrmann und Dorothea VI, 10 ff. MA 4.1, S. 592 f.

8 VI, 187 ff. Im neunten Gesang («Urania») ist von «Kerker und Tod» (V. 261) die Rede.

9 IX, 261–317 (MA 4.1, S. 628 f.).

10 Rasmussen, Goethe und Forster, S. 54–79, entwickelt die von Klaus Harpprecht wiederholte Hypothese, dass in Dorotheas erstem Verlobten das Schicksal von Georg Forster gespiegelt sei. Nun starb Forster weder im Kerker noch durch die Guillotine, sondern an Krankheit. Und Forsters Ehe war, wie Goethe und mit ihm viele der lesenden Zeitgenossen wussten, so zerrüttet, dass er schwerlich für einen Liebesschwur über den Tod hinaus zum Vorbild hätte dienen können. Zwar verbietet die edel verallgemeinernde Stillage von Goethes zeitgeschichtlichem Epos ein dokumentarisches Verständnis seiner Figuren. Aber es ist hier wie immer bei ihm: Die Empirie steht doch auf halbem Abstand im Hintergrund.

11 MA 4.1, S. 182 ff. mit Kommentar S. 979–983.

12 Wie wörtlich der Pariser Schrecken von 1793/94 in das eigentlich noch im Ancien Régime spielende Drama eingesenkt ist, lässt neuerdings eine faszinierende Studie von Hans-Jürgen Schings erkennen. Vgl. ders., Revolutionsetüden, S. 145–177. Einen bemerkenswerten Versuch, die «Natürliche Tochter» fortzuschreiben, hat im Revolutionsjahr 1989 der Schriftsteller Karl Mickel skizziert: «Die natürliche Tochter» oder: Goethes soziologischer Blick (Goethe-Jahrbuch 107 [1990], S. 56–70).

13 MA 14, S. 22 (zu 1793). 1828 ist in der «Anzeige von Goethes sämmtlichen Werken, Vollständige Ausgabe letzter Hand» zu denselben, in einem Band zusammengefassten Werken, vom «großen Unheil unwürdiger Staatsumwälzung» die Rede (MA 13.1, S. 530). Die folgenden Bemerkungen sollen nicht ein weiteres Mal Goethes Meinungen zur Revolution resümieren – das ist oft geschehen, von Ernst Beutler (1934) bis Hans-Jürgen Schings (2011). Hier soll die *Geschichte* angedeutet werden, die Goethe von ihrem Einwirken auf

Deutschland in seinen verschiedenen Werken zeichnet. Dies ist zusammenhängend noch nicht getan worden, dabei kommt es Goethes Haltung entgegen, dass es in politischen Fragen weniger auf allgemeine Begriffe als auf konkrete Erfahrungen ankommt. Diese Goethesche Geschichte der Revolutionserfahrung erst lässt den Leitbegriff der «Wut» in gebührender Deutlichkeit hervortreten.

14 MA 14, 463.

15 Ebda., S. 471.

16 MA 16, S. 568 f.

17 MA 14, S. 512 f.

18 VI, 110–118. Humboldt bemerkte dazu in seiner Abhandlung «Über Göthes Herrmann und Dorothea» (Werke II, hrsg. von Andreas Flitner), S. 202 f.: «Wenigstens müssen wir offenherzig gestehen, dass, so oft wir noch diese Stelle lasen, sie uns jedesmal den gleichförmigen Strom zu unterbrechen schien, in dem sonst das ganze Gedicht hinfließt.» Und das, obwohl Humboldt weder die «poetische Wahrheit» des Vergewaltigungsversuches leugnet, noch abstreitet, dass Dorotheas Handlung «in den Begebenheiten unserer Zeit wirklich gewesen ist». Dazu «Gespräche mit Eckermann» am 23. März 1829 (MA 19, S. 298 f.): «Und doch, ohne jenen Zug [Dorotheas Gegenwehr], ist ja der Charakter des außerordentlichen Mädchens, wie sie zu dieser Zeit und zu diesen Umständen recht war, sogleich vernichtet, und sie sinkt in die Reihe des Gewöhnlichen hinab.» Goethes Gereiztheit gegen die Kritik von Humboldt wäre besonders plausibel, wenn Rasmussens Vermutung (Goethe und Forster, S. 71 f.) zutrifft, dass Dorotheas mutige Gegenwehr eine reale Handlung von Goethes einstiger Verlobter Lili Schönemann, späterer Frau von Türckheim, überhöht, die in Straßburg unmittelbar den Schrecken der Revolutionskriege ausgesetzt war. Rasmussen verweist auf einen alten Aufsatz des Goethe-Biographen Albert Bielschowsky über «Urbilder zu Hermann und Dorothea» in den Preußischen Jahrbüchern 60 (1887), S. 336 ff. Vgl. auch ders., Goethe, Band 2, München 1905, S. 188–194. Ernst Beutlers Lili-Abhandlung (Essays um Goethe, S. 213) erwähnt «Herrmann und Dorothea» nicht, obwohl seine Darstellung der Selbstverteidigung der Lili von Türckheim dem Epos durchaus nahe kommt: «Est-il digne des braves soldats, d'insulter ainsi une mère de famille?» habe sie gerufen, um ihre Töchter zu retten. Auch Dorothea kämpft nicht nur für sich allein, sondern zugleich für andere Mädchen. Goethe ist einer der wenigen Autoren dieser Zeit, die sexuelle Gewalt gegen Frauen in den Revolutionskriegen überhaupt erwähnen. Als 1806 Gerüchte über die Vergewaltigung der Frau seines Schwagers Vulpius durch französische Soldaten in Cottas «Allgemeiner Zeitung» kolportiert wurden, führte dies beinahe zum Bruch zwischen Goethe und seinem Verleger. Vgl. Briefwechsel Goethe – Cotta (ed. Dorothea Kuhn), Band 1, S. 148 f. mit Band 3.1, S. 228 ff. Die für jeden Zeitgenossen spürbare Konkretheit von Goethes Epos steht außer Zweifel, ein solcher radikaler Zug kann sie nur be-

stätigen. Der Bezug zu einem geliebten Menschen wie Lili Schönemann zeigt, dass man bei Goethe nie lange suchen muss, um auf eine Nah-Erfahrung zu stoßen.

19 Herrmann und Dorothea VI (Klio), Verse 40–75 (MA 4.1, S. 593–595).
20 Ebda., S. 513.
21 Gespräche mit Eckermann am 4. Januar 1824 (MA 19, S. 494).
22 MA 16, S. 445.
23 Adelungs Wörterbuch definiert s. v. «Burgfrieden»: «Eine befreyete Gegend um eine Burg, um welche der öffentliche Friede nicht gestöret werden durfte, und in weiterer Bedeutung auch wohl der ganze Gerichtsbezirk einer Burg.» Zahlreiche weitere Belege im «Deutschen Rechtswörterbuch».
24 MA 19, S. 494.
25 Nr. 832 und 833 (MA 17, S. 866 f.).
26 MA 15, S. 388 ff. Auf die Parallele zur «Belagerung von Maynz» hatte schon Gustav Roethe, Campagne, S. 258 hingewiesen.
27 MA 19, S. 461.

Kapitel 8
Symbol der gleichzeitigen Weltgeschichte

1 Vgl. Walter Grab, Eroberung oder Befreiung? Deutsche Jakobiner und die Französenherrschaft im Rheinland 1792–1799. In: Ders., Ein Volk muß seine Freiheit selbst erobern, S. 167 ff., hier S. 270. Grabs redlich-genaue Darstellung zeigt in ihrer ganzen Gewundenheit das Dilemma des gewaltsamen Revolutionsexports in seinen auch moralischen Aporien. Als Gegengift zu dem was er die «Obsession» mit den deutschen Jakobinern nennt («no weaker word will suffice»), bleibt unschlagbar das Buch von Tim Blanning, The French Revolution in Germany, das «Occupation and Resistance in the Rhineland 1792–1802» behandelt.

2 Peter Hacks an Wolfgang Harich, am 18. September 1974. Ich danke Matthias Oehme für die Erlaubnis, aus diesem Brief zu zitieren.

3 Zur Geschichte von Mainz zwischen 1793 bis 1814 knapp, anschaulich und umfassend Dumont in Mainz, Geschichte einer Stadt, S. 345–374. Schon am 13. April 1793, also noch während der Belagerung von Mainz, hatte der Konvent erklärt, dass sich Frankreich künftig nicht mehr in die Regierung auswärtiger Mächte einmischen wolle, allerdings erwarte man von diesen dieselbe Zurückhaltung in Bezug auf die französische Republik. Damit war die erste Phase humanitärer Zwangsbeglückung ganz offiziell beendet worden (Hansen II, S. 820 f.). Im Sommer 1794 folgte dann ein weiterer Strategiewechsel, der die französische Außenpolitik in den folgenden Jahren bestimmte: Man strebte Friedenschlüsse mit der Annexion deutscher Gebietsteile bei gleichzeitiger diplomatischer Anerkennung der französischen

Republik an – für die deutschen Jakobiner waren beide Volten verstörend (vgl. Neugebauer-Wölk, Revolution und Constitution, S. 208 und 256).

4 Vgl. Schweigard, Die Liebe zur Freiheit, S. 153 ff.

5 Bockenheimer, Franz Konrad Macke, S. 57 ff.

6 Goethes Gespräche (Biedermann-Herwig), Band 2, S. 1047 f.

7 MA 11.2, S. 26.

8 MA 14, S. 22.

9 MA 14, S. 385.

10 So Arno Borst in seiner Untersuchung über «Valmy 1792 – ein historisches Ereignis?» Borsts Text ist das historisch Sachhaltigste, was seit Gustav Roethe über Goethes «Campagne in Frankreich» geschrieben wurde, und er diente auch dieser Untersuchung zum methodischen Vorbild.

11 Für den Valmy-Satz hat Borst das im Anschluss an die Befunde von Roethe dargestellt, damit auf eine Kontroverse auf der fünften Tagung der Forschungsgruppe «Poetik und Hermeneutik» reagierend, die der Analogie von literarischem und historischem Ereignis galt. Vgl. Koselleck und Stempel (Hrsg.), Geschichte – Ereignis und Erzählung, S. 535–540.

12 MA 18.2, S. 92. Dazu Seibt, Goethe und Napoleon, S. 237–241.

13 In dem Aufsatz «Bedeutende Fördernis durch ein einziges geistreiches Wort» (MA 12, S. 306–309), der in Anschluss an eine Bemerkung in August Heinroths «Lehrbuch der Antrhopologie» (S. 387 f.) geschrieben wurde, wo es über Goethe heißt, «daß sein Denken nicht von den Gegenständen abgesondert ist, daß die Elemente der Gegenstände, die Anschauungen, in dasselbe eingehen und von ihm auf das innigste durchdrungen werden, so daß sein Anschauen selbst ein Denken, sein Denken ein Anschauen ist».

14 Vgl. Bild und Erläuterung in dem Marbacher Katalog von 1989: «O Freyheit! Silberton dem Ohre …». Französische Revolution und deutsche Literatur, S. 310 ff. Die beiden besten Kenner von Cottas Verlagspolitik, Dorothea Kuhn und Bernhard Fischer (Weimar), haben mir übereinstimmend versichert, dass Armbrusters Bildzugabe gewiss ohne Zutun von Cotta oder gar Goethe erfolgte (dieser hatte von der Wiener Lizenzausgabe seiner damaligen Werkausgabe keine klare Kenntnis und reagierte verärgert, als er sie in einer Karlsbader Buchhandlung entdeckte. Vgl. Goethes Brief an Cotta vom 21. September 1823 und den Kommentar dazu in der Edition von Dorothea Kuhn). Vgl. die Abbildung S. 131.

BIBLIOGRAPHIE

Goethes Werke werden, wenn nicht anders angegeben, nach der Münchner Ausgabe (MA) mit Band- und Seitenzahl zitiert.
Goethe-Briefe nur mit dem Datum nach der Weimarer Ausgabe (WA). Da deren Texte sich inzwischen in verschiedenen Scans im Netz finden lassen, erübrigen sich weitere Angaben.
Die beste Link-Übersicht zu Goethes Texten und anderen Goethe-Hilfsmitteln im Netz bieten die Wikicommons der deutschen Wikipedia.

Amann, Paul: Plutôt une injustice qu'un désordre. In: Jahrbuch der Sammlung Kippenberg 9 (1931), S. 80–95.
An die Mainzer, ein Wort zu seiner Zeit. Mainz 1793.
Andreas, Willy: Goethe und Carl August während der Belagerung von Mainz. München 1956.
Arnold, Günter: Die Wiederspiegelung der Französischen Revolution in Herders Korrespondenz. In: Impulse, Band 3 (Berlin-Weimar 1981), S. 41–89.
Beutler, Ernst: Goethe und die Französische Revolution. Preußische Jahrbücher 235 (1934), S. 18–28.
Beutler, Ernst: Essays um Goethe. 6. Auflage, Bremen 1957.
Blanning, T. W. C.: Reform and Revolution in Mainz 1743–1802. London 1974.
Blanning, T. W. C.: Gegenrevolutionäre Kräfte. In: Deutsche Jakobiner, S. 87–96.
Blanning, T. W. C.: The French Revolution in Germany. Occupation and Resistance 1792–1802. Oxford 1983.
Blanning, T. W. C.: The French Revolutionary Wars 1787–1802. London 1996.
Bockenheimer, Karl Georg: Die Belagerung von 1793. Briefe und Actenstücke. Mainz 1883.
Bockenheimer, Karl Georg: Die Wiedereroberung von Mainz durch die Deutschen im Sommer 1793. Mainz 1893.
Bockenheimer, Karl Georg: Die Mainzer Klubisten der Jahre 1792 und 1793. Mainz 1896.
Bockenheimer, Karl Georg: Franz Konrad Macke (1756–1844). Bürgermeister von Mainz. Mainz 1904.

Boost, K.J.S.: Antwort der Mainzer mishandelten Patrioten auf die von dem Erthalschen Tyrannen- und Despoten-Klub gegen sie ausgespiene Lästerungen, nebst Darstellung der Gründe zur Entschädigungsklage usw. Mainz im siebenten Jahre der französischen Republik (= 1798).

Borst, Arno: Valmy 1792 – ein historisches Ereignis? In: Der Deutschunterricht 26,6 (1974), S. 88–104.

Bothe, Friedrich: Goethe und seine Vaterstadt Frankfurt. Frankfurt am Main 1948.

Boyle, Nicholas: Goethe. Der Dichter in seiner Zeit. 2 Bände. München 1995–1999.

Budruss, Eckhard: Der Krieg 1792 – ein Krieg gegen die Revolution? In: Thomas Middell (Hrsg.): Widerstände gegen Revolutionen 1789–1989. Leipzig 1994, S. 193–202.

Burke, Edmund und Gentz, Friedrich: Über die Französische Revolution. Hrsg. von Hermann Klenner. Berlin 1991.

Conrady, Karl Otto: Goethe. Leben und Werk. Königstein im Taunus 1982 (als Fischer-Taschenbuch in 2 Bänden 1988).

Conrady, Karl Otto: Goethe und die Französische Revolution. Frankfurt am Main 1988.

Cottenbrune, Anne: «Deutsche Freiheitsfreunde» versus «Deutsche Jakobiner». Zur Entmythisierung des Forschungsgebietes «Deutscher Jakobinismus». Bonn 2002.

Chuquet, Arthur: Les guerres de la Révolution. Band 7: Mayence (1792–1793). Paris 1892.

[Czettritz-Neuhaus, Karl-Heinrich von:] Beitrag zur Geschichte der Belagerung von Mainz. In: Zeitschrift für Kunst, Wissenschaft und Geschichte des Krieges 60 (1844), S. 62–90 und 159–183.

Darstellung des Betragens der sogenannen Aristokraten und Patrioten in Mainz seit 92. in Hinsicht auf die gegenwärtige Lage. Mainz 1798.

Das Mainzer Rothe Buch oder Verzeichniß aller Mitglieder des Jakobiner-Klubs in Mainz. Im zweiten Jahr der Freiheit. 1793.

David, Claude: Goethe und die Französische Revolution. In: Richard Brinkmann u. a.: Deutsche Literatur und Französische Revolution. Göttingen 1974, S. 63–86.

Deutsche Jakobiner. Mainzer Republik und Cisrhenanien 1792–1798. Ausstellung des Bundesarchivs und der Stadt Mainz. Band 1: Handbuch. Beiträge zur demokratischen Tradition in Deutschland. Mainz 1981.

Die Publizistik der Mainzer Jakobiner und ihrer Gegner. Katalog zur Ausstellung der Stadt Mainz zum 200. Jahrestag des Rheinisch-Deutschen Nationalkonvents und der Mainzer Republik. Mainz 1993.

Dorst, Friedrich: Charles Mangin und seine Bauten in den Trierer und Mainzer Landen (1779–1793). In: Mainzer Zeitschrift 12/13 (1917), S. 89–114.

D'Oyré, François-Ignace: Mémoire sur la défense de Mayence, et sa reddition. Mainz 1793.

Du Colombier, Pierre: Die wahrhafte Geschichte des französischen Architekten Mangin in Mainz. In: Antares 2 (1954), H. 3, S. 15–23.

Dumont, Daniel: Die Belagerung der Stadt Mainz durch die Franzosen im Jahre 1792 und ihre Wiedereroberung durch die teutschen Truppen im Jahr 1793. Mainz 1793.

Dumont, Franz: Briefe aus der Mainzer Republik. In: Jahrbuch für westdeutsche Landesgeschichte 3 (1977), S. 305–349.

Dumont, Franz: Liberté und Libertät. Dokumente deutsch-französischer Beziehungen im Jahre 1792/93. In: Francia 6 (1978), S. 368–406.

Dumont, Franz: Das Ende der Mainzer Republik in der Belagerung. In: Mainzer Zeitschrift 75 (1980), S. 155–186.

Dumont, Franz: Die Mainzer Republik von 1792/93. Studien zur Revolutionierung in Rheinhessen und der Pfalz. 2. Auflage, Alzey 1993.

Dumont, Franz u. a. (Hrsg.): Mainz. Die Geschichte der Stadt. Mainz 1999.

Dumont, Franz: Die Mainzer Republik 1792/93 – Französischer Revolutionsexport und deutscher Demokratieversuch. Schriftenreihe des Landtags Rheinland-Pfalz 2013.

Erklärung Sr. Hochfürstlichen Durchlaucht des regierenden Herzogs von Braunschweig-Lüneburg, Befehlshaber der beyden combinirten Armeen Ihrer Majestäten des Kaisers und Königs von Preußen an die Einwohner Frankreichs. Einzeldruck o. O. 1792.

Etwas über Verbrechen und Strafen derjenigen welche während der Anwesenheit der Franzosen in den von ihnen eroberten Ländern Antheil an ihren Grundsätzen und Einrichtungen nahmen. 1793.

Fähnrich, Hermann: Romain Rollands Weg zu Goethe. In: Goethe, Neue Folge des Goethe-Jahrbuchs, Band 13 (1951), S. 178–202.

Forster, Georg: Werke in vier Bänden. Hrsg. von Gerhard Steiner. Leipzig o. J.

Forster, Georg: Werke (Akademie-Ausgabe). Band 10: Revolutionsschriften. Hrsg. von Klaus-Georg Popp. Berlin 1990.

Furet, François u. a.: Das Zeitalter der europäischen Revolution (Fischer Weltgeschichte 26). Frankfurt am Main 1969.

Furet, François, Ozouf, Mona: Kritisches Wörterbuch der Französischen Revolution. 2 Bände. Frankfurt am Main 1988.

Gaier, Ulrich: Soziale Bildung gegen ästhetische Erziehung. Goethes Rahmen der «Unterhaltungen deutscher Ausgewanderten» als satirische Antithese zu Schillers «Ästhetischen Briefen» I–IX. In: Helmut Bachmaier und Thomas Rentsch (Hrsg.): Poetische Autonomie? Stuttgart 1987, S. 207–272.

Gassner, August: Goethe und Mainz. Bern 1988.

Geiger, Ludwig: Therese Huber über Goethe 1783–1824. In: Goethe-Jahrbuch 18 (1897), S. 120–134 und 24 (1903), S. 93–96.

Gentz, Friedrich: Über den Ursprung und Charakter des Krieges gegen die französische Revoluzion. Berlin 1801.

Getreues Namensverzeichniß der in Mainz sich befindenden 454 Klubbisten mit Bemerkung derselben Charakter. Frankfurt, gedruckt im Juny, 1793.

Girtanner, Christoph: Politische Annalen. Band 4. Berlin 1793.

Girtanner, Christoph: Die Franzosen am Rheinstrome, 3. und 4. Heft. Berlin 1795.

Girtanner, Christoph: Historische Nachrichten und politische Betrachtungen über die französische Revolution. Zwölfter Band. Berlin 1796.

Goethe. Begegnungen und Gespräche. Hrsg. von Ernst und Renate Grumach. Band III und IV. Berlin 1977 und 1980.

Goethe-Handbuch. Hrsg. von Theo Buck, Bernd Witte u. a. 4 Bände. Stuttgart 1996–1999.

Goethe, Johann Wolfgang: Campagne in Frankreich. Belagerung von Mainz. Reiseschriften. Hrsg. von Klaus-Detlef Müller. (Frankfurter Ausgabe [FA] Sämtliche Werke I, 16). Frankfurt am Main 1994.

Goethe, Johann Wolfgang: Briefwechsel mit Herzog Carl August. Band 1, hrsg. von Hans Wahl. Berlin 1915.

Goethe und Cotta. Briefwechsel 1779–1832. 4 Bände, hrsg. von Dorothea Kuhn. Stuttgart 1980–1983.

Goethe und Soemmerring. Briefwechsel 1784–1828. Hrsg. von Manfred Wenzel. Stuttgart/New York 1988.

Goethe, Johann Wolfgang: Tagebücher 1813 bis 1816. Text und Kommentar. 2 Bände. Hrsg. von Wolfgang Albrecht. Stuttgart und Weimar 2007.

Goethes Mutter: Frau Rat Goethe. Gesammelte Briefe. Hrsg. von Ludwig Geiger. Leipzig 1912.

Gottron, Adam (Hrsg.): Tagebuch des Pfarrers Turin von St. Ignaz. In: Mainzer Almanach. Mainz 1958, S. 152–182.

Grab, Walter (Hrsg.): Die Französische Revolution. Eine Dokumentation. München 1973.

Grab, Walter: Ein Volk muß seine Freiheit selbst erobern. Zur Geschichte der deutschen Jakobiner. Frankfurt am Main 1984.

Grab, Walter: Zwei Seiten einer Medaille. Demokratische Revolution und Judenemanzipation. Köln 2000.

Haasis, Hellmut G.: Morgenröte der Republik. Die linksrheinischen deutschen Demokraten 1789–1849. Frankfurt am Main/Berlin 1984.

Hahn, Karl-Heinz: Im Schatten der Revolution – Goethe und Jena im letzten Jahrzehnt des 18. Jahrhunderts. In: Jahrbuch des Wiener Goethe-Vereins 81–83 (1977–1979), S. 37–58.

[Hansen II] Hansen, Joseph (Hrsg.): Quellen zur Geschichte des Rheinlands im Zeitalter der Französischen Revolution. Zweiter Band: 1792 und 1793. Bonn 1933.

Harpprecht, Klaus: Georg Forster oder Die Liebe zur Welt. Reinbek 1987.

Heinroth, Johann Christian August: Lehrbuch der Anthropologie. Leipzig 1822.

Herder, Johann Gottfried: Briefe zur Beförderung der Humanität. Hrsg. von Heinz Stolpe und Hans-Joachim Kruse. Berlin (Ost) 1971.

Hessen-Darmstädtische Landzeitung, Nr. 76–78, 25.–30. Juli 1793.

Heun, Werner: Die Mainzer Republik. Eine verfassungsrechtliche Studie. In: Der Staat 23 (1981), S. 51–74.

Hochmuth, Karl: Die Klubistenverfolgungen 1792–1798. Masch. Diss. Würzburg 1957.

Hoffmann, Anton: Darstellung der Mainzer Revolution. Mainz 1793–1794.

Horn, Gisela: Goethes autobiographische Schriften «Kampagne in Frankreich» und «Belagerung von Mainz». Historische Tatsachen und ästhetische Struktur. In: Ansichten der deutschen Klassik. Hrsg. von Helmut Brandt und Manfred Beyer. Berlin / Weimar 1981, S. 233–249.

[Huber, Therese (Hrsg.):] L. F. Huber's Sämtliche Werke seit dem Jahre 1802 nebst seiner Biographie. Tübingen 1806.

Humboldt, Wilhelm von: Über Göthes Herrmann und Dorothea. In: Werke II, hrsg. von Andreas Flitner. Darmstadt 1961, S. 125–356.

Jaeger, Michael: Fausts Kolonie. Würzburg 2004.

Justi Sinceri Veridici, JCti Rechtliche Meinung über einige die Benachtheiligte an den Verhältnissen während der Besizhaltung der Länder des linken Rhein-Ufers durch die Franzosen betreffende Rechtsfragen. Beitrag eines jungen Rechtsgelehrten zur Aufklärung in juristischen Sachen am Rheinstrome. In: Annalen der leidenden Menschheit in zwanglosen Heften. Zweites Heft 1796.

Keller, Mario: Rund um den Freiheitsbaum. Die Bewegung von unten und ihr Sprecher Mathias Metternich in der Zeit der Mainzer Republik (1789–1799). Frankfurt am Main 1988.

Kemman, Oliver und Kurzke Hermann (Hrsg.): Untergang einer Reichshauptstadt. Johann Wolfgang von Goethe. Belagerung von Mainz. Frankfurt am Main 2007.

Klein, Karl: Geschichte von Mainz während der ersten französischen Occupation 1792–1793. Mit den Aktenstücken. Mainz 1861.

Koselleck, Reinhart und Stempel, Wolf Dieter (Hrsg.): Geschichte – Ereignis und Erzählung. Poetik und Hermeneutik V. München 1973.

Kracauer, I.: Frankfurt und die französische Revolution. In: Archiv für Frankfurts Geschichte und Kunst. 3. Serie, Band 9, S. 211–297.

Krauss, Werner: Goethe und die Französische Revolution. Goethe-Jahrbuch 94 (1977), S. 127–136.

Lachenicht, Susanne: Information und Propaganda. Die Presse deutscher Jakobiner im Elsaß (1791–1800). München 2004.

Laukhard, Friedrich Christian: Leben und Schicksale vom ihm selbst beschrieben. Fünf Teile in sechs Bänden. Halle 1792–1796.

Lautzas, Peter: Die Festung Mainz im Zeitalter des Ancien Régime, der Französischen Revolution und des Empire (1736–1814). Wiesbaden 1973.

Lehne, Friedrich: Die Patrioten bei der Wiedereroberung der Stadt Mainz durch die Deutschen (1793). In: Friedrich Lehne's Gesammelte Schriften. Band 5 (Mainz 1839), S. 305–312.

Lüderssen, Klaus: «Ich will lieber eine Ungerechtigkeit begehen als Unordnung ertragen.» Notizen über Goethes Verhältnis zum Recht. In: Ders. (Hrsg.): «Die wahre Anerkennung ist die Liberalität». Goethe und die Jurisprudenz. Baden-Baden 1999, S. 177–192.

MA: Johann Wolfgang Goethe. Sämtliche Werke nach Epochen seines Schaffens. Münchner Ausgabe. Hrsg. von Karl Richter in Zusammenarbeit mit Herbert G. Göpfert u. a. München 1985 ff.

Mann, Heinrich: Goethe und Voltaire. In: H. M. Macht und Mensch. Essays. Frankfurt am Main 1989, S. 19–25 (zuerst 1910).

Mann, Thomas: Betrachtungen eines Unpolitischen. Hrsg. von Hermann Kurzke (Große kommentierte Frankfurter Ausgabe 13.1 und 13.2). Frankfurt am Main 2009 (zuerst 1918).

Mannack, Eberhard: Goethes Belagerung von Mainz – eine Korrektur von Mißverständnissen. Etudes germaniques 38 (1983), S. 102–117.

Mayer, Hans: Goethe. Versuch über den Erfolg. Frankfurt am Main 1973.

Meiners, Christoph: Bemerkungen auf einer Reise nach Mainz, in einem Briefe an einen Freund. Geschrieben im August 1793. In: Reber, Horst: Goethe. Die Belagerung von Mainz, S. 311–321.

[Meyer, Johann Lorenz:] Mainz nach der Wiedereinnahme durch die verbündeten Deutschen im Sommer 1793. O. O. 1793.

Mommsen, Momme: Entstehung von Goethes Werken in Dokumenten. Band 1. Berlin 1958.

Mommsen, Wilhelm: Die politischen Anschauungen Goethes. Stuttgart 1949.

Müller, Joachim: Zur Entstehung der deutschen Novelle. Die Rahmenhandlung in Goethes «Unterhaltungen deutscher Ausgewanderten» und die Thematik der Französischen Revolution. In: Helmut Kreuzer (Hrsg.): Gestaltungsgeschichte und Gesellschaftsgeschichte. Stuttgart 1969, S. 152–175.

Müller, Klaus-Detlef: Goethes «Campagne in Frankreich» – Innenansicht eines Krieges. Goethe-Jahrbuch 107 (1990), S. 115–126.

Müller, Klaus-Detlef: «Auch ich in der Champagne» – und im republikanischen Mainz: Goethe als Schlachtenbummler in den Revolutionskriegen. Goethe-Jahrbuch 120 (2003), S. 100–110.

Müller-Seidel, Walter: Auswanderungen in Goethes dichterischer Welt. Zur Geschichte einer sozialen Frage. In: Ders.: Die Geschichtlichkeit der deutschen Klassik. Stuttgart 1983, S. 66–84.

Natale, Herbert: Die Belagerung von Mainz 1793. Aus den Berichten des württembergischen Residenten in Frankfurt Johann Friedrich Plitt (1760–1823). In: Jahrbuch für westdeutsche Landesgeschichte 1 (1975), S. 215–248.

Naumann, Ursula: Auf Forsters Canapé. Liebe in Zeiten der Revolution. Frankfurt am Main 2012.

Neugebauer-Wölk, Monika: Revolution und Constitution. Die Brüder Cotta. Berlin 1989.

Neugebauer-Wölk, Monika: Das Rote und das Schwarze Buch – zur politischen

Symbolik der Mainzer Jakobiner. In: Die Publizistik der Mainzer Jakobiner und ihrer Gegner, S. 52–68.

Pollak, Valentin: Zur Belagerung von Mainz. In: Goethe-Jahrbuch 19 (1898), S. 261–286.

Rasmussen, Detlef (Hrsg.): Goethe und Forster. Studien zum gegenständlichen Dichten. Bonn 1985.

Reber, Horst (Hrsg.): Goethe. Die Belagerung von Mainz. Ursachen und Auswirkungen. Katalog zur Ausstellung im Mainzer Landesmuseum. Mainz 1993.

[Rebmann, Georg Friedrich:] Neues graues Ungeheuer. Herausgegeben von einem Freunde der Menschheit. Zweites Stück. Upsala [Dessau] 1795.

Rebmann, Georg Friedrich: Die Deutschen in Mainz. Beiträge zur Geschichte der Partheisucht unsrer Tage aus geistlichen Akten gezogen. Mainz 1798.

Rebmann, Georg Friedrich: Werke und Briefe. Hrsg. von Hedwig Voegt, Wolfgang Ritschel, Werner Greiling. 3 Bände. Berlin 1990.

Rechtliches Bedenken über die Art wie gegen jene Deutschen in den Oberen Rheingegenden zu verfahren seyn möge, welche während der Anwesenheit der Franzosen allda gegen ihr Vaterland sich feindselig betragen haben? Frankfurt und Leipzig im May 1793.

Reiss, Hans: Formgestaltung und Politik. Goethe-Studien. Würzburg 1993.

Roethe, Gustav: Goethes Campagne in Frankreich. Eine philologische Untersuchung aus dem Weltkriege. Berlin 1919.

Rolland, Romain: L'âme enchantée. Band 3: Mère et fils. Paris 1927.

Safranski, Rüdiger: Goethe. Kunstwerk des Lebens. München 2013.

Schaber, Karl Wilhelm Friedrich: Mein Tagebuch der Belagerung von Mainz. Frankfurt am Main 1793.

Scheel, Heinrich: Die Mainzer Republik. 3 Bände. Berlin 1975–1989.

Scheidl, Franz: Die Kriegsgefangenschaft von den ältesten Zeiten bis zur Gegenwart. Berlin 1943.

Schings, Hans-Jürgen: Zustimmung zur Welt. Goethe Studien. Würzburg 2011.

Schmitt, Carl: Theorie des Partisanen. Berlin 1963.

Schütz, Friedrich: Magenza, das jüdische Mainz. In: Dumont u. a.: Mainz, Geschichte einer Stadt, S. 679–703.

Schweigard, Jörg: Die Liebe zur Freiheit ruft uns an den Rhein. Aufklärung, Reform und Revolution in Mainz. Gernsbach 2005.

Seibt, Gustav: Deutsche Erhebungen. Das Klassische und das Kranke. Springe 2008.

Seibt, Gustav: Goethe und Napoleon. Eine historische Begegnung. München 2008.

Seibt, Gustav: Goethes Autorität. Springe 2013.

Sengle, Friedrich: Das Genie und sein Fürst. Die Geschichte der Lebensgemeinschaft Goethes mit dem Herzog Carl August. Stuttgart 1993.

Soboul, Albert: Die Große Französische Revolution. Frankfurt am Main 1973 (frz. 1962).

Soemmerring, Samuel Thomas: Briefwechsel. November 1792 bis April 1805 (Werke, Band 20). Hrsg. von Franz Dumont. Basel 2001.

Tagebuch des Pfarrers Turin von St. Ignaz, siehe Gottron, Adam.

Talmon, Jacob: Die Ursprünge der totalitären Demokratie. Band 1. Göttingen 2013 (deutsch zuerst 1961).

Tümmler, Hans: Carl August von Weimar, Goethes Freund. Stuttgart 1978.

Voelcker, Heinrich. Die Stadt Goethes. Frankfurt am Main im 18. Jahrhundert. Frankfurt am Main 1982 (zuerst 1932).

Wagner, Johann Conrad: Meine Erfahrungen in den Jahren 1792. 1793. und 1794. in den gegenwärtigen Kriege. Goethe-und-Schiller-Archiv (Weimar), GSA 96/3131, Transkription von Edith Zehm.

Walser, Martin: In Goethes Hand. Szenen aus dem 19. Jahrhundert. Frankfurt am Main 1982.

Wieland, Christoph Martin: Meine Antworten. Aufsätze zur Französischen Revolution. Hrsg. von Fritz Martini. Marbach am Neckar 1983.

Wieland, Christoph Martin: Politische Schriften, insbesondere zur Französischen Revolution. Hrsg. von Jan Philipp Reemtsma. 3 Bände. Nördlingen 1988.

Wilson, W. Daniel: Das Goethe-Tabu. München 1999.

Wittkowski, Wolfgang: Gerechtigkeit und Loyalität, Ethik und Politik. Kleists «Verlobung in St. Domingo» und Goethes teilweiser Widerspruch in der «Belagerung von Mainz». In: Kleist-Jahrbuch 1992, S. 152–171.

Zehm, Edith: Der Frankreichfeldzug von 1792. Formen seiner Literarisierung im Tagebuch Johann Conrad Wagners und in Goethes «Campagne in Frankreich». Frankfurt am Main 1985.

ABBILDUNGSVERZEICHNIS UND -NACHWEIS

vorderer Vorsatz Mainz während der Belagerung im Juli 1793. Die Figur, die mit dem Fernrohr auf das belagerte Mainz blickt, soll Goethe sein. Kolorierte Radierung von Georg Melchior Kraus © Klassik Stiftung Weimar (Museen/ KGr/03123)

hinterer Vorsatz Plan der Belagerung von Maynz (Mainz am Tag der Übergabe am 22. Juli 1793). Diese Karte vom Ende der Belagerung von Mainz zeigt sehr deutlich den Weg, den die abziehenden Franzosen und mit ihnen die Clubbisten nahmen: vorbei am Chauseehaus von Marienborn. Gezeichnet und gestochen von J. J. Müller in Hanau © Martinus-Bibliothek – Wissenschaftliche Diözesanbibliothek – Mainz

Seite 2 Johann Wolfgang von Goethe, Porträt von Johann Heinrich Lips, Kreide über Bleistift auf Karton, 1791 © akg-images, Berlin

Seite 10 «Die Jacobiner Schwindelköpfe zu Worms müssen ihren Freiheitsbaum selbst ausgraben», aus: Revolutionsalmanach von 1794, Nr. 10, Kupferstich © akg-images, Berlin

Seite 14 «Der Erz-Clubbist wird aus dem Wagen gezerrt», zeitgenössischer Stich von Johann Martin Will (Ausschnitt), Schmittlein III, Tafel 97 © Stadtbibliothek Mainz

Seite 19 Die Brüder Heinrich (stehend) und Thomas Mann, Fotografie um 1905 © Imagno/akg-images, Berlin

Seite 28 Adam Custine, Französischer Bürger, Feldherr der Armee am Rhein, Stich von 1793 © Wehrgeschichtliches Museum Rastatt

Seite 32 Mainzer Clubbistensitzung im Kurfürstlichen Schloss im November 1792, Feder- und Pinselzeichnung von Johann Jakob Hoch © Landesmuseum Mainz, Graphische Sammlung (Inv. Nr. GS 1938/2)

Seite 33 Georg Forster, Porträt von Johann Heinrich Tischbein oder Anton Graff, Öl auf Leinwand, um 1785 © akg-images, Berlin

Seite 34 Der Bürgerfreund, halbwöchentliche Zeitung, hier: 1. Ausgabe vom 26. 10. 1792 © Stadtbibliothek Mainz

Seite 38 Georg Wilhelm Böhmer, aus: Horst Reber: Goethe: «Die Belagerung von Mainz 1793». Ursachen und Auswirkungen (Landesmuseum Mainz, 28. März bis 30. Mai 1993), Mainz 1993

Seite 50 «Dekret des in Mainz versammelten rheinisch-deutschen Nationalkonvents, vom 18ten März 1793...» (Unabhängigkeitserklärung der Mainzer Republik) © Stadtarchiv Mainz

Seite 51 Kurfürst Carl Joseph von Erthal, Miniaturbildnis von Heinrich Jakob Aldenrath, Miniaturmalerei auf Elfenbein © Landesmuseum Mainz, Graphische Sammlung (Inv. Nr. GS 1964/1)

Seite 52 Krönungsbild Kaiser Franz II., Bleistiftzeichnung von Carl Susenbeth, © Historisches Museum Frankfurt (Inv. Nr. C 16 145 k)

Seite 63 Titelblatt: [Bernhard von Reith:] Etwas über die Klubbs und Klubbisten in Teutschland, und was dabei Rechtens ist, 1793 © Bayerische Staatsbibliothek München (Gall. rev. 672 # Beibd. 5)

Seite 67 Johann Wolfgang von Goethe: Unterhaltungen deutscher Ausgewanderten, in: «Die Horen», 1. Bd., 1. St. (1795), S. 49 (herausgegeben von Friedrich Schiller, 1795–1797) © Bayerische Staatsbibliothek München (Rar. 522–1/2)

Seite 77 Carl August, Herzog zu Sachsen-Weimar und Eisenach, Lithographie von Christian Müller nach einem Gemälde von Georg Melchior Kraus © bpk – Bildagentur für Kunst, Kultur und Geschichte, Berlin

Seite 82 «Plan der alliierten Armee beÿ der Belagerung von Mainz, nebst der Stadt und Vestung Mainz und Cassel und der umliegenden Orte», kolorierter Kupferstich © Landesmuseum Mainz, Graphische Sammlung (Inv. Nr. GS 1991/190, 191)

Seite 87 Friedrich Adolf von Kalckreuth, Gemälde eines unbekannten Künstlers, Öl auf Leinwand © Militärhistorisches Museum der Bundeswehr, Dresden/ Foto: Ingrid Meier (Inv. Nr. BBAK4162)

Seite 88 Antoine Merlin de Thionville, Kupferstich aus: Henri Martin: Histoire de France populaire © Rue des Archives/Collection Greg/SZ Photo, München

Seite 94 Ausmarsch der Franzosen aus Mainz 1793, Radierung auf Papier © Verlagsgruppe Rhein Main

Seite 99 Mathias Metternich, Porträt wahrscheinlich von Johann Kaspar Schneider, Ölgemälde, undatiert: Public Domain

Seite 106 Bischof Carl Theodor von Dalberg, Porträt von Friedrich August Tischbein, Öl auf Leinwand, 1795/96 © ARTOTHEK

Seite 107 Catharina Elisabeth Goethe, Porträt eines unbekannten Künstlers, Öl auf Leinwand © Scherl/SZ Photo, München

Seite 109 Titelblatt: Der Bürgergeneral. Ein Lustspiel in einem Aufzuge. Zweyte Fortsetzung der beyden Billets. Berlin. Bei Johann Friedrich Unger, 1793 © Bayerische Staatsbibliothek München (Rar. 912)

Seite 111 Journal des Luxus und der Moden, 1793, Tafel 29, herausgegeben von Friedrich Justin Bertuch und Georg Melchior Kraus © Stadtarchiv Schweinfurt, Sammlung Rückert, B35–8

Seite 118 Bombardement von Mainz am 30. Juni 1793, zeitgenössische Aquatinta © akg-images, Berlin

Seite 119 Brief Goethes an Friedrich Heinrich Jacobi vom 27. Juli 1793 © Freies Deutsches Hochstift, Hs-2730

Seite 120 Chausseehaus bei Marienborn, Foto, aus: Oliver Kemmann und Hermann Kurzke (Hg.): Untergang einer Reichshauptstadt. Johann Wolfgang von Goethe. Belagerung von Mainz. Ein Bilderbogen, Frankfurt am Main ²2007

Seite 131 Goethe rettet Clubbisten, Stich von L. Schnorr von Carolsfeld, Frontispiz zum XXV. Band der Ausgabe B von Goethes Werken in der Wiener Fassung von Kaulfuß und Armbruster, Wien und Stuttgart 1822 © Deutsches Literaturarchiv Marbach

Seite 135 Charles Gore, Aquarell von Georg Melchior Kraus, 1793 © Klassik Stiftung Weimar

Seite 139 Die Dompropstei (Goethes «Dechanei»), Lithographie aus: Historische und architektonische Merkwürdigkeiten von Mainz in seiner Vorzeit und Gegenwart, herausgegeben von D. Wasserburg, um 1840 © Stadtarchiv Mainz (BPSP 2886.4 B)

Seite 143 «Herrmann und Dorothea bei den Eltern und Freunden» von Daniel Chodowiecki (zugeschrieben), Kupferstich und Radierung © Freies Deutsches Hochstift/Frankfurter Goethe-Museum (Inv. Nr. III-13074)

Seite 144 Adam Lux, Porträt von François Bonneville, Punktierstich, aus: Portraits des Personnages célèbres de la Révolution, 1796/97 © akg-images, Berlin

Seite 156 Johann Wolfgang von Goethe, Gemälde von Ludwig Sebbers auf einer Porzellantasse, 1826 © Sammlung Megele/SZ Photo, München

Seite 159 Franz Konrad Macké, Porträt eines unbekannten Malers, Öl auf Leinwand © Landesmuseum Mainz (Inv. Nr. 1458)

Seite 161 Denkmal für François-Christophe Kellermann in Valmy, Marne: Public Domain

Seite 163 Ansicht der zerstörten Dominikanerkirche in Mainz, Aquarell von Johann Caspar Anton Dillenius © Landesmuseum Mainz, Graphische Sammlung (Inv. Nr. GS 0/324)

Seite 167 Schriftzug der Hessen-Darmstädtischen Landzeitung vom 27. Juli 1793 © Universitäts- und Landesbibliothek Darmstadt. Historische Sammlungen und Musik

Seite 170 Samuel Thomas Soemmerring, Porträt von Carl Wilhelm Bender: Public Domain.

Brief Soemmerrings an Christian Gottlob Heyne vom 27. Juli 1793: Abdruck mit freundlicher Genehmigung der Schwabe AG, Basel

Seite 173 Faksimile einer Seite aus dem Tagebuch des Kämmerers Johann Conrad Wagner vom 25. Juli 1793 © Klassik Stiftung Weimar/Herzogin Anna Amalia Bibliothek (GSA 96/3131)

Seite 179 Friedrich Johann Lorenz Meyer, Porträt von Friedrich Carl Gröger, Öl auf Leinwand, 1830, aus: Peter Vignau-Wilberg: Der Maler Friedrich Carl Gröger, Neumünster 1971

Seite 182 Christoph Meiners, Porträt von Johann Heinrich Tischbein, d.J., Öl auf Leinwand, um 1772 © Das Gleimhaus, Halberstadt/bpk – Bildagentur für Kunst, Kultur und Geschichte, Berlin

Seite 186 Titelblatt: Darstellung der Mainzer Revolution oder umständliche und freymüthige Erzehlung aller Vorfallenheiten, die sich seit dem entstandenen französischen Revolutionskrieg zugetragen, und die einen Bezug auf den Krieg, auf die Uebergabe der Festung, oder auf den Klub und dessen grausames Verfahren gegen die anders Gesinnte haben, mit allen nöthigen Beylagen. Erstes Heft, 1793 © Bayerische Staatsbibliothek München

Leider war es nicht in allen Fällen möglich, die Inhaber der Rechte zu ermitteln. Wir bitten deshalb gegebenenfalls um Mitteilung. Der Verlag ist bereit, berechtigte Ansprüche abzugelten.

PERSONENREGISTER

PLAN DER BELAGERUNG VON

MAYNZ

nebst dem Lager der Vereinigten Deutschen
Armee, Verschantzungen, Parallelen, &c.
wie dieselbige den 22ten July 1793 als am
Tage der Übergabe der Stadt, gestanden
haben.

gezeichn. u. gest. von Joh. Jacob Müller in Hanau.

Marienbo
Chauseehaus
Verbindhä
Hechstheim
H. Creutz
Leubenheim
We
F
Bo2denheim
Malerts au
Jung Jel der au
Nonnen au
Schwab hbachau
Ginsheim
der Korb
Blayau
Ba ürgen Rheinmüler
rün. Gustavsbu
a